道德經講義

清 宋常星 註解

庚寅年仲春

金蓮正宗龍門法派

龍淵子宋常星註解

道德經講義

清靜經附後

東大圖書公司印行

道祖寶誥　志心皈命禮

隨方設教。歷刦度人。為皇者師。帝者師。王者師。假名易號。立天之道。地之道。人之道。隱聖顯凡。總千二百之官君。包萬億重之梵炁。化行今古。著道德凡五千言。主握陰陽。命雷霆用九五數。

大悲大願大聖大慈太上老君道德天尊。

御製道德經講義序

伏惟大道。玄理幽深。神妙感通。覺世度人。超萬有而獨尊。歷曠劫而不壞。先天地而不見其始。後天地而不見其終。夫道由心得。經以印證。朕皇考順治元年。奠定神州。偃武修文。六年開科選賢。殿試三甲。山西舉人宋龍淵。欽選探花。該員在京供職三十餘年。勷贊中樞。公正體國。康熙十八年。致仕還鄉。專修清靜無為之道。又歷二十多載。內功圓滿。特註道德經講義一書。茲由其子宋家廉（現供職太常寺少卿）進呈

御覽。朕久欲效黃帝故事。訪道崆峒。今得此項講義。崆峒之言。悉在是矣。爰道德經。自歷朝以來。註釋是經者。無慮數十百家。雖衆說悉加於剖析。而群言莫克於折衷。朕素欽前國史館總裁。都察院都御史。兼經

筵講官　侍讀學士元老故臣宋龍淵所註道德經講義。其言洞徹祕
義昭融。見之者如仰日月於中天。悟之者如探寶珠於滄海。因此特命
鋟梓。用廣流傳。凡宗室皇冑暨文武臣工均皆勅讀。果能勤誠修習獲
最勝福田。永臻快樂。勅書為序。以示將來

康熙四十二年十月初八日　題於御書房

考證經註序

太上道德經。豈易言哉。雖玄門之精奥。其實修齊治平之理悉備焉。與吾儒之成己成物相表裏者也。道本無言。非言莫喻。理炳日星。世人罔覺。所以老氏不得已。而闡發五千言。言言見諦。使人開卷有益。因言識心。不致偏奇邪見。流於異端。但言曲而理微。人性有頓漸。未易盡識其妙。山西名士宋龍淵先生。沉潛於道。念有餘年。專心致志。開示後學。分章逐句。無不詮解。可謂致詳且盡。此經八十一章之內。間有與五經四子之書相發明者。於大易之旨。尤多脗合。嘗讀功成名遂身退一語。竊歎古今來賢士大夫。往往建不世之勳。迨其後卒鮮令終。緣知進而不知退也。唯西漢留侯。願謝人間事。從赤松子遊。差堪語此。余既善誦老

子之言。而喜讀宋子之註。實獲我心也。不揣固陋。而為之序。時

康熙四十二年冬十一月　　九門軍都楊桐題于介山草堂

道德經講義

目錄

卷上

太上道德經講義

金蓮正宗龍門法派第七代龍淵子宋常星註解

第二十三代玄裔清霞子陳宗振校印

觀竗章第一

恭聞無極而太極.自然無為之實理.謂之道.造道而實有得于己.謂之德.經者.真常不易謂之經.生天.生地.生人.生物.出生了死之真詮.治國修身之總要.自古聖賢.莫不從此而觀徼觀竗.但世俗之人.智見梗塞.心識朦昧.不能造道以求實德.所以經麤入妙者鮮矣.○凡看經之法.須當正心誠意.不可輕忽放過一字.將自己之言行.體認聖賢之言行.或有不能行者.必須奮志勉力.或有不能明者.必須拜問明師.久久行之.自然心地開明.若或草草看過.心地不明.大道未徹.與不看者何異乎.

道可道。非常道。道之一字.先天先地之先不為先.在後天後地之後不為後.最極最大.最細最微.無方圓.無形象.大無不包.細無不入.極大.尚有可量.極細.尚有可指.惟道極大不可量.極細不可指.乃是至妙至玄.無極太極之大道也.可道二字.凡落於言句.便是可道.真靜悠久.謂之常.可道之道.即非真常之道也.口既能言.有所形容.有所指示.亦必有所變換.既有變換.豈能常久乎.故曰.可道.非常道一句.

名可名。非常名。名之一字.即是無名之真名也.凡有名象.皆可名.謂之名.此為有變有易之名也.無變無易不可名.有變有易.

所以謂之非常名.天壤之間.形形色色.品彙何窮.其間安名.立字者無窮.但萬物之名.可以安名立字.大道之真名.雖以道字名之.總是強名.畢竟無名.人能悟可名之名.又悟無名之名.則種種之法.種種皆空矣.

無名天地之始。太極未分.陰陽未判.本無極也.其間無不有太極.無不有陰陽.不可指太極.不可指陰陽.即是無極.天地本無名.因形象而有名.天地尚在道之後.所以無名乃天地之始.在人心乃喜怒哀樂未發之時.寂然不動之地.此謂人心中無名天地之始也.修道之人.果能知此無名之始.便知天地之始.一切有名者.皆屬後起.可知是變滅不常.而非常名矣.

有名萬物之母。大道既無名.又言有名者何也.有此道.即有此理.有此理.即有此天地萬物.以無而生有.以一而化萬.皆從無極所發.此無極之名.為有名萬物之母.皆是自然之妙.所以天地從道而生.萬物自道而成.道為天地萬物之母者.信可知矣.修道之人.若能知此有名之母.便知萬物雖各具一性.實同于一性.雖各具一名.實本於無名也.

故常無欲以觀其妙。常無者.無聲無臭.自古及今.無有改易.是以謂之常無.此是太上欲世人在常無之中.要觀其至道生生化化之妙.真常之妙卻在無中而生有.其有不盡.所以為妙.人果能觀常無.而會心于其妙.則知常無者.即無名天地之始.經中言常無欲以觀其妙.即是此義.

常有欲以觀其徼。常有者.有形有象.自古及今.在在皆然.是以謂之常有.此是太上欲世人在常有之中.要觀其至道的的確確之徼．實在之竅．卻在無中而有據．隱微獨知．所以為竅．人果能觀常有．而洞見其徼．則知常有者．即是有名萬物之母．經中言常有欲以觀其徼．即是此義．

此兩者同出而異名。同謂之玄。

此兩者．謂常無常有也．有無之名雖異．其實皆在無極中而所出．故曰同出．名不得不異者．無可以無名．斷不可以言有．萬物之朕兆未形也．有可以有名．斷不可以言無．萬物之形色已著也．玄者．不可執捉．不可端倪．無形象．無言說．至靜至明．至圓至活．至顯至露．至真至常．渾化無端．妙用無方．是以謂之玄．經中．此兩者．同出而異名．同謂之玄．蓋是此義．

玄之又玄。眾竗之門。

無朕兆．無端倪．可謂玄矣．乃至極之又極．微之又微．真之更真．確之更確．非玄之又玄乎．是以觀于無而識玄之竗．觀于有而識玄之真．觀于有無之同出．而愈識玄之變化無窮．在太虛為太虛之竗．在天地為天地之竗．在萬物為萬物之竗．一切有形無形．有色無色．莫不出入于此門．是以謂之玄之又玄．眾竗之門．若即吾身識眾竗之門．朱子云人之所得乎天．而虛靈不昧．以具眾理．而應萬事者．知此可以言道．雖天地至大．萬物至繁．不出吾人性分之中．人果能勘透玄之又玄．則識竅識竗．有名無名．可道不可道．皆不須遠求．何用創為無稽邪說．以蠱惑愚迷．自取罪于聖人乎．

觀徼章第二

恭聞大道之玅.不無不有.不色不空.物物全彰.人人本具.乃天地未始之大象.乾坤未立之祖根也.不屬思求.非從言會.學道之人.果能離分別.絕名相.歸道德於身.以無為而應物.不起美惡之想.不生有無之見.不設難易之謀.不有長短之爭.不行高下相傾之事.不作音聲逆順之為.或治國.或齊家.或修身.絕無支離纏繞之弊.除卻牽強傲忤之心.此等所為.則萬有之實理.未嘗不空.萬事之幻境.未嘗不真也.到此天地.雖不以道德自居.自有.道德之功力.終身不去矣.○此章是太上伐妄歸真之旨.教天下之人.觀徼而入妙之義.

天下皆知美之為美。斯惡已。皆知善之為善。斯不善已。只此皆知二字.其惡其不善.便從此處有之矣.大道之妙.美者貴乎藏.善者貴乎隱.譬如天地之化工.造物之神機.循環無端.無始無終.人不能知也.皆知之美.皆知之善.是已顯著於形迹.人人欲得.事事安排.不知美之為美.善之為善.惟獨自然.惟獨無為.以皆知之美而為美.則暴于外而未必有公物之實.以皆知之善而為善.則銜于迹而未必有真誠之念.焉得不謂之惡乎.焉得不謂之不善乎.故曰.天下皆知美之為美.斯惡已.皆知善之為善.斯不善已四句.

故有無相生。故之一字.一切事之因.承上文而言之者.謂之故.有之一字.譬如有天地.有人物.有形器.有名象者.皆謂之有.無之一字.譬如視之不見.聽之不聞.希夷微妙.可以神會.不可名言者.謂之無.無相生二字.即是生生不已.變化不窮之義.當時太上恐後人見有執有.認無執無.所以發明有無相生之旨.人皆知有之為有無之為無.不知有而不有者.乃是以有入無也.無而不無者.又是以無入有也.是故有無不顛倒.則陰陽不返覆.陰陽不返覆.則相生之道不立矣.此所以有無相生之妙.隱顯莫測.變化無窮者此也.文中言有無相生四字.蓋是此義.

難易相成。難之一字.譬如心思不能到.人力不能勝.或天時.或人事.背亂乖違.不能成就.是以謂之難.易之一字.譬如不有造作.不用心機.自然而然.無為而為.是以謂之易.不知難者.不可徒畏其難.妄生穿鑿.多作安排.因物處物.隨其自然.則難者自變而為易.易者不可徒忽為易.任意悠游.怠荒忽略.物來不順應.事至不能通.則易者亦變而為難.難之成易.易之成難.難易之相成.皆是用心于見解知覺.迷執於有欲有為.若能以道識妙.順德識竅.雖至難之事.未嘗不容易而成也.故曰.難易相成一句.

長短相形。天下之事.有長必有短.有短必有長.譬如人以人為長.而我有長于人者.則我為長.而人短矣.我以我為長.而人有長于我者.則人為長.而我又短矣.相與比並.眼見之長短.無所不見矣.修道之人.果能明長短之理.不起是非人我之情.不生太過不及之念.何有長短之分.長短之事.故曰.長短相形一句.

高下相傾。高者不可為下.下者不可為高.各安其本分.循其自然.安有相傾之理.惟高者自恃其高.而有凌物傲世之氣.是高者傾于下.下者不自安其下.而有欺上滅長之心.是下者傾于高.高下相傾.皆是捨道之希夷.貪身外之閒氣.若肯曲己全人.不生忌妒.其高其下.不待勉強.自有一定之實理.而不易矣.故曰.高下相傾一句.

音聲相和。

凡天地之間.五行成物.而水火木金土.無不有音聲焉.金空則響.響則有聲而音和.木被風搖.搖之有聲而音和.水激有聲而音和.火烈有聲而音和.土為缶器有聲而音和.聲中有音.音乃成聲.無物不有音.無物不有聲.聲因實而虛鳴.音因虛而空應.陰陽互合.生於自然.所以為音聲相和一句.

前後相隨。

前後二字.無名之始謂之前.有名之後謂之後.天地之始終.人事之循還.皆有前後相隨之義.一動一靜.互為其根者.陰陽之相隨.一寒一暑.迭成四時者.氣候之相隨.由此而推.一反一正.一去一來.一清一濁.一消一長.莫不是此相隨.故曰前後之相隨.蓋是此義.以上六句.是太上破天下之人.當知美惡之事.不可惑於有為之意.大道之實理.本不分美惡.不辨有無難易長短高下前後.莫不渾融一貫者.但因天下之人.以有為為美.以有為為善.種種對待之微機.雖欲止之.豈可得乎.人能去此六種之妄見.真妄兩忘.觀玅之門.自此而入矣.

是以聖人處無為之事。行不言之教。

是以二字.乃是承上起下之辭.無為者.自然之大道.本無所為.故以無為言之.不言者.因自然之大道.本無所為.又且無所言也.故以不言明之.細想天地司其覆載.聖人司其教化.聖人之道德.便是天地之元氣.天地以無心而運

化.聖人以無為而教民.天地以不言而善應.聖人以寂靜而感通.所以處無為者.蓋因不待為而事始成.行不言者.亦因不須言而教始明.感而遂通過而即化.過而即化.即是無為而為.感而遂通.即是不言而言也.經中教人.皆是性分中本然之妙理.不過欲人自悟其本性而已.性外何曾多言一字.故曰.是以聖人處無為之事.行不言之教二句.

萬物作焉而不辭。此句言天地生成萬物.千變萬化.自然而然.當作而作.未嘗辭而不作也.可比聖人教化萬民.亦千變萬化.自然而然.當行而行.亦未嘗辭而不行也.故曰.萬物作焉而不辭一句.

生而不有。此句言天地以無心為心.生育萬物.皆自然而然.未嘗容于有心也.聖人亦是以無心為心.教化萬民.亦皆自然而然.未嘗容於有心也.故曰.生而不有一句.

為而不恃。此句言天地雖然無為.無為之中.自有不為而為之妙用.不求人知.不求人見.即是化工之巧.未嘗自恃其能也.不但天地之巧.有如此之妙.想聖人之教民.無為之中.亦有不為而為之妙用.亦不求人知.亦不求人見.亦未嘗自恃其能也.故曰.為而不恃一句.

功成而弗居。此句言天地生萬物之形.成萬物之性.其功雖然莫大.何嘗以功自居乎.可比聖人養育萬民之生.成就萬民之性.令一切天理完全.無餘無欠.其功亦莫大焉.若以此功求之於聖人.聖人忘己無私.亦不自居其功矣.故曰.功成而弗居一句.

夫惟弗居。是以不去。夫者是指上文之辭.惟者獨也.居者處也.因聖人不肯自處自任其事.以虛心應物.忘名忘相.無我無人.不見有為之迹.不立教化之名.故曰弗居.細詳道德自聖人而立.教化隨聖人而出.聖人之心.雖然弗居.其功終亦不可得而去者.蓋以道德高於天下.天下後世未嘗不歸功於聖人者也.譬如大海之水.萬派千流.不求歸而自歸矣.故曰.夫惟弗居.是以不去.二句.

安民章第三

恭聞聖人者.秉天地之元氣而生也.所以萬善皆備.萬德周身.無私無我.無餘無欠.無親無疎.無分無別.濟物之心無窮.憂世之心切切.天地雖大.聖人之德.與天地並行而不悖.萬民雖多.聖人之心.與萬民同心而不異.是故不以聰明才智用於世.不以能所非常惑於人也.倘若少有能所之心.便是聰明才智.尚賢之用.少有異常之為.便是有欲有為.不善之為.此等所為.功高天下者.未之有也.德貫古今者.未之有也.覺斯民於萬代者.又未之有也.聞經者請試思之.○此章經旨.詳究民之爭者.因可欲而爭.民之盜者.因可欲而盜.民心亂者.亦因見欲而亂.爭也.盜也.亂也.所為者雖然不一.其失德失性之害.未嘗不一矣.是故末句以無為而無不治.總歸於無妄之實理者然也.

不尚賢。使民不爭。賢之一字.不可作聖賢是自賢之賢.尚之一字.以尊大自處謂之尚.人我之情未絕.分別之念未卻.此皆是爭先之禍胎.不平之肇端也.是故在上者.以聰明才智施之於天下.天下之民.未嘗不以聰明才智奉之於上者.此是上下相爭也.上下相爭.其國未有不亂者.聖君惟知以才智內養.不以才智施之於民.不求無爭.而自然無爭.故曰.不尚賢.使民不爭二句.

不貴難得之貨。使民不為盜。難得之貨.不但金玉珠寶而已.凡世間一切所貴重者.皆為難得之貨.為上者若有貴愛之心.為下者必起貪得之妄.貪之不得.未有不為盜者也.譬如人有財物者.居之則高其墻垣.行之則盛其僕從.或弓矢隨身.或利刃在側.日夜隄防.未嘗暫息.本來無賊.自生恐怖之心.此皆因貴此難得之貨.所以有此懼寇之心也.以此觀之.難得之貨即是盜賊之禍根.招盜之媒娉矣.故曰.不貴難得之貨.使民不為盜二句.

不見可欲。使心不亂。世俗之幻境.可欲雖多.若能洞觀無礙.此心空空洞洞.不見於物.惟見於道.既無一物之可見.豈有一物之可欲乎.既無一物之可欲.心君自然泰定.幻緣豈能搖動.學道之人.果能空其可欲之念.此心不求靜而自靜.心既清靜.心從何處亂乎.故曰.不見可欲.使心不亂二句.

是以聖人之治。虛其心。虛心者.譬如不自見.不自是.不自伐.不自矜.便是虛心之義.蓋以自見者不明.自是者不彰.自伐者無功.自矜者不長.所以聖人之心.虛靈明妙.蕩蕩空空.不曾有一物所繫.少有纖毫塵垢.即為魔境便不是虛心之妙矣.故曰.虛其心一句.

實其腹。實腹二字.譬如神清氣足.理備道全.便是實腹之義.聖人之腹中.包藏天地.涵養萬物.其道也養之極深.其德也積之極厚.少有一毫欠缺.便不是實腹之人也.故曰.實其腹一句.

弱其志。弱志者.譬如知雄守雌.知白守黑.知榮守辱.便是弱志之義.如赤子之無心.無知無識.神定氣和.作止語默.一言一行.皆不敢有自恃自矜之念.以至齊家.治國.平天下.亦不敢為天下先.道在於柔.德在於順.能弱其志.道德自歸於我矣.故曰.弱其志一句.

強其骨。強骨者.譬

如任道任德.以道德求勝于己.不以道德求勝于人.此便是強骨之義.是故求勝於己者.謂之強骨.求勝于人者.謂之強力.強骨者.有自強不息之妙.有勇猛精進之心.如此行之.進道必果.進德必銳.其剛烈之志.如骨角之可比.故曰.強其骨一句.

常使民無知無欲。使夫知者不敢為也。為無為。則無不治。

上文虛心.實腹.弱志.強骨.皆是無為之道也.聖人欲天下之民.返朴還淳.無知無欲.必以無為之道治民.天下自歸於無知無欲之道.民無知而民自樸.民無欲而民自正.聖人既以無為治民.其民雖有所知.而知之者.亦不敢為之也.民既無知無欲.返朴還淳.復其固有.同入無為之化.共樂熙皞之風.所以為無為.而天下無不治.故曰.常使民無知無欲.使夫知者不敢為也.為無為.則無不治四句.

不盈章第四

恭聞大道之本體實用。語大天下莫能載。語小天下莫能破。蕩蕩無邊。無聲臭之可聞。空空無際。無朕兆之可見。雖無影響。有理有氣。無時不圓轉於天地之間也。文中所講。正是大道沖用之妙義。人能悟得此沖用之機。則一身之中。無時而不流通。無往而不順適。無處而不生春。陰陽在吾手。造化在吾身。我之身。未嘗不與象帝之先。身同此身也。必如此體認沖用之經旨。可得矣。○道沖而用之者。即是自然而然之妙也。聖人之德。和光同塵。亦是虛心自然之妙。虛心即是沖用。沖用即是不盈。沖用不盈。即是無極太極二五妙合之本根也。人能會此義。則萬物之宗得矣。

道沖而用之。或不盈。沖者。虛也。和也。不盈者。不自滿之義。大道之體。以虛為體。大道之用。以和為用。以虛為體者。體之於靜也。以和為用者。用之於沖也。是故沖而用之者。天地雖大。天地亦不知。萬物雖多。萬物亦不覺。不知不覺。沖用之妙。視之不見其形。聽之不聞其聲。虛而不虛。實而不實。取之而不可得。捨之而不可去。莫探其沖。莫測其用。文中或不盈三字。亦是強名之言也。詳夫本然之妙。實未嘗不盈。但就其虛中而言之。是以謂之。道沖而用之。或不盈二句。**淵兮似萬物之宗。**淵者。深廣莫測之義。宗者。根宗也。細詳萬物非道而不生。非道而不成。非道而不有。非道而不立。大道之本體。涵養萬物而不匱。大道之妙用。沖和萬物而不遺。其理幽深。不可以心思而得.其道隱妙.不能以言議而知.是故物物全彰.頭頭是道.究其沖用之機.求其深玄之理.似乎非一非二.無窮無盡.萬物以道為根宗者此也.故曰.淵兮似萬物之宗一句.**挫其鋭**。上文太上既示大道沖用之旨.鋭者.鋒芒之利刃也.挫者.磨礱揣治之義.譬如人之見聞知覺.聰明才智.即如利刃之鋒芒一般.若不磨治.必有自盈自滿之失.故急當斂神以靜.去識忘機.使鋒芒不露.圭角無存.雖有利智而不用.雖有才能而不施.純一不雜.抱素養拙.挫鋭之功既盡.其道自可沖而用之矣.故曰.挫其鋭一句.**解其紛**。挫鋭之法.在乎解其紛.不解其紛.其鋭不能挫矣.天下事物之理.有縲縢而不能解者.有凝結而不能散者.大道沖用之人處之.識心見性.不溺於是非爭訟之場.毫分縷析.不陷於忿懥利欲之私.事物之來.迎刃而解.雖萬變酬酢之多.此心惟寂然不動.太上以解其紛言之者.蓋是此義.**和其光**。不有和光之妙.又難施解紛之能.和光者.和其心德之光也.一切有情無情.種種形色.雖名像不一.皆有此光也.我能和之.則我心德之光.可以通徹天地.可以交感萬物.和光之妙.譬如以水投水.其水無二.以火投火.其火皆明.又如以百千萬燈共一室.其光無欠無餘.不分彼此.和光之妙處如此.故曰.和其光一句.**同其塵**。既能和其光.必能同其塵也.同塵之妙.在物我兩忘.心清意定.所以不棄於人.不棄於物.能化惡而取善.不自愛而愛人.觀三界.猶如琉璃淨界.一體同然.視萬物.猶如燈燈相照.無有異色.心無起滅.意無憎愛.則同塵之妙入矣.**湛兮**

似若存。吾不知誰之子。象帝之先。修道之人.既得大道沖用之妙.則性海虛靈.心淵湛寂.可以融一真而入妙.可以混萬理以歸元.天外無極之眼睛.無不豁然通透.世間有限之凡情.無不了然覷破.自然湛湛清清.虛靈圓妙.渾渾淪淪.獨立不移.雖劫數昇沉.天地改易.我之真體如然.不變不壞也.故曰.湛兮似若存一句.○我之真體.既然常存.其無體之體.既與無極同其真空之體.其無相之相.既與太極同其妙相之相.我之妙性.未嘗不是天地之始.我之真心.未嘗不是萬物之母.天地之造化.萬物之生成.不由乎我.更由乎誰.造化既由於我.造化即我.我即造化.更有何者我可與之為子乎.吾不知之者此也.既不知為誰之子.則未分天地之先.先有真我.未立太極之始.我已在先.我之真我.便是象帝之先也.文中言.吾不知誰之子.象帝之先二句.蓋是此義.象者.如日月星辰.張掛於天便是象.帝者.主宰萬物.運御乾坤.此便是帝.大道沖用之妙.果能修到此等妙處.方是與道合真之義也.

守中章第五

恭聞天地有天地之中炁.人身有人身之中炁.天地之中炁為萬物之母.人身之中炁為性命之元.天地之中炁.出之於玄.而入之於青.人身之中炁.出之於玄.而入於牝.天地若不有中炁之運御.或水旱相伐.或風雨不節.或隆冬不寒.或盛夏隕霜.山崩地裂.江河枯竭.種種乖變之異.皆是天地之中炁不及故也.人身若或不有中氣調暢.雖在常人.必定血氣凝滯百病來侵.若修道之士.身中之剛柔失配.陰陽不和.五行不能會入中宮.四象不能歸戊己.火候難調.龍虎難伏.更又陰凌火盛.災害相繼而生矣.○此章經旨.先以天地引喻.次又以橐籥引喻.至於末句.方露出守中二字.守中之道.可以治國.可以齊家.可以修身也.聖人教人中道而立者.譬如堯之命舜.則曰允執厥中.舜之命禹.亦曰允執厥中.可知不但修道宜如此.凡一切戴髮含齒.守中之道.皆不可不知矣.○此章經旨.凡有氣者.莫大於天.凡有形者.莫大於地.天地本無心也.無心之心.即是天地不仁之仁.人能知此不仁之仁.修此不仁之仁.我身中之河車.暫時不停.性命之圓機.無所不到.其間之橐籥.與天地通一無二矣.

天地不仁。以萬物為芻狗。

芻狗之草.本是祭祀所用.燎帛之具也.祭祀則用.祭已則棄.天地之化育.及於萬物.未嘗不及於芻狗者.狗芻雖是至賤.亦是萬物中之一物.天地觀芻狗.未嘗不與萬物同.觀萬物未嘗不與芻狗一樣.一體同觀.一般化育.天地以

無心為心.不自有其仁.正是仁之至處.故曰.天地不仁.以萬物為芻狗二句.

聖人不仁。以百姓為芻狗。

芻狗雖是至賤之草.天地與萬物同施化育.是天地之至仁.無足此而遺彼.聖人心同天地.以一心觀萬心.以一身觀萬身.以一物觀萬物.博愛周偏.貴賤無分.體萬物而無心.順萬物而無情.亦無足此而遺彼.故曰.聖人不仁.以百姓為芻狗二句.

天地之間。其猶橐籥乎。

天地無私.不自有其仁者.蓋以虛中而無心.觀間之一字.可知天地合焉.萬物合德.人心合理.不有不無.妙無妙有.造化從此而出入.物理自此而成就.故取橐籥之物而喻之.無底之囊曰橐.有孔之竅曰籥.取其動蕩鼓風之義.有虛中之妙.動則風生.靜則風止.愈動愈有.愈有愈出.所以四時行.百物生.皆是天地之橐籥所出也.人能處中.則身中之橐籥即天地之橐籥.天地與我.又何異焉.

虛而不屈。動而愈出。

虛者.虛其中也.不屈者.言氣之往來出入.未嘗屈而不伸也.此言虛中之妙.一來一往.一消一息.動靜不已.出入無間.流通于上下.貫徹於始終.其妙用之機軸.未嘗屈而不伸.其機軸之運動.未嘗動而不出.是故不虛中.則不能不屈.不妙動.則不能愈出.得此虛中之妙.陰陽故能動靜.五行故能變化.天地故能定位.萬物故能生成.所以生生不已.化化無窮.觀此而知聖人之動靜.修道之功能愈可見矣.

多言數窮。不如守中。

此二句.太上又以多言取喻者.正是示人守中之義.人之言語.妙在中節.不貴於多.一言可以大悟.半句

可以通玄.倘若頻繁太甚.未有不理窮而辭拙者也.總不如守中.無太過.無不及.時然而後言.則言無瑕謫.語無口過.知此守中之妙.心自清而神自靜.形不勞而氣不散.寂然不動.感而遂通.此是守中之玅也.以此觀之.言語尚且以守中為妙.何況修性命之道.豈可不守中乎.眼若不多視.其魂在肝.鼻若不多聞.其魄在肺.口若不多言.其神在心.耳若不多聽.其精在腎.身若不多動.其意在脾.五神既能守中.五氣自然朝元.其精自然化氣.其氣自然化神.其神自然還虛矣.道書全集有云.神不外遊精不泄.氣不耗散別無訣.若能四象入中宮.不怕靈丹不自結.是知修行.以守中為妙.天地以虛中為妙.其理一矣.細想中之一字.在天地乃是廓然大公.至誠無息之實理也.在人即是虛中靜一.谷神不死之神炁也.此炁本無方所.無始無終.無間無斷.未有天地萬物之先.中炁之妙.本是如此.既有天地萬物之後.中炁之妙.亦復如是.所以為乾坤之樞紐.元化之本根.萬物之總持.性命之機要.人果能知此中炁之理.則天道必知.果能行此中炁之炁.則性命交圓.可不勉乎.

谷神章第六

恭聞空而無物．虛而有神．無象之實象．不神之元神．是以謂之谷神．只因谷神虛靈不昧．所以谷神不死．只因玄牝寂感陰陽．所以為天地之根．其門也．本是出入之妙理．是故為玄牝之門．此門之妙．悟之者萬法並出．迷之者千般梗塞．修道之人．果能處虛靜之明堂．方可會元初之面目．果能造不神之神府．方可知天地之元根．雖往古之聖人．所詮者．詮之於此也．雖大羅之神仙．所得者．得之于此也．天下之學人．所悟者．悟之於此也．以此而修．則有無可以俱入．以此而修．則聖凡可以同體．有無俱入者．則無名之道得矣．聖凡同體者．則玄牝之門入矣．是故太上發明谷神不死之極旨．指出玄牝之門．度聖度凡．立道德大總之真傳者此也．○此章經旨．太上指出天地之根．即是虛中之妙．學道之人．若能虛中．則天地之根在我矣．

谷神不死。谷之一字．如山之空虛有窟．而高絕者．經中言谷神．言不死．何也．蓋以虛中而無象．不神而神．即是不死之元神也．是以謂谷神不死．天地萬物．各具谷神之玅千變萬化．皆從無中生有．便是谷神不死之密義．天地若無谷神．三景不能發光．四時不能順序．人身若無谷神．性不能長存．命不能堅固．是故天地能長且久者．谷神不死之謂也．人能長生久視者．亦是谷神不死之謂也．不死者即是虛靈不昧之義．視之不見．感而遂通．生成品彙．造化萬物．皆是不死之神也．故曰．谷神不死一句．

是謂玄牝。上句指出谷神不死．欲人識虛中之妙.又從谷神指出玄牝之義.玄即是無極.太玄生炁之本.無朕無兆.非思憶之所及也.牝即是太極.有名萬物之母.生生化化.無不從此出也.在天地通陰陽之升降.在人身合神炁之虛靈.天地闔闢之機.惟在於此.人心闔闢之妙.亦未嘗不在於此也.是謂玄牝二字.**玄牝之門。是謂天地根。**此又從玄牝中.指出門之一字.門本無門.只因玄牝具神化出入之機.故以門字言之.細想天地有交泰之門.日月有合明之門.陰陽有出入之門.造化有變遷之門.妙無妙有.神機不測.其渾融而無間者.是以謂之玄牝之門.指出天地之根四字.切思天地之有根.所以生天生地之所從出也.天地若無根.天地且無由而生.況萬物乎.非玄牝之至幽至顯.至無至有.又安足為天地之根乎.故曰.玄牝之門.是謂天地根二句.**綿綿若存。用之不勤。**此二句是總收上文之義.谷神也.玄牝也.天根也.無為而為.莫探三一之圓機.自然而然.不測玄蘊之密義.不見其存而存.故曰若存.存非有時而不存.故曰綿綿若存.由是不生而生.無所不生.生之至矣.不化而化.無所不化.化之極矣.生生化化.在天地天地不知.在萬物萬物不知.用之際不可窺.用之真實無已.天地之根所以立.玄牝所以為出入之門.谷神所以不死也.人能會此義.天地人物.本同一理.我身之谷神.未嘗不與天地之谷神同其神.我身之玄牝.未嘗不與天地之玄牝同門而出入.真呼真吸.綿綿若存.真陰真陽.用之不勤.三一之實理.自悠然而深有得也.

無私章第七

恭聞天地者.大道顯迹之用也.至誠無妄.體萬物而不遺.於穆不已.生萬物而不匱.天地無私.聖人與天地同其無私.道之行不有親疎.不分貴賤.德之化.不擇賢愚.無論高下.天地成萬物之私而無私.聖人成萬物之私.克肖乎天地之無私.是則聖人者.又天地顯迹之用也.聞經者請試思之.○無私者.普物無我之道也.非至誠無妄不能有.非人我一體不能行.聖人無私.能成天下之私者此也.

天長地久。天地所以能長且久者。以其不自生。故能長生。

此章經旨.本是引喻大道長久之義.蓋以天地有時而混沌.此是天地之一靜也.混沌之後.天地再判.仍舊高明.仍舊博厚.所以能長且久.不問可知.切思天為大父.地為大母.父之道.能生育萬物.母之道.能長養萬物.生育者施之而不匱.長養者化之而不勞.施而不匱者.天道之無私也.化而不勞者.地道之無私也.以其無私.所以不自生.故能長生.

是以聖人後其身而身先。外其身而身存。

細詳天地人.本同一理.何故不如天地之長且久也.天地無私.所以能長且久.人生在世.自有之心常存.人我之見不去.所以不能長且久.聖人體天地之道.得空生之理.先人而後己.不以爭先於天下.是以謂之後其身.天下亦莫不推尊而仰望.既已推尊而仰望.其身未有不先於人者.以道德為

本.以幻身為末.不求榮顯於一身.是以謂之外其身.天下亦莫不尊親而永保.既以尊親而永保.此身未有不常存者.所以處天下之先而不為先.存一己之身而不為壽.文中所謂是以聖人後其身而身先.外其身而身存二句.蓋是此義.奈何人以業緣生起滅之色相.以人我用有無之分別.不識空生之理.不契久長之道.既不肯自後其身.其身豈能先乎.既不肯自外其身.其身豈能存乎.**非以其無私耶。**

故能成其私。聖人之德性.本是一誠而已.誠則無私.所以無人無我.無先無後.惟知後其身.外其身.一如天地之不自生光明正大.普澤無遺.所以能隨方施德.成就家國天下人物萬有之私.故曰.以其無私.故能成其私二句.無私成私.聖人與天地有同揆.觀天地則知聖人.觀聖人則知天地.聖人天地一而已.

若水章第八

恭聞水之為德.不與物爭者.得天地自然之道也.不捨晝夜者.運大道不息之機也.大潤乾坤天地萬物.生生化化.而不窮者此也.聖人綜事物於一源.貫古今於一致.因時制宜.體用該備.亦如水之上善無爭之玅義耳.○此章經旨.如淮南子云.循勢而下.乘衰而流.有去高就下之功能.總是以水德.取喻聖人德性之玅義.

上善若水。水善利萬物而不爭。水之為物.居五行之始.稟太極之初.生於一而成於六.氣屬五而數在一.水之性.得太陽之精.水之質.玅萬物之形.所以為上善.隨物施功.隨時善應.未嘗擇物而用其能.未嘗逆物而施其利.去高就下.行止如然.皆不假作為.有自然而然之玅也.故言善利萬物而不爭.聖人以道德教民.以仁義勸善.不自矜其能.不自伐其善.捨己從人.公而無私.水德同然.故無所爭也.太上取喻上善若水.水善利萬物而不爭.蓋是此義.

處眾人之所惡。故幾於道。眾人所惡者卑污下賤者也.水之為德.不處眾物之上.不逆眾物之情.去高就下.行止無心.雖是卑污下賤之地.亦不擇地而流.所以水性之德.幾於道矣.人奈何貪高愛貴.爭勢爭名.利害成敗之機.無所不生.長短高下之情.無所不有.種種妄心.相循不已.聖人以謙退自處.以卑下自安.寧曲己以全人.不好高而自大.所以水性之善.與聖人之道相近者此也.故曰.處眾人之所惡.故幾於道二句.

居善地。善地者.安靜無事之地也.若是險峻之地.則非善地矣.所以水性之善.去上就下.險峻不居.以貞靜自守.以柔順自安.行止如然.妙用無方.終無傾喪之患.豈不是善地乎.人之貪高望貴.不知持盈之失.豈善地乎.本經以功成名遂身退戒之者.正是此意.

心善淵。深妙不可測度謂之淵.水雖無心.光明涵之于內.沉靜表之於外.能和萬物之性.能鑑萬物之形.生物之機不可知.化物之妙不可見.皆是水性中無心之心德也.淵乎深哉.其理至微.其道至深.故曰.心善淵一句.聖人之心.靜以涵萬物之理.而幽深莫測.動以妙萬物之用.而時措無窮.淵淵乎亦如水之善淵也.

與善仁。水之德.施萬物而不伐其功.利萬物而不求其報.散之為雨露.萬物佩其德澤.流之為江河.舟航獲其濟渡.天下之飲之而禦渴.用之而成物.百姓日用而不可須臾離也.其仁至矣.故曰.與善仁一句.

言善信。水本無言.觀之江海.有揚波鼓浪之聲.聞之溪澗.有瀑布滴瀝之聽.此即是水之言也.晦前三日.不期而潮於滄海.朔後三日.不約而退其水勢.潮不失時.聲不私聽.水信如此.以觀聖人.時然後發.有物有則.故言可徧天下而不疑.信可傳萬世而不惑.所以水之善信.與聖人同.故曰.言善信一句.

政善治。水以生萬物為政.昇之則化為雨露.降之則流為江河.派分徧及.有生生不息之機.德潤萬物.有化化無窮之妙.故曰.政善治一句.以水之政.觀聖人之參天地.贊化育.安百姓.和萬物.使天下各盡其道.各遂其生.皆是聖人之政善治也.

事善能。水之善能不一矣.澤潤乾坤.滋生萬物.行舟渡筏.去垢煑爨.隨宜妙用.應事適當.此皆是水德善事之能也.故曰.事善能一句.人能德性完全.心神活潑.應事接物之間.隨方就圓.處己待人之際.不泥不執.此便是事善能之義.**動善時。**水之為物.因圓器成圓.因方器成方.盈科而後進.氤氳而後雨.不逆人事.不違天時.皆是善時之妙動.人能不違天時.不逆人事.可行則行.可止則止.事不妄為.言不妄發.亦如水動善時之妙也.**夫唯不爭。故無尤。**上文水有七善之妙.皆是不爭之道也.水既不與萬物相爭.所以萬物亦不爭於水.兩不相爭.是水之上善.善于和萬物.萬物皆得其和.又安有怨尤于水者.文中言夫唯不爭.故無尤.蓋是此義.人能心如止水.避高就下.此便是居善地.人能虛心養志.含光內照.此便是心善淵.人能愛物不遺.教人不倦.此便是與善仁.人能言語真誠.心口如一.此便是言善信.人能因物付物.盡己盡人.此便是政善治.人能曲直方圓.隨宜適用.此便是事善能.人能可行則行.可止則止.此便是動善時.七善既立.萬善皆立.未有不近於道.而自處不爭者.又安有致天下怨尤者乎.

持盈章第九

恭聞堯帝.不以天下為貴.故授之於舜.舜亦不以得天下為樂.故授於禹.天下尚有何物.足累吾心乎.今之人認虛幻之名位為久.取不實之財勢為常.得之為樂.失之為憂.此正是持盈.而不知身退之義.聖人不以名位勢祿之得為得.不以金寶貨財之失為失.無欲無為.全人全己.皆是合天道之自然.守道德於終身也.○此章經旨.是教人以虛己為體.以守雌為用.進退不失其時.上合天道之義.

持而盈之。不如其已。天道貴虛.而不貴盈.虛者有容物之妙.盈者有傾失之患.持盈者.取喻盈滿之器.恐有傾失之患.故持之於盈.不如已之.而不持可也.已之而不持.則持盈之勞不用.傾失之患不生.身心得其安逸.其不善乎.故曰.持而盈之.不如其已二句.持盈之事.不止一端.如官極高品.富比陶朱.聲色惟恐其不足.利祿惟恐其不長.終日防危慮險.小心之狀.與持盈者何異.何如是道則進.非道則退.不貪戀于已得.不逆億于未失.持盈之禍辱.終身不至矣.

揣而銳之。不可長保。人之聰明才智.貴乎收斂.不可炫露.譬如治利刃者.始則加工著力.用心磨礪而揣治之.鋒芒銛利銳而益求其銳.至於吹毛斷髮.不可復加.不知此等利刃雖有斷物之能.終有傷折之害.揣銳太過.所以不可長保.人之聰明才智.炫露太過.與此一樣.故曰.揣而銳之.不可長保二句.古之聖人.斂天下之智為智.斂天下之善為善.大智若愚.大巧若拙.藏其用而不衒於外.所以無敗弊之害矣.**金玉滿堂.莫之能守。**金玉乃身外之物也.真知道德為重.自不肯被外物所移.人之不顧身命之重.妄貪金玉之多.總然金玉積至滿堂.臨命終時.守之不得.故以金玉滿堂.莫之能守警之.修道之人.若能取身中之金玉.養性命之真常.身外之金玉.視若塵囂.此心自然清淨.知止知足.不貪不妄.用之不窮.守之不去矣.**富貴而驕。自遺其咎。**富貴之榮.不足為樂.惟以謙退持身.卑以自牧.不因富貴而生驕傲之心.我不以驕傲加於人.人必以謙讓歸於我.人己無爭.物我皆和.又安有遺其咎.至生愆過之責乎.故言富貴而驕.自遺其咎.蓋是此義.切思我性分中.自有真富真貴.精氣神.吾身之三寶.人能保而全之.則是天地之生意.歸之於我.我身之造化.用之不窮.壽命延長.生死可脫.是為真貴富也.倘若貪戀假富貴.精耗神散.以致百病來侵.大數一至.雖有萬貫家財.誰能買得不死乎.

功成名遂。身退。天之道。此三句.是總結上文之義.細詳四時之消長.日月之虧盈.天之道.尚且損有餘而補不足.何況人乎.若功既成矣.當善終其功.名既遂矣.當善全其名.善終善全者.非身退不可.盈者當戒之於滿.銳者當守之不用.金玉當戒之於貪.富貴當戒之於驕.觀天之道.執天之行.此便是天之道也.故曰.功成名遂.身退.天之道三句.

玄德章第十

恭聞人之有身.即如身之有國也.身之有氣.即如國之有民也.此國之中.君臣.父子.夫婦.陰陽.無所不具.但修道之人.若能身安氣順.而身中之國土自寧.若能無欲無為.而身中之萬民自靜.經所講抱一專氣之句.正是身安氣順之旨.滌除玄覽之句.即是清靜國土之義.無為之句.即是不以私欲亂民之義.無知之句.即是含光厚德.與萬民渾同不異之義.此中之密旨.用之於身.可以修身.用之於家.可以齊家.用之於國.可以治國.倘若不然.少有利欲懥忿之私.少有妄動妄為之病.則身不能修.家不能齊.國不能治矣.故丹從不煉煉中煉.道向無為為處為.譬如三茅真君云.靈臺湛湛似冰壺.只許元神裏面居.若向此中留一物.豈能證道合虛清.如此行之.則身中之國土.自然清靜矣.○此章經旨.總是指心明道.引證修身治國之大義.

載營魄抱一。能無離乎。 身受魂魄.如車載物.物必隨之而行也.營魄者.身中之魂魄也.人有三魂七魄.若能致養安靜.則魂在於肝.魄在於肺.生身之道立矣.我身中有真土.能培之於木.藏之於金.息之於火.止之於水.攢五行.合四象.皆是真土之玅用也.若能神不外遊.意不散亂.精神魂魄.自然會合一處.不相離判矣.故曰.載營魄抱一.能無離乎.真土者.我之意也.意屬於土.故曰真土.此真土之玅.是謂五行之祖.太丹之基.人能以神合氣.以氣合精.真息綿綿.四象五行.不致散亂.不求抱一.而魂魄自然抱一矣.

專氣致柔。能

嬰兒乎。未歲之赤子.元氣未散.乾體未破.百無一知.正是氣專之妙.百無一能.正是致和之妙.因專氣致柔所以無欲無知.無思無慮.神氣故能抱一.魂魄故能相隨.吾見今之內煉者.雖歛藏神氣.不過除其妄想.調其呼吸而已.神不能入氣.氣不能歸神.真息不相依.故不能抱一.專氣致柔.如嬰兒有自然之妙.是故太上發明專氣致柔.能嬰兒乎二句.

滌除玄覽能無疵乎。滌者.灑滌也.除者.除去也.玄覽者.多見多聞.博古通今.疵者.病也.吾見今之學者.亦有博古今.通事物.廣搜往事.射獵簡編.要不過耳目見識之學.非真知真見.此等修行.欲至無疵之地.不亦難乎.故曰.滌除玄覽.能無疵乎二句.細想真知真見者.出於形器之外.不在見聞之中.故所見者至廣.所知者極大.一切玄覽之經書.雖是聖人之心印.未得道時.不過借此為渡水之舟筏而已.既得道後.玄覽之法塵.若不滌除而去.則心迹不忘.亦不能入於寂然不動地位.所以人不可認蹄作兔.執筌為魚.當了一切法塵.當去一切玄覽.譬如病愈藥止.更無瑕疵之病.有害於我者.

愛民治國能無為乎。此二句乃是以無為之道.明愛民治國之義.當順其自然.因其固有.不必有所作為也.若以有為愛民.其愛必不能周偏.以有為治國.其治必不能均平.惟聖人以不言之教.行於天下.以無為之道.化於百姓.是故天下百姓.日受其愛而不知.日安其治而不覺.不知不覺者.蓋以聖人之道德.天下本不可知之.本不可見之也.所以無為而民自化.無事而民自富.無欲而民自朴.故曰.愛民治國.

能無為乎.蓋是此義.**天門開闔。能為雌乎。**天門二字.指人心也.人心為一身總持之主.是以謂之天門.開闔二字.即是陰陽動靜.雌之一字.即是安靜柔弱.人之心竅.果能出入動靜.以安靜柔弱之道.應酬於一切事務.時候當動.無心以自動.時候當靜.無心以自靜.是以知天門之開闔.皆是自然之妙.所以聖人內照圓明.事物之來.順理而應.不使陰勝于陽.不致情害于性.不令物欲蒙蔽.不隨物欲遷移.所以性全而心不亂.氣役而志不迷.此是聖人天門開闔.為雌之妙也.但人心出入無時.動靜不一.事物交接.私欲即生.喜怒哀樂愛惡欲.七情之妄.隨感而發.修道之人.全在此處.分的明白.不使私欲之陰情.勝之於我.方可謂之天門開闔.能為雌乎二句之義.**明白四達。能無知乎。**明者.心之內光慧照.謂之明.白者.心之本體素存.謂之白.蓋以虛能生明.靜能生白.虛靜明白者.方可謂明白四達也.四達者.通達無礙之義.無知.即是不有情識.湛然純一之妙.人心之本體.原自虛明.本來潔白.只因物欲閉塞.有所窒礙.不能明白.惟聖人虛靜圓明.不以聰明為用.無見無聞.無為無欲.自有一段空明境界.感之則通.叩之則應.雖所知無窮.則又終日如愚.無知而無不知.無不知卻是無知.故曰.明白四達.能無知乎二句.**生之畜之。生而不有。**生者.育也.畜者.養也.天以陰陽五行.化生萬物.聖人以道德五常.慈養萬民.天地之雕刻眾形.長養萬物.本未曾有心而施化.私物而施仁.萬物賴之以生以育.皆是天地之有而不有也.聖人體天地父母之心.而教養百姓.興利以遂民生.未嘗以興利之功自有.立教以復民性.未嘗以復性之功自有.因物付物.隨所施無不出於自然.亦如天地之無心而施化.無為而布德.故曰.生之畜之.生而不有.蓋是此義.

為而不恃。長而不宰。聖人心同天地.物我兩忘.與天下之民.相忘於道德之中.共入於無為之化.以人治人.又安有為而自恃者.聖人儀表萬民.首出庶物.可謂天下之長矣.然道同天地.恩如父母.與天下相忘于自然.相處于無事.無彼此之分.無上下之異.有何主宰之心乎.故曰.為而不恃.長而不宰.蓋是此義.

是謂玄德。玄德者.天德也.天之德.玄玄莫測.故曰玄德.細想聖人道同于天.德齊化育.恩霑萬彙.其幽深而不可測者.萬民不能見.其廣被而不可窮者.萬民莫能名.故其德玄玄.與天無二.是謂玄德.蓋是此義.○此章經旨.首句言抱一者.即是抱元守一之道也.人能抱元守一.則營魄自然.載而不離矣.既載而不離.我之真炁.必專於一.既專於一.其氣必致於柔和.氣既柔和.故與嬰兒可比也.既與嬰兒可比.則德性渾全.至淳至善.無欲無為.則與道無二矣.

虛中章第十一

恭聞天地之道.虛其中.故有陰陽之妙.聖人之德.虛其心.故有運用之妙.天地不虛中.則四時不行.萬物不生.鬼神不能變化.是以知虛中者.乃是造物之本也.聖人不虛其心.不能明天理之微.不能立人心之正.不能範俗垂世.為法于天下.是以知虛心者.又是道德之本也.以此觀造車.制器.鑿室.正是太上教人借物達本.知其有者為利.而無者為用也.道本於無.器本於有.有者為利.無者為用.人能知此利中之用.悟此無中之有.則近道矣.○此章經旨.乃是太上教人就物明本.無者以有為利之體.有者以無為器之用.人之幻身.以無形之性命作主.其理得矣.

三十輻共一轂。當其無。有車之用。輻者.輪之股也.轂者.受輻之空竅也.造車者.以輪而輳其輻.以輻而輳其轂.因轂之竅空.所以有車之用.人皆知用車.不知車之用.妙在虛中也.虛中之竅.其竅雖小.其理則大.無心之心.其心雖無.其道則有.是以車之用.雖用於有.而所以用者.實用於無.故曰.三十輻共一轂.當其無.有車之用三句.不但車之虛中.有合天地太虛.即如我一身中.我心是御車之人.性即是車中玅無玅有之用.周行而不殆.往來而不息.即是元氣運行之妙.人可不即車而悟乎.

埏埴以為器。當其無。有器之用。埴者.土也.以法制泥.使之精細.曰埏埴.此是陶冶造器之法.器之形.外實而內虛.外有而內無.工雖施于人.妙實合于道.妙在以空為用.以無為中也.故曰.埏埴以為器.當其無有器之用三句.以此觀之.可知乾坤造物之道.即陶冶造器之道也.乾坤即是太極之大爐也.其中五行運化.即是埏埴之法也.春溫夏熱.即是冶鍊之工能.太虛無體.便是器空之妙處.天地有象.即如有器之形.四時百物.即如大器之用.人能體此用陶冶之功於身心.施陶冶之能於性命.何患大道不成.而道器不就乎.道器既就.是為天下之神器.道器不就.即是天下之敗器.故君子謂之神器.小人謂之敗器.正是取喻於此.

鑿戶牖以為室。當其無。有室之用。

鑿者.開也.單開者曰戶.雙開者曰門.牖即是窗櫺.開其戶者.以通往來出入之用.開其牖者.以透天地日月之明.有戶有牖.所以謂之室.室因虛其中.故有室之用.有巢氏析木為室.以代巢穴之居.人知室之可以安身.不知室之非虛其中.焉可以容物.是以造物者.即太虛之妙用也.兩儀者.即是天地之門戶也.玅合萬物於一室之中.並行並育.即萬象之窗牖也.人之有口鼻.即是人身之門戶.人之有耳目.即是人身之窗牖.性命之主人公.即是虛中之妙體.庇物之實用也.故太上取喻鑿戶牖以為室.當其無有室之用三句.

故有之以為利。無之以為用。

有.是上言車器室三者.實有之物.利.有善成委順之妙.故曰利.無.即是三者中間空虛無物.用.即是三者之妙用.細想三者.異而不同者.異其有也.同而不異者.同其無也.有其利而無其用.則虛中之理不見.有其用而無其利.則妙用之用不彰.必須有無皆具.利用兩

得.車.器.室.利天下萬世而不可窮.太上以此喻道.總結故有之以為利.無之以為用二句.蓋是此義.詳觀車器室.皆用之於無.無者虛也.虛能容物.虛能生物.天地萬物.俱從虛無中生將出來.所以為大道之本元.天地萬物之根本.人之有此形骸.便有此心.心之本體.清淨光明.原無一物.亦與太虛同其體用.只因忘緣.填塞虛靈之竅.遮障妙明之光.所以靈明之體不現.體用不能全彰.即如車器室之中.以物塞之.焉有三者之用乎.

為腹章第十二

恭聞天地之大也.能包含萬物.能容納百川.即是一個大肚腹一般.又有日月之明.能燭三界.能通八表.此又是個大眼目一般.天地雖大.日月雖明.若不得無極之真.不具太極之理.則亦不能有此許大之包含.不能有此許大之光明也.此此等玅義.人人有肚腹.與天地之肚腹一樣.性命陰陽含之於內.五臟六腑具之於內.二目即人之日月.通神之妙竅.人雖有肚腹.雖有眼目.若不得性真之玅.五臟之氣.亦不能攝養.二目之神.亦不能通光.倘若見物生心.正性不空.必至隨緣而逐妄.所以目盲者.耳聾者.口爽者.發狂行妨者有之.五者之害.害之於此矣.今日文中所講者.正是此義.○此章經旨.總是教人斂華就實.

反妄歸真.不可狥俗
苟安.溺於私欲之義.

五色令人目盲。五色者.青黃赤白黑.是五行之正氣.流注於物者.人之能視謂之目.目乃六根中第一之根也.人之分別五色.

正是眼之識.當其未視也.雖無色之形.而能別五色之視.自皎然明白.若識被塵轉.惟見於色.則洞視之真體.不能照了.物之來也.目隨物而去.心亦隨物而去.心中之真見已忘.目中之所見必亂.雖五色當前.幾不別色之為色.雖有見亦如無見矣.與瞽者何異乎.文中言五色令人目盲.蓋是此義.修道之人.若能見一切美好之色像.如見一切不有之相.不起貪愛之心.不興眷戀之意.忘於目.則光溢無極.存其神.則慧照

十方．目盲者．未之有也．

五音令人耳聾。五音者．宮商角徵羽是也．聽此音者．謂之耳根．人之分別五音．正是耳之識．當其未聽也．雖無音接耳．而能察五音之正．有條而不紊．若聽被音惑．惟逐于音．則靜聽之神機．不能徧滿大千法界．內聽之真空．不能通徹大音希聲．音之發也．耳隨音而去．心亦隨音而去．雖五音當前．幾不別音之為音．雖有聽．亦如無聽矣．文中五音令人耳聾．蓋是此義．人能了悟肉耳非耳．塵音非音．則清靜之妙音．自然不聽而自聽．聾耳之音．又安得聾我耳哉．

五味令人口爽。五味者．酸鹹甘苦辛是也．凡有可飲可食者．皆有五味．舌以得味為塵．人能分別滋味者．乃是舌識也．人之知其滋味者．人之正性也．在舌為識．舌識非性．不能有知味之體．識性非味．不能有舌識之用．因性被一切滋味所攝．性迷於味．味亂其性．所以貪於滋味者．口中之正味必失．雖有餚饌珍奇．幾不能辨其美惡．文中言五味令人口爽．蓋是此義．孔子曰．飯疏食飲水．而樂在其中．可知孔子深得不味中之真味耳．常聞修道之人有云．咬菜根．淡中有味．此正是百味皆空之義也．百味皆空．自然諸病不作．可不戒哉．

馳騁田獵。令人心發狂。走馬以疾謂之馳．馳馬直走謂之騁．春田．夏苗．秋獮．冬獵．總名曰田獵．因上古禽獸最多．行獵原為保苗除害．故此句寓戒止之意．或圍之於田野．或圍之於山川．應犬施能．努機亂用．東奔西走．逐物移心．一往一來．如病者之失心發狂．故曰．馳騁田獵．令人心發狂．二句．蓋是此義．切思萬物．皆本天地一氣而生.但清濁偏正之不同耳.人之與物.均有此形.均有此氣.均有此性.均有此命.人能以性命觀之.自然不作田獵之事矣.**難得之貨。**

令人行妨。難得之貨.即是貨之奇者也.妨者.傷害也.傷於己者謂之妨.害於人者.亦謂之妨.細想世間一切珍寶奇物.皆是難得之貨.倘若貪之不義.得之不善.禍辱之端.由此而生.誨盜之由.因此而作.或致害於國家.或致傷於性命.太上戒之曰難得之貨令人行妨.蓋是此義.君子知此難得之貨.皆是身外禍胎.故去貪欲.而重道德.不義之富貴.且可以浮雲視之.難得之貨.何至使有行妨之害哉.**是以**

聖人為腹不為目。故去彼取此。此是教人效聖人而行之之義.故以為腹不為目.總結上文.陰符經云.心於物生.死於物.其機俱在於目.人之見物而生染着.死之於物者.其機正在於此.人之忘於目.得大徹悟者.其機亦在於此.切思眼耳鼻舌身意.俱屬情識之幻.惟我性中之本體.真空妙有.是以聖人為腹者.養性中之本體.不為目者.忘物引之見機.不貪不染.皆知為幻也.既知目識為幻.一切塵緣.皆宜去之.故曰去彼.既知腹中性體.一切存養.皆宜取之.故曰取此.但去非有心而去.取非有心而取.為腹不為目.其去其取.皆是自然之道也.人有六根.經只言眼耳口三者何也.六根之中.以此三者為要.又言為腹不為目何也.眼根是六根中第一之根.六根之先機.皆在於此.故此單言不為目.人果能眼根一返.六根自靜.了盡一切塵緣.聖人為腹不為目.一言以備之矣.

寵辱章第十三

恭聞聖人進退順自然之理.得失守當然之道.事至而不凝.事過而無迹.以大同之道.同於上下.以無私之德.及於朝野.不以夷險而少變.不以好惡而生心.惟在道德之行於天下.不在功名富貴之得失寵辱矣.聞經者果能知聖人之心.此章之經旨自得矣.○此章經旨.乃是太上警醒世人.凡得失寵辱之間.當處之泰然.不可馳心于外物.而自累其身也.

寵辱若驚。貴大患若身。知遇人君.得其恩惠.謂之寵.失位失祿.放逐降罰.謂之辱.惶懼恐怖.謂之驚.心中憂慮.謂之患.細詳君臣兩得.有知遇之寵.其得寵者.且喜且懼.喜者喜其祿位崇高.功名顯達.懼者懼其得失之不常.毀譽之不一.或纔得其寵.即憂其辱.其辱未至.私心先萌.自生驚疑之念.自起未來之想.故言寵辱若驚.若受其寵.不以得之為喜.加其辱.不以失之為憂.常人視榮貴為極美.我視之若大患.不但視榮貴為大患.又且視四大假合之身.亦為大患也.身且為大患.以患加患.是貴大患若身患.所以不患其得.不患其失.順應自然.去來無心.又何得失之足憂.寵辱之足慮乎.故曰.貴大患若身.

何謂寵辱若驚。寵為上。辱為下。得之若驚。失之若驚。是謂寵辱若驚。此是重解上文之義.欲喚醒世人.知此寵辱兩途.乃是顛險之禍胎.上所謂寵辱若驚者.寵而為上者.人人之所好.辱而為下者.人人之所惡.故莫不趨高而避下.求寵而遠辱.不知寵之來也.亦適然而來.原非我之固有.我亦安必其終得.故得之若驚.辱之至也.亦適然而至.原非我之能禁.我亦安必其不失.故失之若驚.道高德重之人.於其寵辱也.得之不敢自安.失之不為滋戚.處之無心而已.所以設此問答之言曰.何謂寵辱若驚.寵為上.辱為下.得之若驚.失之若驚.是謂寵辱若驚.

何謂貴大患若身。吾所以有大患者。為吾有身。及吾無身。吾有何患。

此亦是重伸上文.世人不知患從貴起.禍自福生.上言貴大患若身者.蓋謂人生在世.有此身.便有此患.以身觀患.身是患之形.以患觀身.患又是身之影.是以知患即是身.身即是患.患身之形影.暫不相離矣.故吾有大患者.為吾有此患身故也.及吾無此患身.吾之大患于何有乎.文中所謂何謂貴大患若身.吾所以有大患者.為吾有身.及吾無身.吾有何患.蓋是此義.細詳人生在世.形器囿之.故有饑渴之切.寒暑之迫.生老病死之苦.是以謂之患身.以裘葛禦寒暑.以飲食止饑渴.皆是愛其身故也.卻不知有生必有老.有病必有死.不能違陰陽消長之道.不能脫造化逆順之理.至於命終身壞.必竟歸於大患矣.惟聖人無好惡之私欲.識寵辱之微機.觀身為患.視患即身.知此患身.非為長久.不起一切貪高愛貴之心.不生一切人我寵辱之念.以清靜自然之身.為我之身.以無得無失之貴.為我之貴.所以性分中.淨裸裸.赤灑灑.一物全無.如太虛一般.何寵何辱.何貴何賤.何得何失.何驚何患.物我兩忘.性與天地.一自然而已.

故貴以身為天下者。可以寄

天下。愛以身為天下者。可以託天下。

聖人處世.身且不以貴愛視之.何況為天下乎.所以不以自貴之心.為之於天下.不以自愛之心.為之於天下.不自貴不自愛者.忘其身也.即是無為之道也.以無為之道為天下.天下未有不治者.若是以貴身之心.為之於天下.雖有天下.亦不過暫寄而已.以愛身之心.為之於天下.雖有天下.亦只是權託而已.如人以物寄託於我.我不過暫且看守其物.終非我所有.文中貴以身為天下.若可寄天下.愛以身為天下.若可託天下.蓋是此義.細想人生在世.如過隙之白駒.倏有倏無.縱使貴為天子.富有四海.都不是長久而不去者.能悟得此理.以虛靜恬淡自牧.忘乎貴愛此身之心.其累身大患之事.安肯為之也哉.

道紀章第十四

恭聞大道之妙.昭明而在上.皦而不皦.潛密而在下.昧而不昧.圓機廣大.散之而彌滿六合.至理無窮.斂之而細入無塵.求其始而不知其始.問其終而不知其終.莫終莫始.而通今貫古.有機有信.而立地成天.果能體天地之奧.窮造化之源.備事物之理.盡性情之妙.不須遠求.自然道眼圓睜.而洞見道體.不勞勉力.自然心光發現.而照破娑婆.到此天地.喚的出寒潭之月.拿的住峻嶺之雲.其道紀之玄微.我能視而人不能視.我能聽而人不能聽.我能搏而人不能搏.希夷微妙.一而三.三而一.總是我身中之變化.執之有.歸之無.無不是性中之道紀.聞經上士.請試詳之.○此章經旨.獨重混而為一.大道若不混而為一.聖人亦不能執古之道.以御今之有矣.

視之不見。名曰夷。道無形象.視之而不可見者.曰夷.夷者.易也.即是大易之罔象.人之可見者色相.不可見者.道也.惟不可見.所以為造化之樞紐.為品彙之根柢.若或可見.必有色相.豈能為天地之始乎.豈能為萬物之母乎.故曰.視之不見.名曰夷.雖然道無形象.人不可見.若能內觀其心.心無其心.外觀其形.形無其形.物我兩忘.內外皆空.其道則見矣.

聽之不聞。名曰希。道本無聲.聽之者.聽之所施.聞之者.聞無所入.故曰.希.希者.希聲.寂無影響之謂也.可聞者音聲.不可聞者道也.若有音聲之可求.豈能生育天地.造化萬物乎．故曰．聽之不聞．名曰希．大道之妙．雖不可聞．人能得性命之真聞．無聞而聞．可以聞之於三界．無聽而聽．可以聽之於十方．此便是深入大道希夷之妙處也．**搏之不得。名曰微。**大道無形．莫可執持．故曰．微．微者．太無虛妙之謂．大而無外．小而無內．充周而不可窮．微妙而不可見．若使可以手執者．皆是有象之物．既有形象．豈能御役陰陽．出入造化乎．故曰．搏之不得．名曰微．雖然大道微妙．搏執不得．人能一塵不染．一法不立．小中自然見大．無中自然生有．何嘗不是微而又微之深旨．何嘗不是搏弄太極之人乎．**此三者。不可致詰。故混而為一。**三者謂視之不見．聽之不聞．搏之不得．夷而希．希而微．共為三者．不可致詰．致者．極盡之義．詰者．問也．即是不能窮其極．而問其旨妙之義．混而為一者．謂三者理可分．而道不可分．就其理而分之．雖有三者之名．按其道之實際．本無彼此．亦無分合．可知夷即是希．希即是微．微又即是夷．三者即一．一者即三．三一之妙．無始無終．混然一體．故曰．此三者不可致詰．故混而為一．細想鴻濛未判之始．道之本體．無方所．無形狀．耳目不可及．言問不能到．如雲出岫．拿捉不住．似月印潭．摸索不得．是故放之則彌滿六合．斂之又全無朕兆也．**其上不皦。其下不昧。**不皦不昧者．似明非明也．似暗非暗也．仰觀其上．其上不皦．俯察其下．其下不昧．譬如滿虛空．偏法界．無分別．無間斷．渾渾溟溟．包羅萬法．無所不是．無處不有．總皆是大道真一不二之妙理．一以貫之者也．故曰．其上不皦．其下不昧.蓋是此義.

繩繩兮不可名。復歸於無物。

繩繩者.接續不斷之義也.天地未形.萬物未兆.空空洞洞.無往而非真一之實理.無往而非真一之大道.是以繩繩兮.無間無斷.此正是沖漠無朕.元神不已之妙處.此等景象.指其名.無處可名.指其物.無物可見.言其有.則又無物可歸.言其無則又繩繩兮無間.是故莫知其所以為有.莫知其所以為無.不可言有.不可言無.有而不有.無而不無.文中言.繩繩兮不可名.復歸於無物.蓋是此義.觀繩繩之字義.既繩繩而不絕.似乎有物.實無一物.蓋以大道汎兮極於無際.而無不通.入於無倫.而無不貫.散之無窮.斂之則一.雖無繩繩之形.則有繩繩之理.看經者.請細詳之.

是謂無狀之狀。無象之象。是謂恍惚。迎之不見其首。隨之不見其後。

上句既已歸之於無.下文又何以無狀之狀.無象之象言之者.何也.卻不知無狀之狀.即是非狀.而狀之之妙狀也.無象之象.又是非象.而象之之妙象也.是故無極之元精.非狀非不狀.太極之實理.非象非不象.此所以恍恍惚惚.不能以智而知之也.其本然之妙.無頭無尾.無前無後.迎之於前.則又不見其首.隨之於後.則又不見其尾.無處尋頭.無處尋尾.無所求前.無所求後.此等至真無妄之實理.譬如顏子有云.仰之彌高.鑽之彌堅.瞻之在前.忽然在後.雖欲從之.莫由也矣.大道之本然.蓋如此矣.故曰.是謂無狀之狀.無象之象.是謂恍惚.迎之不見其前.隨之不見其後.細詳大道之妙.廣而無邊.大而無外.本無前

後.亦無首尾.雖欲迎之.無可迎之處.雖欲隨之.無可隨之所.真所謂無端無緒.無朕無兆.元神無間.於穆不已之妙也.人能悟到這個天地.這便是我.我便這個.這個與我原無兩個模樣.是謂無體之體.是謂無相之相.是謂非色非空.是謂不動不靜.宗教門頭.若要行棒.棒打不着.若有行喝.喝他不動.咦.醒的這個.眼前便是.已上自視之不見.聽之不聞.摶之不得.又至迎之不見其首.隨之不見其後等句.皆是太上剖判一元.指極道妙.教一切修道之人.從此處悟.鴻濛未判之理.達父母未生之旨.混而為一之深義.既得此理.萬法歸一.吾不知為惟之子也.是以莫知其有.莫知其無.是謂天門.天門者.無也.萬物出入於無有.是以知聖人深藏於無有之中者.

執古之道。以御今之有。能知古始。是謂道紀。

執者.執持也.古之道.即是先天先地.萬象未立.混而為一之道也.御者.治也.有者.世間一切有作有為之事物也.古始者.指大道在象帝之先.故云古始.道紀者.謂道為天地萬物之綱紀也.此四句是總結上文.以萬法總歸於大道之義.細想大道之妙.曰夷.曰希.曰微.又曰不皦不昧.又曰無象無狀.似乎無處摸索.無處下手.難於體認.卻不知道在目前.至簡至易.人能返觀自性.不着聲色.不執有無.前念不起.後念不續.念念不有.離一切色相.則無狀之狀.無象之象.自然萬法混而為一.可知一切巨細精粗.無窮色象.莫不出於道.豈非道紀乎.執道而行.御今之有.則身無不修.家無不齊.國無不治.天下無不平矣.此正是以其有而體其無.體其無而用有

之妙處也．故曰．執古之道．以御今之有．能知古始．是謂道紀．

不盈章第十五

恭聞古之善為士者.立身持己之間.應事接物之際.總是以道德躬行實踐.正己感人.道德之外.不敢立一毫巧偽.用一切機智.如春風之過化.如時雨之均霑.雖欲求其大道之形影.不可得也.雖欲知其德化之朕兆.不可見也.古之善為士者.善之於此也.能會于此.其不盈之深旨.不待言而自明矣.○此章經旨.共二十句.總是形容古之善為士者.動靜體用.人不能識其行藏之義.

古之善為士者。微妙玄通。深不可識。修德入道之謂士.善為士者.上盡天道.能知陰陽消長之妙.下盡地理.能知剛柔夷險之理.中盡人事.能知巨細品物.利害成敗之機.其心中之體用.至微至妙.至玄至通.至道之隱奧曰微.至道之不測曰妙.至道之幽深曰玄.至道之無礙曰通.體至道之隱奧.用至道之不測.得至道之幽深.達至道之無礙.所以微妙玄通.一切世人.不能識其行藏.不能窺其體用.無方無所.無象無狀.亦不可得而窺見其妙.故曰.古之善為士者.微妙玄通.深不可識.**夫唯不可識。故強為之容。**夫唯.是承上轉下語.細想世人之可識者.行藏之迹也.若體用不見.心迹全無.世人本不可識.惟不可識.不得不強為形容.如下文一十五句.俱是勉強形容微妙玄通之大略而已.故曰.夫唯不可識.故強為之容.

豫兮若冬涉川。此句是就其處事接物之間.強為形容.不敢急迫而進謂之豫.即是猶豫之義.古之善為士者.韜光晦迹.不露才能.遇事接物.加意敬謹.不敢妄進.如冬月涉川之難行一般.不惟懼其水有徹骨之寒.亦且防其陷溺不測之患.故猶豫而不敢躁進.有如不得已之形象也.故曰.豫兮若冬涉川.

猶兮若畏四鄰。

此句是就其燕居獨處之際.強為形容.猶者.疑而不行.不敢妄動之義.與前豫字.其義頗同.古之善為士者.心德純全.一言一行.一動一靜.不敢少有自欺之處.倘若一毫不謹.其戒慎恐懼之意.如怕四鄰見之一般.如怕四鄰知之一般.雖不睹不聞之際.全然都是天理流行之妙.非大聖大賢.不能有如此慎獨之功用矣.故曰.猶兮若畏四鄰.

儼兮其若容。

此句是就其立身行己之處.強為形容.古之善為士者.外恭內敬.正心誠意.敦厚虛靜.雖無賓主相對.其動容周旋之間.恆如見大賓.承大祭一般.無時不生敬謹.無處不是賓主也.故曰.儼兮其若容.

渙兮若冰之將釋。

此句是就其心迹泮然之處.強為形容.渙者.散也.即是不留滯.不貪染之義.古之善為士者.觀一切有為有相之事.如水上之浮泡.知其不久.故無留滯也.觀一切沉迷愛染之為.如夢中之幻境.知其虛妄.故無貪染也.心上之情景.一切塵緣.隨順解脫.如冰之將釋.漸化而無迹.已過而不留.故曰.渙兮若冰之將釋.

敦兮其若樸。

此句是就其淳厚渾全之處.強為形容.敦者.厚也.樸者.未分之木也.古之善為士者.本來之天性.未敢鑿喪.持己之真心.未敢銷亡.視聽言動.無非真誠.去智去能.步步

向平實處下腳.無是無非.頭頭從天理處安身.所以敦厚之德如木之未散.樸然而有渾全之體也.故曰.敦兮其若樸.**曠兮其若谷**。此句是就其空闊有容之處.強為形容.古之善為士者.心之德虛而不有.性之體空而無物.因虛而不有.故應事不窮.因空而無物.故涵容無量.譬如空谷一般.氣之入也.不盈.氣之出也.不竭.萬法皆空.如太虛之無體.貫古通今.合萬物而無形.不曠而曠.不谷而谷.不知其曠.忘其若谷.是以謂之曠兮其若谷.**渾兮其若濁**。此句是就其和光同塵之處.強為形容.古之善為士者.心地虛明.性天洞徹.本不渾濁.但處世不得不然也.所以隱聖顯凡.韜光晦迹.處於人.無親疎之間.處於事.無違從之異.民憂亦憂.民喜亦喜.渾渾然似乎與民同其濁.而不有分別之迹也.故曰.渾兮其若濁.**孰能濁以止。靜之徐清。孰能安以久。動之徐生。**此四句是重明上句之義.渾兮其若濁者.乃是古士之心.以清以靜為體.以濁以動為用.人情莫不喜清而惡濁.不知清非可驟然而清.靜之久.其濁自清.人情莫不難安而易動.不知動不可驟然而動.安之久.其動自生.善為士者.不必求清.能濁以久.與人同處.不自見其異.與世周旋.不自顯其長.我惟靜以待之.自然徐徐而生清.不必妄動.能安以久.不自見其異.所以能守其常.不自顯其長.所以能全其拙.我惟安以自養.自然徐徐而生動.是知濁之生清.安之生動.即陰陽循還之機.人心體用之變.處之自然.自無失矣.故曰.孰能濁以止.靜之徐清.孰能安以久.動之徐生.

保此道者。不欲盈。夫唯不盈。故能弊不新成。此道二字.乃是總結一章之大義.非專指上句而言之也.蓋謂古士有此微妙.有此玄通者.只因能虛心而達用.故能保此微妙玄通之道耳.虛其心而涉川.虛其心而畏鄰.虛其心而儼容.虛其心而釋冰若樸.若谷.若濁.此皆是虛心達用.不自滿.不自盈之妙處也.夫惟不敢自盈.所以或進或退.守其弊敗之理.斷不敢為新成之事.弊者.敗也.棄也.即是守其遺棄弊敗之道.韜光隱跡.虛心自斂之義.是以謂之弊不新成.譬如未來之功名.未來之榮貴.皆是新成之事.文中言保此道者.不欲盈.夫惟不盈.故能弊不新成.蓋是此義.切思好新而惡弊者.人之常情.卻不知新者易起人之爭進.易生人之貪愛.實非常久之道.惟弊敗之理.不令人美觀.不使人喜好.斂華就實.去奢去泰.深得大道微妙之理.深有大道玄通之用也.

復命章第十六

恭聞歸根復命四字.便是造道之津梁.修行之正路.此等妙義.天地運行.天地不知.鬼神變化.鬼神莫測.無古無今.無生無滅.總是這個.證聖成真.總是這個.在天地.這個便是天地之性命.在萬物.這個便是萬物之性命.在鬼神.這個便是鬼神之性命.象帝之先.眾妙之門.都是這個.這個茶飯.都是自己受用之妙.修道之人.果能意淨心空.了悟循還之妙.自然默契經中之秘旨矣.○此章經旨.重在歸根復命四字.天地陰陽.三才萬物.莫不本之於太極.太極者.造化之樞紐也.品彙之根柢也.道之大原.惟在於此矣.

致虛極。守靜篤。萬物並作。吾以觀其復。

造其極曰致.真空無象曰虛.虛而至虛曰極.專一不二曰守.寂然不動曰靜.虛一渾厚.靜而至靜曰篤.致虛者.天之道也.守靜者.地之道也.天之道若不致虛.至於至極之際.則萬物之氣質不實.地之道若不守靜.至於至篤之妙.則萬物之生機不有.是故虛者乃造物之樞紐.靜者乃品彙之根柢也.天地有此虛靜.故日月星辰.成象于天.水火土石.成體於地.象動於上.故萬物生焉.體交於下.故萬物成焉.所以虛靜之妙.無物不稟.無物不受.出入陰陽.昇降造化.與萬物並作者.皆是此虛靜之妙.不可謂之有.不可謂之無.有而不有.未嘗不在陰陽之中.無而不無.未嘗出於萬物之外.欲知其無.欲見其有.必須觀其復.復之一

字.即是復命歸根之義.萬物之始終.陰陽之消長.冬至之月.乃是一歲之復.夜靜之子.乃是一日之復.喜怒哀樂之未發.乃是人心之復.知此復者.則虛靜之理得矣.文中言致虛極.守靜篤.萬物並作.吾以觀其復.蓋是此義.修道之人.果能致其虛之極.守其靜之篤.以天地為一體.以萬物為一身.我之神.可與天地並立.我之氣.可與萬物並作.陰陽消長.在我掌握之中.大道流行.是我胸中之妙.其返本復靜之理.於此而入妙矣.

夫物芸芸。各歸其根。歸根曰靜。靜曰復命。

此四句.言天地尚且復還虛靜之妙.何況萬物乎.萬物形殊質異.芸芸而不齊者眾多.雖是生之無已.要必各歸其根.根即是生物之源.立物之本.歸根者.即是歸之於虛靜.歸之于虛靜.萬物同復于命.命即是太極流行于萬物者也.萬物之歸根者.萬物之靜也.萬物不靜.不能復命.即是一陽來復之義.是以謂之歸根曰靜.靜曰復命.細想歸根復命之旨.本是萬物培養太極之全體也.培養者.氣之聚也.氣聚而後靜.靜而後能動.動之則形交.形交而後氣感.氣感而後人物生焉.以此觀之.可知萬物由靜而之乎動.由動而反乎靜.循環不已.皆是虛靜之妙.所以歸根即是復命.受形於太極之根本也.復命即是歸根.完具於太極之本初也.萬物生生之理.正在於此.學道者果能歸根復命.則大道得矣.觀夫杏林真人云.神氣歸根處.身心復命時.這些真竅妙.料得少人知.即是此義.

復命曰常。

上聞所謂完具天命.便是復之之義.上文又云太極流行.便是命之之義.萬物若不復命.

則不能完具太極之理.太極之理既不能完具.必定命根不固.夭喪死亡.失其真常之命根.不能得其常久矣.譬如兩人接樹.一人折棠梨之生枝.接之於杜梨樹上.其樹則活.蓋因二樹同類.所以易施工故也.又有一人亦取棠梨之生枝.接之於棗樹之上.其樹則死.死之者何也.蓋以梨棗各屬一種.違天背元.非類難為巧也.觀於此.歸根復命之道明矣.**知常曰明**。真常之道.即天地之心.造化之本.人能知此復命真常之妙.可通天地之微.可了生死之事.可謂明白人也.不然.一切眾生.雖有此真常之性.迷而不自知.所以入於幻化六趣之中.無休無歇.豈得謂之明乎.文中言知常曰明者.蓋如是也.**不知常妄作凶**。此句又是反說上句之義.倘若不悟真常.不窮歸根之理.不究復命之要.縱欲敗度.不當動而妄動.失正求邪.不可作而妄作.禍之來也.應乎我之所感.災之至也.因乎我之所招.此便是不知常.妄作凶也.**知常容**。常者.先天地而無始.後天地而無終.乃是不變不易.不壞不滅之道.人果能知之.天地雖大.未嘗不在我性分之中.鬼神雖幽.未嘗不通我感應之機.萬物雖多.未嘗不同我運化之中.到此地位.與太虛一般.無所不容.無所不納.故言知常容.**容乃公**。性既同於天地.德既貫於鬼神.心既備於萬物.我性之本體.無欲無為.湛然清淨.視天下如一己.視萬物如一身.不見可愛.不見可憎.因物附物.不偏不倚.廓然無一毫私仁小智之為.豈非大公乎.故言容乃公.**公乃王**。細想公之一字.我無私己之心.則萬物皆可納于性分之中.我有同物之量.則品位自足出乎萬物之上.所以古之聖君.以至公之道.公於天下.天下亦以至公之道.公於聖君.上下同公.天下無二道.聖人無兩心.則王道可立矣.故言公乃王.**王乃天。**首出庶物.德冠群倫者.王也.王者上順乎天.下應乎人.體天道而立王道.禮樂制度.雖有王道之為.因時順理.皆是天道之妙.以此觀之.王之德.未嘗不是天之德.王之道.未嘗不是天之道.到此地位.王即天也.天即王也.王乃天.即是此義.**天乃道。**王之德.既與天之德不異.王之道.即與天之道同然.可知王一天也.天雖高而不能出乎道之外.天雖大而亦在乎道之中.天地皆由道而生.萬物皆由道而成.知常之妙.能至於此.則天地人物.無處不是道也.天乃道.即是此義.**道乃久。**細想亙古常存.攸久無窮者.道也.所以真常之道.得之於天地.天地可以常久.得之於人物.人物可以常久.知常是人.果能至此.可與大道同體.可與造物同遊矣.道乃久.即是此義.**沒身不殆。**亙古常存.謂真常之道.我不能本道以為體.我不能合道以為用.則進退存亡有所不識.吉凶消長有所未明.人事中之顛險.取舍中之乖亂.勢所必有.若我之身與道為一.則我一道也.道一我也.道之中本無可危.又安有危于我者乎.沒身不殆.不亦宜乎.○此章經旨.天有天之根.地有地之根.物有物之根.致虛極.即天之根.守靜篤.即地之根.虛靜相生.而谷神不死者.即人之根也.虛而神交.靜而氣感者.即物之根也.是故不歸根.則不能復命.不復命.則不能得虛靜之妙也.不得虛靜之妙.而常久者.未之有也．不得虛靜之妙．而公明者．未之有也．不得虛靜之妙．而順天體道者．未之有也．不得虛靜之妙．能容而不殆者．未之有也．是故虛靜．乃天地之本．萬物之宗．雖是修身．治國平天下．皆不能違於虛靜之道．

知有章第十七

恭聞天地與萬物同乎一道.聖人與百姓同乎一心.不施異政之能.不作有為之事.不妨民.不聚貨.其貴也不自知.其尊也不自有.如星日之在天.相忘於太虛之表.在下之百姓.亦無有親譽之情.畏侮之意.風俗同然.不識不知.如遊魚之在水.相忘於河海.皆因上以無為用于下.下亦以無為歸之於上.家不殊俗.國不異政.大同淳古之風.咸樂熙皞之治.治天下之道.於此而盡矣.○此章經旨.深見古之聖君.能順上下之情.能致自然之化.惟以一信足於天下之義.

太上下知有之。太上.謂上古之聖君.下者.在下之百姓也.太古盛時.天下百姓.但知有在上之君.不知有親譽之情.非是下民輕慢于上也.蓋因以道化之.所以相忘于道化之中.天下一體.萬民一心.故經言太上.下知有之.蓋是此義.即如羲農以前.雖鳥獸同群.彝倫未敘.人心淳樸.亦不自知其淳樸.風俗渾厚.亦不自知其渾厚.惟知順其則.而安于不識不知.觀此可知經意.

其次親之譽之。次後五帝之時.制禮樂.敘尊卑.造衣冠.分貴賤.作宮室.以代巢穴.構橋梁.以濟不通.造舟車.以行水陸.造書契.以代結繩.人心漸漸開明.世道漸漸趨文.渾朴難行.不得不以仁義教化於民.被其仁者故親之.懷其義者故譽之.與太古之風.大不相比矣.故曰.其次親之譽之.

其次畏之。其次侮之。五帝之時.雖然漸漸開明.還是太古之風.君臣聖智.刑獄不立.天下之民.雖知有君.不知有所畏也.迨至三王.

世道日薄.人心日乖.兇暴者有之.橫惡者有之.不得不以刑罰禦兇暴.刑罰既立.未有不懼畏者.民既畏之.則侮慢之情.於此而又生矣.侮慢之情既生.刑政日煩.欺凌日盛.人心世道與五帝之時.又不可比矣.故曰.其次畏之侮之.細想上古之民.太朴未散.所以無知無識.不知親譽也.中古之民.雖有親譽.仍是至誠所感之妙.至於下古.太朴已喪.狡詐日生.以至不忠不孝.害仁害義.無所不為.刑罰之立.不得不然也.**故信不足。焉有不信。**切思民之親譽畏侮.非民之過也.蓋因在上者.信不足於天下.民不能以信歸之.所以有親譽.有畏侮.我之信既不足.民之信亦不足矣.上下不足.即是上下相欺.天下未有不亂者.試觀五霸之世.假仁義之虛名.以變詐為能.以凌奪為事.不能取信於天下.經言信不足.有不信.蓋是此義.**猶兮其貴言。**有天下國家者.欲求上古之風.欲得上古之朴.而徒以言教施於天下.民必不能化.天下不能治.故當貴其言.行不言之教.天下之民.無為而自化.不期而自信.百姓自然不生親譽.不生畏侮.故曰.猶其貴言.蓋是此義.**功成事遂。百姓皆謂我自然。**功成者.成於無為之德也.事遂者.遂於不言之教也.此無為之德.若養之不深.積之不厚.其功不成.此不言之教.若守之不誠.貴之不慎.其事不遂.是以知非無為.不能立不言之教.非不言之教.不能守無為之德.此所以不言之自然處.便是無為之實踐處.無為之實踐處.便是不言之自然處.大化無為.大言不言.我能自信.而民亦自信.我之信.未嘗不是民之信。民能自信。亦未嘗不是我能自信也。此皆不期然而自然。不期信而自信。人人無不自然。人人無不自信。是故有此自然感發之言。功成事遂。百姓皆謂我自然。正是百姓鼓舞踴躍。不自覺之言也。細詳上古之時。耕而食。鑿而飲。無往而不自得。所以至治之澤。民不能見。不言之教。民不能知。宜乎有此無知之樂。宜乎百姓以自然自稱之。宜乎百姓出我等自然之言也。觀此可知太上有傷今思古之意。〇此章雖言治世。即是修身。用於國。可以安民。體於身。可以養性。果能放下塵緣。向無為無欲處。養我之心德。雖有七情。無所用其能。雖有六識。無所施其智。此便是我性分中盛世之時也。倘若不能歸根復命。不能抱朴還淳。情識不能忘。智巧不能去。此即如民有親譽之心一樣。不修五常百行。忘作非禮之事。不忠不信。專以弄巧為能。此又如下古。民有畏侮之心一樣。學道之人。若能反此。便是無為無修。便是不言之信。便是功成名遂。而底于自然者也。

四有章第十八

恭聞大道之用.用之於無為而治.用之於有為.則不治也.無為而治者.各循自然.行其當行.而不自知也.是為至誠之實理.故己私不立.天理純然.上下相安於無事之中.朝野共樂於雍熙之化.不見其為之之迹也.若使治出于有為.必因時勢有變遷.人情不古處.豈得安于自然.上下無事乎.無為而治.有為而不治者.蓋謂此矣.○此章經旨.至誠無妄者.天之德也.大公無私者.天之道也.以無為之事.順之於天.以自然之理.齊之於物.聖人至治之德.未有出於此者.倘若不然.因時補救.大有作為.雖或有斡旋之處.終非無為之上治矣.

大道廢。有仁義。智慧出。有大偽。

太古盛世.三皇在位.萬民一體.以道治天下.雖無仁義智慧忠孝之名.實然之德.人人自盡.有其實而無其名.其名不必立.天下之百姓.仁義同然.智慧同然.忠孝同然.人人各行其當然而已.此正是上下相忘於道化之中.日用而不自覺之妙處.次後為君者.不能以道治天下.不修無為之德化.所以大道隱矣.此非大道去於人而隱之也.乃是人自去之耳.不得不立仁義之名而用之.仁義之名既彰.故曰.大道廢.有仁義.仁義之名既立.倘若不以智慧而濟之.其仁不周.其義不大.所以三王之世.又以仁義治天下.不得不出以智慧.智慧既出.天下之民.徇於智慧.離淳喪樸.就偽失真.敗亡之機.國家之亂.自此而生矣.迨至春秋之亂.有五

霸之危.聰明之士蜂舉.奇智之人並出.假仁假義.多行詭詐之謀.尚利尚名.皆為自私之事.此皆是智慧所出之害也.故曰.智慧出有大偽.蓋是此義.

六親不和有孝慈。

六親者.父母伯叔兄弟.六親和.則孝而皆孝.慈而皆慈.雖有孝慈之人.不必有孝慈之名.惟六親不和.孝慈難盡.從此難盡之處盡之.其孝慈之事.不能掩於天下.故孝慈之名.亦不能掩于天下.譬如瞽瞍頑.所以成舜之大孝.若使瞽瞍不頑.舜之六親必和.孝道易盡.大舜孝子之名.不必有矣.故曰.六親不和有孝慈.別本將慈字作子字看者.其義亦可.

國家昏亂有忠臣。

盡其心而無私.謂之忠.上下不明.謂之昏.國家失政.謂之亂.細想聖君在位.同樂承平.國易治而民易安.人人可為忠.不顯其為忠.又何用求有忠.惟國家昏亂之際.臣節難立.忠義難盡.果能從此難盡之時.捨身報國.力扶大義.鎮安社稷.雖不有心立名.忠臣之名.無不顯矣.譬如商紂無道.囚箕子.殺比干.所以忠臣之名.萬古不朽.假使紂王有道.君聖臣賢.箕子無囚.比干無死.忠義之名.亦不必有於今日.故曰國家昏亂有忠臣.○此章是明上古.本是無為而為.自然之治也.因氣數有興衰.故人心生大偽.愈趨愈下.時事使然.修道之人.若能不顯于用仁義.不顯于出智慧.盡其當然.行所無事.亦如孝不必立孝之名.忠不必立忠之名.何患道之不成.命之不立乎.

樸素章第十九

恭聞修飾美觀者謂之文.斂華就實者謂之質.文與質本不可偏勝.上好文.下必至以文勝其質.上好質.下必至以質勝其文.質勝文.斂華就實者.其害猶小.文勝質.以虛文粉飾.誤天下之無知者.其害則大.文中所講.正是此義.○

此章經旨.是教誡天下後世.斂華就實.輕文重質之義.

絕聖棄智。民利百倍。睿通淵微曰聖.知周萬物曰智.聖與智.任天下者必不可少矣.既不可少.豈可絕之棄之乎.設使聖智可絕.道亦不能行於天下.德亦不能被於古今.經中言絕聖棄智者.意欲天下後世.以聖智自修.不以聖智施之於民.不以聖智用之於國.在上者無為.在下者無事.無為而民自富.無事而國自安.細詳聖人在上.原為行道於天下.非欲沽聖智之名也.所以夫子不以聖自居.堯之稽眾舍己.舜之與人為善.禹之聞善則拜.皆是絕聖棄智之妙處.但聖人之心.常在寂然不動之中.故絕其聖智之用.不立聖智之名.不自知其聖.聖之名故久.不自有其智.智之用故大.所以聖人在位.上下無為.上下無事.民無不足.國無不利者此也.故曰.絕聖棄智.民利百倍.**絕仁棄義。民復孝慈。**愛養為仁.斷制為義.善事父母曰孝.利澤及物曰慈.仁與義.無一事不全該.無一物不達用.經言絕之棄之者何也.絕者.絕其私恩小惠之仁.棄者.棄其賞罰不正之義.譬如私恩用之於家.或偏愛其妻子.不顧父母者.或恩及外人.不顧妻子者.親疏倒置.家必不和.又如賞之不稱其善.不可謂仁.罰之不如其惡.不可謂義.若施於國.好惡必偏.憎愛失宜.遠邇多猜.國必不治.是故聖君在上.絕仁之名.而不必顯其仁.棄義之名.而不必顯其義.天下百姓亦知全乎孝慈之實行.不必顯其孝慈.孝者不自知其孝.慈者不自知其慈.相忘於孝慈之中.終身而不已者也.故曰.絕仁棄義.民復孝慈.蓋是此義.

絕巧棄利。盜賊無有。

以權變治民者曰巧.以貨財足民者曰利.權變之巧.非大巧也.大巧天下不可見.百姓不可知.貨財之利.非大利也.大利可以利天下.可以利古今.經言絕巧棄利者.正謂絕其權變之巧.棄其貨財之利.蓋因權變之巧.易于生賊.貨財之利.易于生盜.不如絕之棄之.細想修行分上.加不得半個巧字.用不得半個利字.巧與利.雖然人人喜愛.實乃辱身之禍端.害性之毒種.盜賊不但穿窬刼掠.凡有不義.便是盜.凡有害理.便是賊.若果意中之巧利能去.心中之盜賊自然不生.故曰.絕巧棄利.盜賊無有.

此三者。以為文不足。

三者即是上文絕聖棄智.絕仁棄義.絕巧棄利.詳此三者.皆是文不足之事.文既不足.則質必有餘.淳古之風必興.樸素之俗必存.以此齊家治國平天下.自然民利百倍.父慈子孝.盜賊無有.此文不足之明驗.故曰.此三者.以為文不足.蓋是此義.

故令有所屬。

有所教誡者謂之令.屬.託也.信任也.教誡之令言.乃是治世之樞紐.教民之準則.故屬託之.欲其信任服行而不疑也.故曰.故令有所屬.

素見抱樸。少私寡欲。

素樸二字.正是總結

此章之意.見素者.非眼見之見.乃是心目內觀之見也.內觀者妙見無窮.虛靜光明.能見天地之原始.能知本來之面目.抱樸者.上古尚質不尚文.雖然文不足.其返樸還淳之意.時見于內存外用際.得性分中真誠之實理.少私寡欲者.如內而身心.外而事物.隨緣循理.歸於性命.克去己私.不生自有自利之意.遇境忘境.不着戀慕沉溺之情.斂華就實之意.全在于此.以此修之於身.身無不修.齊之於家.家無不齊.治之於國.國無不治.平之於天下.天下無不平.修道者.果能領會.即當少私而絕其巧.寡欲而棄其利.自然棄盜賊之為.行孝慈之實.仁義可以內含.聖智可以不顯也.清靜真一.無欲無為.又何性命之不可全.道德之不可致乎.

食母章第二十

恭聞萬物無本則不生.萬水無源則不流.因萬物有本.所以生化無窮.自古至今.青黃不改.與天地同其長久之妙也.因萬水有源.所以不舍晝夜.自古至今.去高就下.與天地同運不息之機也.此皆因天地萬物.能食大道之母氣而然也.細詳大道之母氣.雖然無聲無臭.不色不空.無形影之可指.無端倪之可見.實為造化之樞紐.品彙之根柢.所以生萬物而不遺.養萬物而不匱.彌綸天地.貫徹古今.無往而非造化之巧者.未嘗無往而非母氣之妙也.以此觀之.天地萬物.舍此母氣而生者.未之有也.今日文中所講者.正是此義.修道之人.果能肖天地.而食母氣.不見不聞.自然性命一貫.無人無我.自然心德周全.上則可以識天時.下則可以達地理.中則可以盡人物.道既全于我.雖然.若遺若昏.似頑似鄙.斷非昭昭察察之人.所能及也.可知食母之旨要.是為修行之急務也.○此章經旨深重食母二字.下文自見.

絕學無憂○自古希聖希賢者.只盡此學之一字.豈可絕之乎哉.經言絕學無憂.乃是絕其見聞之泛.機智之妄.無益有損.或有近於聲色利欲等事.非謂絕而全不學哉.若使學而能悟性命精微之理.能明陰陽消長之道.以學而修之於身.可以去人欲之私.可以全天理之正.以學而推之於用.可以贊天地之化育.可以致國運之隆平.一切真儒仙聖.皆從學而得之.若是無益之學.反不如絕之.或至流入異端邪

辟之門.必然穿鑿妄見.迷失正途.以學求益.反增其害.此皆學之大憂也.故曰.絕學無憂.

唯之於阿。相去幾何。善之於惡。相去何若。唯者.彼呼此應.敬謹順承之聲也.阿者.忿然逆應之聲也.細想唯之與阿.同出於口.同應於人.聽其音.而音之相去.亦不過少異幾何而已.故曰.唯之於阿.相去不遠.唯者是取善之本.阿者致惡之根.善之根在于唯.惡之根在於阿.應之於唯.必得其善.應之於阿.必得其惡.善惡相去.比之於唯阿.其關係又大矣.故曰.善之與惡.相去若何.世人果肯于應答之間.清濁輕重之處.稍抑其逆.反之於幾何.其阿之應.悉化為唯之應.致惡之根.可化為取善之根也.所以善惡之關係.不可不慎.於唯阿幾何而已.

人之所畏。不可不畏。上聞所謂善之與惡.相去若何.此善惡兩端之間.天下之人.亦皆知畏.人既畏之.我若不畏.則是可畏者.亦不畏矣.故曰.人之所畏.不可不畏.是以知幾何者.善惡之關要也.唯阿之應.未出於口.本無善無惡.所以無畏.既出於口.善惡之端已著.倘若不畏.則禍辱之事.是非之害.不能止矣.

荒兮其未央哉。荒是指世人不修心德.如田之荒.央即是無所歸止之義.上句所謂唯阿相應之聲.幾何善惡之辨.唯是取善之本.阿是致惡之根.若不力行此取善之本.若不斬斷此致惡之根.則私意橫生.人欲滋盛.剛強暴惡.無所不為.從此而日荒日遠.從此而流蕩身心.終無止歸之所.終不能復還天理之正.終不能去其人欲之私矣.觀此荒兮未央一句.深知太上救世之心切矣.**眾人熙熙。如享太牢。如登春臺。**此三句言上文荒兮未央者.皆是貪世味.樂世情.不知畏此幾何之微機而然也.所以熙熙然.其鼓舞交爭之心.如饗太牢.如登春臺一樣.心目曠然.極覽無際.貪樂無已.故以饗太牢登春臺喻之也.**我獨泊兮其未兆。如嬰兒之未孩。乘乘兮若無所歸。**泊者.甘於淡泊.未兆者.念頭未起.嬰兒.赤子也.未孩.即是未至稍長之時也.乘乘者.若動若不動之義.無所歸者.渾忘一切事物之貌.即是心迹不立.無有定體.如不有止歸之所也.此三句言世間眾人.貪之於未兆.我獨止之於未兆.貪之於未兆者.乃是眾人以世味交爭故也.止之於未兆.即是太上以道味自足故也.道味之美.無往而不見其足.世味交爭.隨遇而形其戚戚.切思止世味於未兆之先.其無欲無為之妙.如嬰兒之未孩一般.不知不識.無思無慮.惟食母乳.不知世味.太上以道味自足.不入世味之中.與嬰兒之義同然.故曰.如嬰兒之未孩.所以乘乘兮.未兆之先.似為不為.不為若為.心德之妙.不着于迹.不泥于形.無有定體.若無止歸之狀也.故曰.乘乘兮若無所歸.人果從念頭未萌處.思其道味.此便是泊兮未兆之義.無欲無為.無念無慮.便是如嬰兒未孩.言語不有邊傍.作事不留痕迹.便是乘乘兮.若無所歸.則唯阿之機.無不了當.而幾何之妙.無不分明.不但世人不知.雖鬼神亦不測也.**眾人皆有餘。而我獨若遺。**眾人之心.常懷不足.終日營營于功名富貴.逐逐于榮華得失.

即已無不遂意.而貪之不已.惟求有餘.我獨若遺.遺者.遺棄其求餘之心.守其知足之念也.功名不能亂其志.利祿不能惑其心.惟知道之可求.道外更無所求也.空空洞洞.常清常靜.真如自在.故曰.眾人皆有餘.而我獨若遺.**我愚人之心也哉。純純兮。**人欲有餘而我獨若遺.我之心可謂一無智巧.而類乎愚矣.然我去其有餘之心.守其知足之念.惟願全其固有之性.不入機智之中.不因遇世味而有變于中.求道味而或怠于後.一意前往.斯無間斷.乃是純純之妙義.**眾人昭昭。我獨若昏。眾人察察。我獨悶悶。**昭昭者.聰明外露.謀慮多端之謂也.若昏者.收斂視聽.有若不明之貌也.察察者.私智泛用.窺探細微之謂也.悶悶者.見德忘物.純一不雜之貌也.上句以純純兮.愚人之心言之者.因見世間一切俗人.常以功名富貴之心.妄生忿懥私欲之見.或計較人我之長短.或辨論是非之小大.用心于幻妄之境.馳神于名利之場.所以俗人昭昭.太上若昏.俗人察察.太上悶悶.此非太上有心與人不同也.但因人心乖變.不得不以此言警之.**忽兮其若海。漂兮若無所止。**世俗之人.以昭昭察察之私智.妄動妄為.其流蕩不止之情.忽如海水.漂流無涯.愈趨愈下.無有底止.故曰.忽若海.漂若無所止.切思人在塵世.妻子牽連.名利鉤引.無暫時之休息.即如隨波逐浪.此岸不能離.彼岸不能到.只得在苦海中.任其流蕩而已.若能了悟.回頭便有所止.豈用遠求哉.**眾人皆有以。我獨頑且**

鄙。以者.為也.頑者.愚頑也.鄙者.鄙陋也.上句言忽若海.漂若無所止者.蓋因世間一切眾人.皆以有所為者為之也.所以如海水漂流.止之不能.流之不已.捨真逐妄.無所不至.甚至以是為非.以非為是.以君子為小人.以小人為君子.顛倒錯亂.皆是有以之所至.頑似鄙者.乃是無為之道.復還固有之性.修無為之身.以無為之身.齊無為之家.以無為之家.治無為之國.以無為之國.平無為之天下.因事治事.隨物付物.渾然全無作為之可觀.故曰.眾人皆有以.我獨頑且鄙.

我獨異於人。而貴食母。異者.不同也.道為萬物之母.故言母.細想道者同於道.德者同於德.失者同於失.豈有異於人哉.乃自謂我獨異於人者何也.人由道而生.物由道而成.道不異人.人自異之耳.我之異於人者.非我異也.亦是人自異之耳.人自異者.異其不食母氣故也.人能體之于道.君臣父子.日用細微.無往而非道.此便是食母.如嬰兒食母乳一般.得其乳.則性命可全.不得其乳.則性命難保.知此食母之道.百性與我同然.萬物與我同體.我之所貴.人亦貴之.我之所食.人亦食之.天地人物.渾如一母之子.善惡同心.唯阿不二.昭昭者亦無所用.察察者亦無所施.雖異者亦未嘗不同矣.○此章經旨.深重食母二字.悟之者.俯仰周旋.無往而不樂.無事而不通.奈何人日由于其中.自謂可放逸于外.即不食母.而母亦可離乎.

從道章第二十一

恭聞有是道.便有是理.有是理.便有是氣.理氣具而造化生.造化生而萬物有.但造化所生.有動靜之機.有陰陽之妙.二氣之交感有時.萬物之變化有序.動不妄動.時至則動.生不妄生.時至則生.當此之時.天地合其德.日月合其用.四時合其序.鬼神合其吉凶.造化之生.生之於此.萬物之有.有之於此.太極之全體.全之於此也.是為生死之關鍵.本始之總持.復命之源頭.造化之樞紐也.此中之密義.不屬有無.不落方所.天地之大本.萬彙之大元.聖人全此實理.所以聖也.神仙全此實理.所以仙也.經言閱眾甫.正是此義.聞經之上士.果能知此造物之微機.果能得此造物之關鍵.天地之眾甫.未嘗不是我之眾甫也.〇切思道包天地.細入無倫.孔德之德.亦如其然.又淵乎莫測.無所不容.無欲無為.無物不納.與道脗合而無間.是以知大道之全神者.孔德也.孔德之妙用者.大道也.如此體認.其旨得矣.

孔德之容。惟道是從。

孔德.非世間有為之德.容指孔德.如太虛之容物一般.不有邊際之可求.蓋以包括無窮.謂之容.惟者.獨也.從者.依從也.德不獨立.必從之於道而立.因從道而立.故有孔德之稱也.此孔德在天地.為天地之德.在聖人.為聖人之德.天地之德.非道而不立.聖人之德.亦非道而不立.天地能容萬物.聖人能愛萬民.愛民之德.即是容物之德.愛民容物.總是一德.人知天地之大.不知孔

德之大.蓋因孔德無形.天地有象.能以有象者觀之.不能以無形者見之.若悟色空不二.有無本一.大地山河.如空中之團塊一般.自然真空妙有之孔德.不外我方寸之間.雖毛端之小.可容崑崙之山.可納四海之水.無形之形.小可容大.大不異小此等密義.不但天地.聖人有之.人人有之.但因人私欲錮弊.其德不孔.所以容之者鮮矣.孔德之容.惟道是從.蓋是此義.

道之為物。惟恍惟惚。惚兮恍兮。其中有象。恍兮惚兮。其中有物。

此六句反復形容道之為物.似有非有.似無非無.有而不有.乃是無中之妙有.無而不無.乃是無中之妙無.不屬於有.不屬於無.故惟恍惟惚.恍惚之妙.隱顯于有無之中.似乎有象.以有象求之.則又罔象.似乎有物.以有物求之.則又無物.即是無方所.無定體.故曰.道之為物.惟恍惟惚.惚兮恍兮.其中有象.恍兮惚兮.其中有物.此物字.亦是不物而物.能物萬物之義.不可認為實有之物也.如人心虛靈之妙.果是何物乎.虛靈之妙.能物天下一切物.故以有物言之.人能真得虛靈之妙.不令外物蒙蔽.不致內欲錮弊.以虛合虛.無中生有.無象而自然有象.無物而自然有物.此物非白非青.可以神會.難以言傳也.

杳兮冥兮。其中有精。其精甚真。其中有信。自古及今。其名不去。以閱眾甫。

道之為物.雖無一法一物.其無中之妙.則又杳兮冥兮.似遠非遠.遠而若近.似近非近.近而若遠.杳冥之中.有理有炁.即有元精.寓于虛靈莫測.不可見

其有.而實全其有.故曰.杳兮冥兮.其中有精.此精生天生地.生人生物.是為天地人物之根本也.天地不有此精.天地不能攸久.人物不有此精.人物不能生成.益之不能益.損之不得損.無毀無滅.甚真之妙處也.故曰其精甚真.又不但常存不滅而已.又且不違其時.不失其序.確然而有信.譬如四時行.循環而不見其改易.百物生.往復而不見其變化.故曰其中有信.人能悟得此信.無處不有.無時不在.貫乎古今.通乎萬物.君臣父子日用常行.無不是此信.此信之妙.在天地.名天地.在萬物.名萬物.雖不自居其名.無名之名.自開闢以來.無改無易.雖聖人復世.亦不能去其名.故曰.自古及今.其名不去.此等真名.能閱天地萬物之眾甫.所以不去也.閱.是檢視.眾甫.是眾善眾美.大道本不檢視於眾甫.因無乎不在.若有檢視之義.本無偏歷之勞.因無物不生.無物不成.若有偏歷之義.天地萬物之眾善美無不閱.不去之真名.與不去之玅義.不從可識乎.

吾何以知眾甫之然哉。以此。

眾甫之密義.即是甚真之真精也.即是甚真之真信也.出機入機之間.始則出機.化而為物.終則入機.歸之於道.假使以道觀道.難知眾甫之理.以物觀道.達乎本而窮其元.則眾甫之玄理.始可得而知其所以然也.故曰.吾何以知眾甫之然哉.以此.所以善觀道者.必以物觀之.善觀物者.必以道觀之.離道而無以觀物.離物而無以觀道.觀物者.觀物之入機也.觀道者.觀道之出機也.人果能觀于杳冥恍惚.而悟眾甫之所以然.有象有物.有精有信.孔德之容.皆可一以貫之矣.

抱一章第二十二

恭聞大道之生.生之於一.曆數之始.始之於一.一為萬事之本始.萬理之統宗也.以無極言之.即是無聲無臭.無形之一.以太極言之.即是含體含用.有本之一.若不得此一.造化不能樞紐.品彙無以生成也.所以天地萬物.紛紜交錯.有形有象者.莫不得其一.各具無極之理.各完太極之性也.是故聖人得之於心.天理渾全.而萬事俱備.達之於用.萬殊一貫.而達本窮源.君臣父子.三綱五常.無不齊之於一.治之於一也.天文地理.人物古今.無不體之於一.用之於一也.經中所說.正是此義.聞經之上士.果能抱元守一.心涵太極之理.身全造化之一.洞貫該攝.純全不二.能修於己者.未有不能治于人者也.○此章經旨.重在抱一為天下式

能抱一.所以誠全而歸之.

曲則全。枉則直。窪則盈。弊則新。少則得。多則惑。

人皆知不曲而求全.不枉而求直.不窪而求盈.

不弊而求新.不少私而求得.不抱一而求多.此皆是以小害大.以末喪本.所見者近.不能見其遠.所以不曲而求全者.反害其全.不枉而求直者.反失其直.不窪而求盈者.反去其盈.不弊而求新者.反敗其新.不少私而求得者.反喪其得.不抱一而求多者.反失其多也.惟聖人則不然.

聖人之以曲自養.不居功.不伐善.不好高.不自大.不以取聖於人為心.不以自私於己立念.達之於人.家國天下.未有不保全者也.全之於己.

身心性命.未有不保全者也.故曰.曲則全.曲而能全.可知聖人之曲.其道大矣.夷險禍辱之來.是非順受.不辯不爭.此便是枉之之義.人皆知以不枉而求直.不枉而求直者.強為之直也.強為之直.其勢必至於枉.所以聖人順其枉而不逆.枉之日久.枉者未必常枉.理之直者.不求而自得.故曰.枉則直.枉而能直.枉之道亦大矣.溝渠深下謂之窪.即是以窪下自處之義.聖人以謙退自處.不敢為天下先者.即如地之窪下一般.雖不有心求於盈滿.天下歸仁.窪之者.未嘗不盈也.故曰.窪則盈.窪而能盈.用之於地下.用之於國家.無往而不妙.即是處眾人之所惡.故幾於道之義.敝者.如敝敗之舊物一般.聖人修于內.而不修于外.若有敝不新成之貌.卻不知守敝者常新.眩露者必舊.人皆知以不敝而求新.不知反失於舊.是知道德貴乎隱藏.隱藏者.養之於敝也.不養于敝.則不能新矣.故自敝則新.聖人隱敝而不露者.正欲得其抱元守一.少私寡欲.不使七情交妄.存心養性.不致五性失和.抱一之道既得.一貫之貫理時行.故曰.少則得.所以欲修大道.先去情欲.不能少私.不能寡欲.不得一之理.不得抱一之道.必然多見多聞.多學多惑.心理不能融貫.內外不能致一.失於一者.未始不惑.故曰.多則惑.聖人捨其多而守其一.其理不惑.其事不亂.觀萬物之理.即一物之理.觀萬人之事.即一人之事.能盡于一.又何惑乎.

是以聖人抱一為天下式。此句是總結上文之義.言上文六句.皆是抱一之道.聖人約之于理.歸之于道.惟以抱一.為治天下之法式也.切思一者理也.雖天下萬事萬物.各具一理.未嘗不同出一源.以一理推之.物物無不貫.事事無不通.譬如仁主于愛.亦只是愛此一理.義主于別.亦只是別此一理.禮主于敬.亦只是敬此一理.智主于知.亦只是知此一理.信主于實.亦只是實此一理.此理在人心.本無不足.因自己不能盡其當然.所以私意橫生.曲者不能全.枉者不能直.窪者不能盈.敝者不能新.少私而能得者少矣.多學而不惑者亦少矣.此皆是不能得抱一之道而然也.聖人抱一為天下式.所抱者雖一.所應者無窮.是以天下之人.不教而自一.天下之物.不齊而自一矣.故曰.是以聖人抱一為天下式.

不自見故明。不自是故彰。不自伐故有功。不自矜故長。夫惟不爭。故天下莫能與之爭。

天下之人.有自見自是自伐自矜之心.故不能得抱一之道.切思自見者.能見于己.不能見于人.所見者不遠.所明者不徹.聖人不自見者.因物而見物.因事而見事.故能窮其義理之精微.究其興亡之徵應.上能察于天文.下能察于地理.中能參于人物.古今之變.秩然而明.幽顯之機.洞然而見.此是聖人不自見之妙處.是謂真見.其見故明.文中言不自見故明.即是此義.自是其是者.是之名雖出於己.而是之理未必服于人.其是故不彰也.彰者.彰顯之義.所以聖人不自是者.因物之是而是之.因事之是而是之.因理之是而是之.因道之是而是之.其是之所以然者.合于道.合于德.合于理.合于性.合于天.合于人.雖鬼神不能移.雖聖人不能改也.故曰.不自是故彰.天下之

人.皆知以自伐.狥有功之名譽.以自伐衒一己之才能.不知伐功求譽.其功必不能有矣.其人必不肯譽之矣.所以聖人不伐而功自有.不衒而功自著.雖欲掩之而不可得也.何待伐之乎.聖人不自伐其功者.乃是歸功于天下也.是以天下未有不歸功於聖人者也.故曰.不自伐故有功.天下之人.皆知自矜其長.或儼然而自尊.或傲然而自足.倘有長于我者.則我之長又短矣.矜之亦何益哉.聖人不狥長短之迹.不生計較之心.雖不有心于長.天下莫不以長歸之.是故聰明智慧.人不可及.耳目心思.人不可到.不長而自長.長之實未嘗不著於天下.長之功未嘗不在於天下.故曰.不自矜故長.細看上文.不自見.不自是.不自伐.不自矜.總是不爭之妙義.聖人與天地為一體.與萬物為一身.曲成而不遺.愛育而不棄.何爭之有乎.所以天下之人.與聖人合其德.與聖人合其心.聞風者誠服.沐德者心悅.烏得有爭者.故曰.夫惟不爭.故天下莫能與之爭.天下莫能與之爭者.蓋以君臣父子.尊卑上下.皆得其理.故不爭也.得其理.則聖人抱一而式天下之道.於此可見也.

古之所謂曲則全者。豈虛言哉。誠全而歸之。

此三句.是總結一章經旨之意.首句曲則全三字.本是上古古聖之語.天下之人.果能得此曲全之理.天下國家.不求全而自全.君臣父子.不求全而自全.此便是抱一之旨.有此曲.便有此全.天下之人.亦有曲而不全者.究是未得至誠之理.果能以至誠而用曲.天下之理無不以至誠而全歸者.故曰.古之所謂曲則全者.豈虛言哉.誠全而歸之.

人果能曲己以從人.受其枉而不辯.陷於窪而不辭.少私不惑.自敝不新.不自見.不自是.不自伐.不自矜.深得曲中之妙.又焉有不抱一為天下式哉.

同道章第二十三

恭聞道生天地.道為天地之本.天地生萬物.天地又為萬物之本也.人在天地之間.身配天地.性參太極.與萬物同乎一德.同乎一道也.是故聖人以大同之道盡於己.而盡於人.以大同之德應乎人.而順乎天.無親疎.無遠近.其道也.流行無間.而貫乎古今.其德也.不過不遺.而充周莫測.萬民同乎一道.天下無二道.萬民同乎一德.天下無二德.此為希言自然之妙.足信樂得之民也.○此章經旨.重在希言自然一句.古之聖人.以希言自然之道.同足同信於天下.所以天下之民.莫不樂得而得之.樂失而失之.此皆是在上之聖人.信足於天下.故有此等自然樂得而歸之之旨意.

希言自然。天地不言.天地之道立矣.聖人不言.聖人之道行矣.此皆是自然之妙也.希言者世間罕聞之言也.不執於有言.不執於無言.不有不無之間.因時順理.隨宜得妙.所以謂之自然也.自然者.不牽強.不造作.不煩不悖.妙義無窮.故曰.希言自然.吾見之今之人.或好辯而自是.或多言以數窮.或言辭悖戾.而誑惑多端.或辯白為黑.而抑是為非.言行不能相顧.事理不能脗合.至於敗國亡家.傾身喪命者.皆因言之不自然故也.可不慎乎.

飄風不終朝。驟雨不終日。飄風者.飄蕩暴怒之風也.驟雨者.傾霪促急之雨也.天地之氣.陰陽相得者.則為自然之風雨.陰陽不相得者.則為飄風驟雨.但不是自然之道.其勢必不能久.不過一時之作.以洩天地暴怒之氣.機回氣敗.未有不倏然而止之者.故曰.飄風不終朝.驟雨不終日.人之言語失和.以致暴怒大作.即如飄風暴雨之暴戾.修行人切當以此為戒.若不知戒.或因事有干.無明頓發.認妄遺真.無所不至.豈可不戒乎.**孰為此者。天地。天地尚不能久。而況於人乎。**天地之道.本是自然.寒燠不愆.四時順序.山河寧靜.萬物生育.二氣氤氳.化而為雨.一氣流行.化而為雨.飄雨驟雨者.雖是天地之為.發泄太甚.非自然之道.然聚散不常.氣回力盡之時.未有不反于晴明者.天地尚且不能長久.人事之不自然者.豈能長久乎.故曰.孰為此者.天地.天地尚不能久.而況於人乎.**故從事於道者。道者同於道。德者同於德。失者同於失。**道德失.天地之盈虛消長也.同道同德同失.因治亂興廢.導之以自然也.古之聖人.順乎天而應乎時.時有否泰.事有損益.皆不能違於道.故曰.從事於道.有道之時.同之於道.有德之時.同之於德.失道失德之時.亦同之於失.此便是不違於道之旨義.譬如三皇之世.君臣父子.無不有道.此是天之時.所使而然也.人之事亦應之於此.所以聖人順其時以化民.民亦不異其道.正是以道從於天下.天下未有不從於道者.故曰.道者同於道.又如五帝之時.君臣父子無不有德.此亦是天之時.所使而然.人之事亦應於此.此時聖人亦順其時.以德教於民.民亦不異其德.正是以德歸於天下.天下未有不歸於德者.故曰.德者同於德.迨至后世.氣運日衰.君臣父子.無不失道失德.此亦是天之時.

所使而然也.人之事亦應之於此.此時聖人亦順其時.不得不以法制刑賞治於民.以法制刑賞治於民者.亦是與民同.而不異其所失之故也.故曰.失者同於失.

同於道者道亦樂得之。同於德者德亦樂得之。同於失者失亦樂得之。

聖人因時之渾朴.而與民同于渾朴.垂裳而自見其時雍.天下熙熙然.日安于不識不知.與聖人共化于道.故曰.同于道者.道亦樂得之.聖人因時之篤厚.而與民同于篤厚.無為而自見其於變.天下皞皞然.日處於耕食鑿飲.與聖人共洽于德.故曰.同于德者.德亦樂得之.聖人因時之衰.世之降.渾朴者變而為智巧.篤厚者變而為偷薄.設教以化其偏.立法以匡其過.民心雖已失.日即于禮樂之陶成.日觀于文物之感格.本然之善性.亦必昭然而來復.上感下應.失不終失.故曰.同於失者.失亦樂得之.

信不足焉。有不信焉。

信不足.指在上者.有不信.指在下者.在上者若能以自信.而信之於天下.天下之民.無不信矣.倘不以同道同德同失.與民共處于無欺.其上不能順至誠無妄之理.而或以智巧之為.施之於下.下亦必以智巧應于上.民之不信.皆緣于上之所感.上下相欺.又焉得從事於道.而有希言自然之妙也.所以信不足.有不信.太上深以此言誠之.

不處章第二十四

恭聞無私無欲者.聖人之心也.有機有智者.常人之心也.聖人性涵太極至誠之理.心合天地自然之用.養深積厚.休休焉.如青雲出岫.而意念無為.樂天知命.湛湛兮.似明月臨潭.而身心自在.是故虛心應物.不肯先己以後人.體道用柔.定是去高而就下.與物無爭.物亦莫能與之爭也.若是常人.理欲之機未明.利名之見未泯.惟知損人而益己.斷不曲己以全人.此等有機有智之用心.其自見自是.自伐自矜之情.隨所接而無不露矣.○此章經意言足立步行.貴乎平實從容.不立不行.皆是自取危殆者也.人之逆理而行.非義而立.未有不如此者.

跂者不立。跨者不行。腳根不着地.高舉其足而望之.謂之跂.開足大步而行者.謂之跨.此是取喻大道.本是自然.一毫不容造作之義.少有造作.便是不自然.如跂者之難立.跨者之難行.吾見世人.或妄信於異端之為.或泥執於訛謬之見.認假為真.指邪為正.不悟大道之自然真實.頭頭錯亂.此即是跂者不立.跨者不行之病.故經中以此.曉天下後世之人也.

自見者不明。自見者.見於私而不見公.謂之自見.能見物我利欲之私.不能見天理純全之妙.或任智取能.或生心作意.見其始.不能見其終.見其末.不能見其本.見之不真.物欲易蔽.欲求明者.未之有也.惟無私無我.無欲無為.如日月之明.大則普徧無方.小則容光必照.自見之見.豈可與此並論哉.

自是

者不彰。有自然之自是.有有我之自是.自然之自是.未嘗有彼此.未嘗有分別.古今不易.獨立而不改者也.如此自是.天地萬物.不言而理自著.鬼神幽顯.不校而義自明.經中之自是.乃是有我之自是也.我見不忘.人我兩立.我以己之是.取勝於人.人亦必以人之是.取勝於我.我之是既不信於人.終是私慧小智.不可公諸天下後世.豈非不彰乎.聖賢因物之是而是之.譬如五行順布.四時順序.此便是天地之是處.可生則生.可成則成.此便是萬物之是處.因天地萬物之是.與天下後世共明其是.故無往而不是.無往而不彰矣.**自伐者無功。**世間又有以一己之功.取勝於他人之功者.必然衒著自稱.不知衒著自稱.反至求名而喪實.凡自伐者.未有不自敗其功.果有舒卷風雲.吞吐珠玉之才.果有安邦定國.致君澤民之實.豈待伐而功始著.是故太上以自伐者無功誡之.所以聖賢立功於萬世.而恆淡然不自居.天下後世.未嘗不以功歸之.聖賢之不伐.正是全其功.自伐者.又安得有功乎.**自矜者不長。**世間又有以自己之長處.文飾而求勝於人.此是自矜其長.惟恐人之不見其長.雖一善一能.常懷過人之心.微知微識.便生傲物之想.所以衒露之情.時時自用.而無而為有.虛而為盈之狀.亦時時難掩.故曰.自矜者不長.古聖賢備事物之理.任綱常之責.養深積厚.惟求長於天理.不求長於人.譽長之玄微處.人人不能識.長之名譽處.人亦不能去.以上四句.皆是取喻跂者不立.跨者不行之義.**其於道也。曰餘食贅行。物或惡**

之故有道者不處。上文所謂自見自是.自伐自矜.皆因世人性之迷.心之妄.情之偏.理之曲.故有四者之病也.不但如立之不久.行之不常.背真趨妄之情.即如餘食贅行一般.餘食者.如人之飲食.惟求一飽.既飽而強食者.雖至美之味.食之未有不厭者矣.贅行者.人之形體.四肢完具.則已.如頸生癭瘤.手腳岐指.雖不害其性命.人心未有不憎惡者也.餘食贅行之病.不但己之所惡.物亦惡之.所以有道之人.抱道養德.盡己盡人.不求自見.不欲自是.不為自伐.不好自矜.如中天之日.人不能掩之.如天地之公.人不能非之.性分之中.如澄水明鏡.無所取捨.無所留礙.餘食贅行之事.自不處矣.○此章經義.因世好高好大.自是自滿.每每操私智.以求勝人.恐民風日亂.世道日下.是以匡世教民.歷歷取喻.立天下後世之誡言也.

混成章第二十五

恭聞大道之實際.祖萬物而不祖.宗萬物而不宗.五太之先.不古不今.三才之後.非先非後.其實際之妙.若言無.卻又無而不無.無物不有.無時不然.雖視之不見.德之不聞.妙有自然之機.實未嘗無也.若言有.又未嘗見其有.空空洞洞.不有朕兆之可察.渾渾淪淪.未見象狀之可指.輔萬物之自然.其自然之隱妙.可以神會.實不可以言傳也.立天地之大本.其大本之實理.可知其有.不可見其有也.是故乾坤內外.大主宰.大體用.造物化物者道也.大千法界.大圓滿.大本根.無欠無餘者道也.人能以我身中不無不有之真機.冥合大道不無不有之實理.則無中自然得不空之空.有中自然見不色之色.到此天地.空色兩忘.我與大道無間矣.○經言總是先天後天.無所往而非自然之旨.

有物混成。先天地生。此章是發無極太極之奧.示大道自然之妙義.有物混成.先天地生.物者.無極太極.極至之理也.雖以物字假名.實非有塊然之物.就其無中之理.不得不以物字言之.此物先物即道.在物即理.在心即性.分而言之.紛紛紜紜無不是此物也.合而言之.萬法歸一.無不是此物也.是故混合有無之機.渾同色空之妙.體存於無極之中.應變於五太之始.混成之妙.生於先天先地之先也.故曰.有物混成.先天地生.無極與太極.亦無兩物.無極即是太極.太極即是無極.假使有無極而無太極.則物之實理.淪於空寂.天地人物.

亦不能有化生之妙.假使有太極而無無極.則物之實理.又滯於有象.陰陽造化.亦不能有變遷之妙.細推無極而太極.太極雖有陰陽之象.然陰陽有象.而太極實非有象也.無極雖是空寂之理.理有空寂.而無極實非空寂也.是以知無極.即是太極妙無之理也.太極即是無極妙有之理也.生生化化.混成一體.先有此物.然後纔有五太.五太者.有理未有炁.謂之太易.有炁未有形.謂之太初.有形未有質.謂之太始.有質未有體.謂之太素.理炁形質體用完具.謂之太極.積炁鴻濛.溟涬莫測.其炁浩瀚.其體穹窿.其運如車轂.其速如弩矢.周天三百六十五度.四分度之一.大道遁天而左旋.日月遁天而右轉.一晝一夜.日之行過一度.月之行不及三度.以十九分度之.共行七個月.謂之一週天.此是太極圖中陰陽運行之妙也.是故有太極.然後纔有天地.有天地.然後纔有萬物.所以此物生於天地之先.是謂天地之根本.萬物之樞紐也.修行者.果能從自性中.究竟五行不到之妙.父母未生之理.則混成之物.造化之微.自可得矣.

寂兮寥兮。獨立而不改。周行而不殆。可以為天下母。

靜而無聲謂之寂.遠而無象謂之寥.靜而無聲者.無音聲可求.無影響可得之謂也.遠而無象者.不見其始.不知其終之謂也.不見其始.不知其終者.廣大悉備之妙也.無音聲可求.無影響可得者.湛然清靜之妙也.是故此物之妙.不可言有.不可言無.有而不有.非色相不見之有.無而不無.非斷滅頑空之無.至微至妙.故曰寂兮寥兮.又且劫運不能推遷.陰陽不能

變換.真常攸久.獨立於天地之先.不壞不滅.常存於天地之後.所以天地改易而此物不有改易也.故曰獨立不改.此物雖然不是陰陽.未嘗不流行於陰陽之內.雖然無有動靜.未嘗不妙於動靜之中.無處不有.無物不在.資生萬物而不遺.運化眾形而不匱.是故五行異其質.四時異其氣.天地異其用.萬物異其形.莫非此物之妙也.故曰周行而不殆.殆者.怠也.言此物成於陽.而無不陽.成於陰.而無不陰.貫通圓滿.往來屈伸.皆有自然混成之妙.未嘗有所怠也.天地間有無虛實.青黃碧綠.動植飛潛.一切萬物.未嘗不由此物而生.未嘗不由此物而立.萬物不得此物之妙.生生不能無窮.化化不能無已.所以造物化者此也.故曰可以為天下母.即如本經謂有名萬物之母.即是此義.

吾不知其名。字之曰道。強為之名曰大。大曰逝。逝曰遠。遠曰返。

混成之物.視之不可見.聽之不能聞.摶之不可得.雖上文言獨立.而不改其獨立之妙.則又未始見其獨立也.言周行而不殆.其周行之妙.則又未始見其周行也.以大言之.天下莫能載.以小言之.天下莫能破.遠而莫測其遠.近而莫測其近.有而莫測其有.無而莫測其無.內外一貫.難窺混成之機.上下圓通.難察感應之妙.真所謂神乎其神.妙乎其妙.欲求其名.吾不得而知.不得不就其與物終始之間.循環無端之妙.強字之曰道.道雖是強名之名.亦不能盡其道之妙也.所以又強名之曰大.大之名亦不能盡其妙.則又強名之曰逝.逝之名又不能盡其妙.則又強名之曰遠.遠之名又不能

盡其妙.則又強名之曰返.強名而至於無窮無盡之極處.終亦不能盡其妙.總不如返而求其本始之根元.道之妙.自可得.物之理.自可明.不知其名者.道本無名.非不知也.雖然強名曰大.以大求之.廣而無邊.包羅法界.不有方所.大之實際.又不可得而強名矣.雖然強名曰逝.以逝求之.蕩蕩乎無所歸.繩繩乎無所止.逝之實體.又不可得而強名矣.雖然強名曰遠.以遠求之.遠而無窮.莫知其終.遠之實際.又不可得而強名矣.大而逝.逝而遠.遠而返.求其本始根元.統有宗.會有元.道之名雖不可得.而道之實可得也.人當於此處.深切融會.則體用一元.內外一貫.混成之造化.未嘗不在我性分之中矣.**故道大。天大。地大。王亦大。域中有四大。而王居其一焉。**道既為萬物之根.故言道大.又言天大.地大.王亦大者何也.詳究天地聖王.雖然都在大道之中.不能出大道之外.然天之高遠.亦不為小矣.地之博厚.亦不為小矣.聖王之繼天立極.亦不為小矣.高遠者.未嘗不是道.博厚者.未嘗不是道.繼天立極者.亦未嘗不是道.繼者.續也.繼續天地大道.以治天下.立極是立人倫至理之極.以教天下.所以聖王盡天之道.盡地之道.盡人之道.便是與道為一.天地王.同一其道.王豈不大乎.故曰.天大.地大.王亦大.域中有四大.而王居其一焉.**人法地。地法天。天法道。道法自然。**地之德安靜.種之則生五穀.掘之則得甘泉.勞之而不怨.有功而不恃.乘載萬物.養育群生.是皆安靜之妙.人能體此安靜之德.心無妄念.身不妄動.意不妄思.事不妄為.得真靜之本體.所以聖王修無為無欲之道.民無不化.國無不治.正是效法地道安靜之妙處也.故曰.人法地.地之德輕清.穹窿而高明.湛寂而虛妙.所以三光常曜.四時順序.地法天.德玄黃相抱.陰陽交泰.凡所以成萬物之形.實萬物質.皆是順成乎天之變化.克全乎天之生育而已.故曰.地法天.道者無形無名.無聲無臭.至虛至妙.天地人物.都是道生.都是道成.所以天法道.天若不法道.陰陽亦不能昇降.造化亦不能感應.所以流行於三才.變化於闔闢.立萬物之性.復萬物之命.終萬物而始萬物者.皆是天法道之妙處也.故曰.天法道.自然者.無假運用.無假作為.無一法可增.無一法可減.道生男女.男女有人倫自然之妙.道生萬物.萬物有群分自然之妙.道生五行.五行有曲直從革自然之妙.月有自然之明.日有自然之照.故曰.道法自然.

○此章發明大道自然之旨.人果能忘聲色.齊空有.離名離相.去泰去奢.一性圓明.萬緣放下.未有不得自然之妙.與道合真.道即在我性分中矣.

輜重章第二十六

恭聞上古之聖賢.重以自持而道高天下.靜以自養而德貫古今.心涵太極之實理.身備陰陽之和氣.蘊之為德行.用之為事業.自本而支.自源而流.鼓動之機.如和風時雨.感化之妙.似瑞日祥雲.天下欽其德而無欺.萬世被其化而不惑.此以重以靜之明驗也.修道之人.果能以道德自重自靜.不失之於輕.不失之于躁.則身無不修.事無不治矣.○此章經旨.顯示在上者.當以重靜自持.不可以輕躁自失之義.

重為輕根。不輕舉.不妄動.謂之重.輕舉妄動者.謂之輕.古之善治天下者.法不輕舉.事不妄動.輕舉者.其法必廢.妄動者.其事必凶.所以厚重自持.使天下不敢輕舉.不敢妄動.捨輕而就重.其輕者.自然歸之於重.故曰.重為輕根.

靜為躁君。守無為.順自然者.謂之靜.不守無為.不順自然.事好變動者.謂之躁.善治天下者.無欲無為.順其自然之道.若或一有所為.其事必敗.故無為以待其時.鎮靜以乘其機.使天下躁者.若有所凜畏而不敢妄動.故曰.靜為躁君.

是以君子終日行。不離輜重。此又是設喻之言.君子是才德出眾之人也.君子以一身而推行於天下.動靜語默之間.皆有天理流行之妙.君臣父子.以綱常倫理任其重.應事接物.以道德仁義全其重.無一言不從主靜之心發將出來.無一事不奉靜一之君行將出去.終日如此.終日不怠.此便是終日行.不離輜重之義.軍行以庫車載物者.為養軍不離輜重.商旅以貨車乘物者.為與利不離輜重.君子立體達用.亦謂輜重者.乃是保身之車也.故曰.是以君子終日行.不離輜重.

雖有榮觀。燕處超然。

此二句.亦是治天下者.當以無為鎮靜之義.榮觀者.即是紛華物欲.聲色貨利等事.人皆交爭於世味.而隨波逐浪.君子獨燕然居處.超然清淨.虛明純一.隨時順理.不為物欲所遷.不致性情妄動.譬如清風明月.無時不閑泰.燕處超然.即是此義.修道之人.果能處富貴.不以富貴介其意.處貧賤.不以貧賤累其心.豈不是超然之君子也乎.

奈何萬乘之主。而以身輕天下。

奈何.是嘆辭.萬乘之主.即知重為輕之根.靜為躁之君.即當持之以重.守之以靜.奈何道之至重者反輕之.德之至靜者反躁之.此皆是以身自輕於天下.以身自輕於天下.未有不自取其害者也.細想人之生也.天理渾全.三寶在身.貴亦難勝.豈非身中萬乘之國乎.若不尊其氣.貴其形.寶其命.愛其神.自取敗壞.非以身自輕於天下乎.修行者思之.

輕則失臣。躁則失君。

四體百骸.皆身之臣屬也.臣有輔君之責.豈可失乎.或因嗜欲不節.顛險不顧.是自輕也.自輕必至失臣.譬如國君不以厚重自持者.即不能以禮使臣.而俾百工以離心離德.故經言輕則失臣.大體中立.一身之君也.君有主宰之權.豈可失乎.或驟然有為.急遽忙迫.不知循序有漸.是自躁也.自躁必至失君.譬如國君不以鎮靜自守者.即不能建中立極.而顯堂廉以可儀可象.故經言躁則失君.細看修行.亦與此義相同.

心君泰定.本不可搖動.若或神馳于外.我身中之主人公.必定離位.我身中之識神.必定作亂.我身中之百官職事.個個皆有欺我心君之意.致使我身中之國亂民危.我身中之天下.未有不失者也.輕躁者.安可不以重以靜乎.

襲明章第二十七

恭聞大方無方.大同無用.大方無方者.不有去來.不有遠近.不局於小大.不囿於境域.大用無用者.遇事致宜.因物處物.不顯其妙.不見其迹.以一身而體天地之道.以一心而備萬物之理.不待操存運用.而開者無所不開.閉者無所不閉.未嘗計較謀為.而結者無所不結.解者無所不解也.此等妙處.推于人而人無不宜.施于物而物無不善.存之治己.即以治人.用之善人.即以善己.故明與明可相襲于無窮.人果能領悟.不溺於人欲之私.亦知大用之無用.堪與大方者.同其大方也.

○此章經旨.指出襲明五善.是救人救物之妙義也.

善行無轍跡。天下之車行有轍.人行有跡.是已過而不化者.如人行事.用意作為.不能因物付物.亦是過而不化.非善行也.豈能救人救物乎.惟聖人之行.非車轍足迹之可比.與萬物渾化而相忘.不界籓籬.不分人我.事當行則行.時可行則行.所以行之於家國.而家國不見其行.行之於天下.而天下不知其行.山海不能限.鬼神不能測.不見其始.不知其終.經言善行無轍迹.即是此義.

善言無瑕讁。言之及時.言之有本.皆善言也.瑕者.瑕疵也.讁者.過讁也.如無稽之說.不根之語.或至亂德.或至敗行.是為有瑕可疵.有過可讁也.惟聖人非道不言.非理不說.言不輕發.言必恰當.可立天下之明法.可為國家之楷模.語簡而物曉.辭約而理盡.雖言滿天下.而無怨無惡.豈非善言乎.經言善言無瑕讁.蓋是此義.

善計不用籌策。籌者.籌算也.策者.簡策也.非籌算不能知其數之廣.非簡策不能計其數之多.聖人不然.聖人之道.一貫之道也.聖人之心.無為之心也.以一貫之道.用之於天下.則萬物之數不計而自知.以無為之心.用於天下.則萬事之理不較而自得.所以聖人之大機大用.有自然之理.有無為之眇.雖是不可窮之數.不能逆之事.亦坐昭無遺.始終畢見.何須籌策.故曰.善計不用籌策.奈何世人.過用精神.各出智慮.雖錙銖斤兩.欲盡無遺.卒不能見其始終本末.較之善計者何益乎.

善閉無關鍵而不可開。天地之間.惟眾妙之門.閉之而人不可知.開之而人不可見.是故造化之出入在於此.動靜之闔闢在於此.其閉也.閉不以門.其開也.開不以戶.非至聖神人.不能出入此眾妙之門.關鍵者.柜門之木也.横曰關.竪曰鍵.人皆知關鍵可以閉門.不知善閉者.雖無關鍵.知進退消長之道.達利害成敗之機.其中密竅.雖鬼神莫可測也.閉之以道.不閉之以門.所以無隙無間.無內無外.求其門戶.尚且不得.更從何處下手開之乎.故曰.善閉無關鍵而不可開.修行人果能心不動搖.意不散亂.守真固本.養性忘機.主人公無刻不自在.七情鬼終日罔撩亂.六欲魔每時生覬覦.終不能窺其隙.而開我之門.又何須關鍵乎.

善結無繩約而不可解。天下之人.空愁妄想.勞役身心.譬如以繩結物一般.枉費精神.終歸幻化.此非善結者也.善結者.雖無繩約之用.聖而不可知.神而不可測.能結天地之精神.

能結理數之造化.能結王道之紀綱.能結聖賢之事業.結天地之精神者.可以修身.可以立命.結理數之造化者.可知吉凶.可知變化.結王道之紀綱者.可明興廢.可辨存亡.結聖賢之事業者.可治家國.可平天下.所以無形之繩約.天地不能改.鬼神不能移.紀綱不能亂.事業不能違.此皆是聖人善結之妙處也.故曰.善結無繩約而不可解.奈何世人.晝結於想.夜結於夢.是非名利之端.深鎖於心頭.恩讎好惡之念.牢拴於肺腑.前結未解.後結又續.終日竟夜.身心無一時不結.寢食夢寐.自謂無一人可解.至於敗露之日.弄巧成拙.不可解者.亦解矣.學道之人可不知乎.

是以聖人常善救人。故無棄人。常善救物。故無棄物。是謂襲明。

上文所謂五善之妙.名雖有五.即聖人常善之一道也.此常善在人.為固有之德.在物為當然之理.聖人以常善救人救物者.無非以固有之德.救之於人.以當然之理.救之於物也.立三綱五常.明天秩天敘.使人人知人欲宜去.天理宜復.不致自底不類.此便是常善救人.故無棄人之妙也.燮理陰陽.調和氣數.回天地之災害不生.保寒燠之愆期不作.使萬物各遂其性.各安其生.不致蟲蝗夭折.此便是常善救物.故無棄物之妙也.聖人又不但善能救人物.又且襲明於天下後世.有無窮之善救者也.聖人不棄於人.不棄於物.在能施五善.使人人相繼.物物相承.先聖之善救.後聖亦必善救.先聖之襲明.後聖亦必襲明.以明襲明.以善救善.輔翼於萬世.咸若於萬世.此便是襲明之義也.襲者接續不斷之

義.細想聖人之心.與天下後世.渾然是止於至善之地.但百姓日用而不知也.世間有為之善.焉能襲明如此乎.故曰.是以聖人常善救人.故無棄人.常善救物.故無棄物.是謂襲明.**故善人者。不善人之師。**善人者.備茲五善之人也.善于己者.未有不推善于人者也.不善之人.視善人之所善而則效之.則不善者.皆可化于善.故言.善人者.不善人之師.**不善人者。善人之資。**不善人.必是不能備五善.而所行不正不中者.善人視不善者.愈加警惕.愈加黽勉.惟恐或底于不善.則鑒戒之小心.即為資助之有益.故曰.不善人者.善人之資.**不貴其師。不愛其資。雖智大迷。是謂要妙。**人能貴其師.愛其資.乃為襲明之要妙.倘不能全五善.而所行不足為人法則.為人表帥.是謂不貴其師.不善之行.正可以證我之行.對境知惕.即是資我.若或以為無足鑒戒.安知我之行.不有類于彼者.是自棄其資也.此真無智之人也.即令有智.不貴其師.不愛其資.安得謂之智乎.安得不謂之大迷乎.若是襲明明于己.而且可以明于人.明與明相襲.悟之者深識其妙.妙為無窮之妙.妙為至善之妙.是謂要妙.○此章經旨.蓋謂凡有作有為者.皆不可謂善.故上言五善.皆是無為.救人救物.為師為資.無往而不護其善者.人人可見矣.

常德章第二十八

恭聞無中之有者.大道之體也.有中之無者.大道之用也.以體言之.雖云無中之有.實未嘗有也.有中之無.又實未嘗無也.其體也.其用也.本無方所之可求.本無始終之可見.雖不可求.大道之實理.未嘗不可求也.雖不可見.造化之顯迹.未嘗不可見也.是故聖人窮其理.以盡其道.就其有.以探其無.大道之體用.自然現前.大道之有無.自然顯著矣.經中為天下谿.為天下式.為天下谷.正是就有求無之深義.窮理盡道之密旨也.聞經之上士.果能頓悟萬派同流之隱妙.果能認得萬法歸一之準則.果能了達空谷虛靈之大義.則常德自然洒足.常德自然不忒.常德自然不離矣.○此章經旨.乃是太上示人.修己治人之道也.

知其雄。守其雌。為天下谿。為天下谿。常德不離。復歸於嬰兒。雌雄二字.不可執於一端.天下萬物.皆有雌雄之理.天下萬事.皆有雌雄之道.雌者.陰也.雄者.陽也.陰主乎靜.陽主乎動.能知其雄.便能知其動也.能守其雌.便能守其靜也.知雄守雌.即是知其動.而不肯妄動.守其靜.而其中自有靜之妙動也.細想其機要之秘.惟在知守.倘若知而不守.是妄為之動.守而不知.是無益之守.聖人知雄守雌.動靜互用.陰陽相和.理無不周.事無不順.感之即通.扣之立應.天下之德.無不歸之矣.故曰.知其雄.守其雌.天下之德既無不歸之于我.則我之德.譬如天下之谿谷一般.不求眾流之合.而眾流自來歸之矣.故曰.為天下谿.眾流既來歸之.則我之德.與物之德無間矣.所以合乎己而全乎人.德與天下暫不相離也.故曰為天下谿.常德不離.常德既不相離.則天下之民.雖復其固有之德.皆是自然感應之妙.彼此相忘于不識不知.復歸於嬰兒也.嬰兒動靜無心.皆有自然之道.所以天下之德.復還固有.與嬰兒無知之義相同矣.養道之士.果能知動靜之宗祖.得知守之微機.靜主於動.動不失其時.動歸於靜.靜不失其正.則身中之陰陽自合.性命之雌雄自相得矣.此便是常德不離之妙也.況又終日如愚.不識不知.自然養到如嬰兒未孩之地.得專氣致柔.至和至純之妙矣.

知其白。守其黑。為天下式。為天下式。常德不忒。復歸於無極。

天下之萬事萬物.皆有白黑之理.不可以白黑二字.專指二色言之也.譬如天有晝夜.晝為白.夜為黑.地有金水.金為白.水為黑.物有明暗.明為白.暗為黑.事有善惡.善為白.惡為黑.此皆言其白黑之理.非獨以白黑二色言之也.文中雖言白黑.要知知守之妙.知白則易.守黑則難.不守黑.不能黑中生白.不守黑.則不能返黑為白矣.是故太上言知其白.守其黑.正所謂黑中生白.返黑歸白之妙意.此等妙義.觀天上之月.則可知矣.月中之魄本黑.若不得日中之魂.則月光不皎.月魄不明矣.所以三十日.晦朔之間.亥末子初之際.日月合璧.於虛危之鄉.魂魄混沌於鴻濛之竅.則月中之魄.自得日中之魂矣.既

得日中之魂.自然黑中生白.情來歸性也.是以初三日.月出庚方.生一線之白.此正是一陽初復之妙義.至初八日上弦.半白半黑.金水相停.此正是陽長陰消之妙義.至十五日.乾體成就.月光圓滿.金白水清.此正是魂魄兩全之妙也.故得純乾之象.若不守之於晦朔之間.則陽白之魂.必不能消其陰黑之魄矣.能知此義.則知白守黑之旨得矣.養道之士.果能忘情絕欲.韜光隱迹.攝情歸性而返妄還淳.守陰魄之黑.則陽魂之白.自來歸復矣.若或不然.撥不轉這點消息.終不能改陰易陽.終不能返黑為白也.細想聖人之知白守黑.不可執一端.聖人知之者.知其當然之理也.守之者.守其當然之道也.知白守黑.不受萬物之染.終無得失之患.所以聖人以此為天下式.式者.法式也.即是萬民之模範.萬事之準則也.不有此式者.天下去黑就白者.未之有也.不知不守者.天下陽長陰消者.亦未之有也.聖人既為天下式.為君者.守其君之式.為臣者.守其臣之式.為父者.守其父之式.為子者.守其子之式.黑白當然.不起好惡之情.知守一致.忘乎去就之想.則君臣父子之天理成全.上下尊卑之天德完具.真常之德.人人同知人人同守.民無異俗.國無異政.未有差殊而不齊者也.故曰.為天下式.常德不忒.天下既以聖人為式.則一人之式.可以法乎一家.一家之式.可以法乎一國.一國之式.可以法乎天下.天下之式.可以法乎萬世.天下萬世同知同守.陰黑之魄.未有不返而為陽魂之白者.黑白既返.其德乃常.其式攸久.天下後世.真有不可窮盡者也.故曰.復歸於無極.無極即是無有窮極之義.

蓋因聖人之法式.皆是天地實然之理.人心固有之德.所以萬世不磨.無極無窮矣.**知其榮。守其辱。為天下谷。為天下谷。常德乃足。復歸於樸。**榮辱二字.亦不執于一端.譬如草木之蕃也為榮.草木之謝也為辱.又如富貴者為榮.貧賤者為辱.不但於此.凡事物得其理者.皆可謂之榮.不得其理者.皆可謂之辱.但榮者.人之所好.辱者.人之所惡.雖然好惡不同.若是得其理.則辱者未嘗不榮.若是不得其理.則榮者未嘗不辱.所以聖人貴於得理.不計於榮與辱也.要知榮辱.皆是身外之遇.非性分之固有.不生取舍之心.不起好惡之念.生死富貴.不足以動其心.名利貨欲.不足以亂其志.以天下之榮.知天下之榮.故天下可以保其榮.以天下之辱.守天下之辱.故天下不陷於辱.故經言知其榮.守其辱.切思知榮守辱之義.知者.知眾人之所好.而不好也.守者.守眾人之所惡.而不惡也.不好不惡.以虛心處世.即如虛谷一般.虛谷之神.應而不缺.聖人之心.容而不有.雖遇榮辱.亦無榮辱之心矣.故曰為天下谷.既為天下谷.谷神常盈.聖人之德常足.谷神常盈者.盈之以虛也.聖人之德常足者.足之以理也.聖人之德既足.則天下之德.未嘗不足.聖人以天下之足為足也.天下之德既足.天下一體.萬民一德.故曰.為天下谷.常德乃足.細想天下之事業.無不自下而起.人能以卑下自處.養謙虛之德.萬事皆可得其榮矣.常德既足.忘榮忘辱.不好不惡.是謂有道之天下.不期而歸之於樸矣.故曰復歸於樸.樸者.渾全之木也.大道渾全.故取喻之.細想既歸於樸.則聖之心.同于天下之心.天下之心.同于聖人之心.心同而理即同.天理同而德即同.大道渾全於下.非樸而何.聖人之德化至此.可謂盡矣.**樸散則為器。聖人用之則為官長。故大制不割。**此三句.因大道之機用.有隱有顯.所以有雌雄.白黑.榮辱.雌雄.白黑.榮辱.用之於世.猶如樸散而為器一般.樸者.渾全之木也.未散之先.可大可小.可曲可直.可長可短.可方可圓.無施而不可也.既散之後.器之大者.不能小.器之小者.不能大.器之曲者.不能直.器之直者.不能曲.器之長者.不能短.器之短者.不能長.器之圓者.不能方.器之方者.不能圓.欲其反本還樸.萬萬不能矣.大道若廢.與此一樣.經言正欲保其不散.使天下還淳返樸之深意耳.故曰樸散則為器.凡天地間有為作者.無非器也.上文所謂雌雄.白黑.榮辱.在天下用之.即為器.若聖人用之.非器也.又謂之官長者也.公而無私謂之官.主宰萬物謂之長.官長即是以天下之至公.公於天下.以天下之共宰.宰于天下.聖人以大道為官長之體.以雌雄.白黑.榮辱.知守.為官長之用.故曰.聖人用之.則為官長.大制之聖人.如此官之於天下.如此長之於天下.則天下自然常德不離.復歸于嬰兒.天下自然常德不忒.復歸於無極.天下自然常德乃足.復歸於大樸也.歸於樸.即是歸於道.歸於道.則天下與道為一.與道為一.雌雄同志.白黑一致.榮辱同觀.如此則太樸之道.不勉而自至矣.所以大制天下者.不離於道.不離於道.即是不割之義.割者.離也.害也.假如離於道.必至以小害大.以末喪本.梏于形器之小.執于有為之私矣.故曰大制不割.聖人化天下.皆是無為而為.不離于道.不事作用.如庖丁之解牛.操刀遊刃恢恢乎.無事而已.

自然章第二十九

恭聞自然之道.守之則貴.行之則利.守之者.天德在我.無欲無為.不生敗失之患.所以貴莫勝焉.行之者.是道則進.順行應人.不起機智之謀.所以無往而不利.經中所謂神氣者.蓋謂天地非自然.不能形交氣感.妙化萬物.日月非自然.不能二氣攝生.煥發神光.聖帝明王.以自然之道.握乾符而治天下.文武公卿.以自然之道.秉國政以安社稷.自然之道.即是天下之神器也.但修道之人.果能坐臥天然.行藏獨樂.深得自然之妙.鬼神不能知.世俗不能見.近而身心性命.遠而天地萬物.無所不自然矣.○此章經旨.深誡在上者.以有為之事.妄用神器.所以多敗失之害也.

將欲取天下而為之。吾見其不得已。一芥之微.尚且妄取之不可.何況天下之大.人力本不可取.亦不可為.吾見古之聖人.有不得已而取之.不得已而為之者.雖有取之之名.實未嘗取之也.雖有為之之名.實未嘗為之也.但因時有消長.事有因革.不得不取.不得不為也.譬如虞舜以讓有天下.周武以伐有天下.要知非舜武之所欲也.其事雖異.其道則同.皆出于不得已而然也.非有所取.非有所為.於此可見矣.太上有思古傷今之意.故云.將欲取天下而為之.吾見其不得已.

天下神器。不可為也。為者敗之。執者失之。聖人有天下.皆是天下歸之.非取之也.取之則非自然之道.神器不可保矣.神器者.乃是上天之眷命.惟在正命.受命.改命.攝命之間.便有神器之妙用耳.譬如三皇至聖.繼天立極.此皆是正命者也.五帝禪位於賢.此皆是受命者也.湯放桀於南巢.武王伐紂於朝歌.此皆是改命者也.五伯假尊王之虛名.行攘奪之實事.此皆是攝命者也.以上正命.受命.改命.攝命.皆有神器主之者也.是故去無道而歸有道.亦皆是神器之妙用.非人力之所能作為.故曰天下神器.不可為也.神器既不可為.即當順天應人.倘若一有所為.則功力日盛.強弱生焉.攘奪行焉.侵侮者有之.僭分者有之.如此而為天下.未有不敗者也.此皆非自然之道.故曰為者敗之.不但為之者必敗.執之者亦必失.執者.執固而不能通變之易.一有所執.違於天時者有之.乖於人事者有之.違于天時者.謂之逆天.乖於人事者.謂之逆人.逆天者.天時不應.逆人者.人事不和.如此而執.亦非自然之道.未有不失者矣.故曰執者失之.大道之本體.本是清靜湛寂.奈何人只在有為法中鑽求.不向無為法中體認.本欲保身以載道.返致害身而失道.此皆是不守身中清靜無為之神器.妄為妄執之過.故有此害身失道之患矣.

故物或行或隨。或呴或吹。或強或羸。或載或隳。

不但制天下.有自然之道.雖世間一切物理.亦皆有自然之道.所以不可妄為.而強執之也.倘若逆而為之.執之者.我欲行之於前.必有後者亦隨之.我欲呴之以煖.必有寒者以吹之.我欲恃之於強.必有羸者以襲之.我欲載之以成.必有隳者以毀之.此皆是勢之不能免者.因其有為.非自然之道.故有此害也.不如無欲無

為.順自然之道.上不違于天時.下不逆於人事.神器之妙用.可歸自然矣.倘若不然.行者必隨.噓者必吹.強者必羸.載者必隳.雖欲為之.執之勢極而盡.未有不失者也.故曰.或行或隨.或呴或吹.或強或羸.或載或隳等句.**是以聖人去甚。去奢。去泰。**此三句.是總結上文之意.妄動妄為.不循自然之道.謂之甚.不務真誠.過費不節.謂之奢侈.然自是不安本分.謂之泰.是以聖人不過柔.不過剛.以菲薄自安.以簡默自安.即是去甚之義.守至誠.而不慕浮華.由直道而不侈愛欲.即是去奢之義.處事平實.發言安靜.順天命之理.體人情之宜.即是去泰之義.聖人能去此三者.是先修之於己.所以治天下者.非取而為之.執之也.順自然之道.而天下自歸之.不取不為.又安有敗失之患乎.

不道章第三十

恭聞三皇之盛世.以道化民.以德教天下.不有甲兵之用.不操機智之謀.君盡君之道.臣盡臣之道.父子兄弟夫婦朋友.各盡其道.天下以道歸之.所以盛世雍熙.人民至治.上下無為.天下一道而已.天下一道.即是天下一心也.天下一心.則無形之兵甲.不用而有餘.無名之將士.不戰而自勝.以此觀之.奚用兵強於天下哉.今日文中所謂不道早已.譬如秦漢以來.治亂之不同.得失之不一.此皆是不道之謂也.不道者.以力勝人.非順天應人之事.所以強弱之害不能免.此等所為欲求淳古之風.未之有也.○此章經旨.重在不以兵強天下一句.若或以兵強天下.何道之有乎.

以道佐人主者。不以兵強天下。其事好還。

此二句.正見當時太上以不道之兵.戒天下之義.細想君為天下之主.心為一身之主.國之有君.猶人之有心也.所以君正則國治.心正則身修.此自然之理也.君正者.正之于道也.心正者.亦正之于道也.是故善佐人主者.惟知以道.以道佐于人主.則天下雍熙.民無死傷之患.天下未有不歸于道者.若是以兵強天下.太失天地之和.民遭塗炭.天下離亂.天道未有不以兵強之事.好還者也.蓋因有此好還之理.故得此好還之事耳.好還者.譬如我以兵勢加之于彼.彼必以兵勢.還之於我.是以謂之好還.故曰.以道佐人主者.不以兵強天下.其事好還.修道之人.若或以情欲亂性中之天下.以無明.起心上之干戈.此即

是以兵強于天下.不能以道佐於人主之義也.至于六賊互起.萬魔來侵.性中之天下.一日不能安靜.心上之主人.一時不得自在.豈非好還之事乎.觀之于此.則道法世法.均可見矣.**師之所處。荊棘生焉。大軍之後。必有凶年。**兵者.不祥之器也.自古聖人.以道佐于人主者.深以用兵為戒.倘若不以用兵為戒.三軍騷動.黎民遭變.農事必廢.田疇荒蕪.則荊棘未有不生者焉.故曰.師之所處.荊棘生焉.三軍之眾.謂之師.軍馬所臨之地.獸走失群.飛鳥不下.耒耜不聞.荊棘既生.所以大軍之後.必有凶年.凶年如瘟氣流行.蟲蝗偏野.黎民饑饉.賊盜叢生.或方隅無病而自死.或妖孽橫生于境內.皆是凶年之驗.此正天道之好還也.故曰.大軍之後.必有凶年.人若不悟真常不修正道.荊棘生於方寸之地.戈矛亂于胸次之間.念慮日日以塵勞.魂魄時時而消散.三田自此而荒蕪.血氣自此而衰耗.此亦是身中之凶年也.可不慎乎.**故善者果而已。不敢以取強。果而勿矜。果而勿伐。果而勿驕。果而不得已。是果而勿強。**細想兵法之用.有天下者.亦不可少.但在用之善與不善耳.善用者.不得已而後用之也.其用兵之善在于果而勿強為妙.果者.不敢取強.一心果決.謂之果.譬如亂臣賊子.叛逆君親.殘民害國.侵侮橫行.此不得已.而須用兵者也.我兵雖強.必不敢以取強為心.我兵雖勝.亦不敢以取勝立意.如此以不得已之兵.應之于天下.天下必不以兵強.加之於我也.故文中謂善者果而已.不敢以取強.然善於用兵者.其不敢取強之道.亦不止于一端也.一者果而勿矜.二者果而勿伐.三者果而勿驕.四者果而不得已.果而勿矜者.乃是謙卑用兵.不敢以矜驕自負之義.果而勿伐者.乃是先人後己.以遜讓用兵.不敢自稱其功能之義.果而勿驕者.乃是順天命而用兵.不敢自生驕詐之義.果而不得已者.兵之所用.非有好勝之心.非有取強之意.必不得已而後用也.以上四者.總是不敢取強之道也.故曰.果而勿矜.果而勿伐.果而勿驕.果而不得已.是果而勿強.五句.

物壯則老。是謂不道。不道早已。

兵之不可強.猶物之不可壯也.天地之間.一切萬物.有生必有死.有少必有壯.有壯必有老.此是物理之常也.物之理尚且如此.何況用兵者乎.用兵之道.兩軍對陣.生死存亡.關係不小.倘若以矜伐驕詐之心.取強於天下.則勢極必反.太過必傷.勝者不能久持.強者不能久立.即與物壯則老.理勢同然也.是以謂之不道.不道早已.所以自古聖人以有道之兵.用之於天下.未嘗壯.未嘗老.則亦未嘗已也.倘若不然.壯而且老.能無已乎.故太上以此誡之.不道之兵.雖然可戒.世人不道之為.亦不可不戒也.且如人之有身.即寄世之浮漚.長途之客旅.電光石火.能有幾日.既然出家.辭父母.別妻子.割斷恩愛.即當念念存誠.心心在道.希聖希賢.學丘劉譚馬之活計.無欲無為.求生死性命之根元可也.或雲遊海外.訪烟霞之隱士.或朝謁名山.會得道之高真.或棲隱林泉.而煉精養氣.或和光混俗.而說法度人.或晨昏香火.而經教慇懃.或行善

妙之法。而濟人救物。種種修為。但要真誠合道。修之日久。皇天自然不負苦志之人矣。奈何教中亦有根器淺者。恣貪聲色。馳騁好遊。天空海闊。人我山高。終日竟夜。不作以道佐人主之事。動止行藏。若有兵強天下之心。此皆是不道之為也。此等不道之為。是謂名教之罪人。自誤前程。自作自受。雖聖人出世。亦不能救其天道好還之患也。我今說至于此。不覺悲淚下流。痛責其心矣。出家之人。悉當言下徹悟。早尋了生死之妙道。不但目下超然。亦且生生世世。不入邪徑。永得真道矣。

貴左章第三十一

恭聞治世之時.以道德化於天下.不以功力用於天下.道德化於天下.則謙讓之風行.性本之善.成人心之正立.以功力用於天下.則詭詐之風行.陵奪之事生.兵革之事起.持不祥之器.妄作於己.取勝於人.卻不知兵者.爭之端也.爭之以利者.利至而害生.爭之於名者.名與則實喪.是故善於用兵者.不用名利之兵.惟以恬淡為上.此非有道有德之人.焉能如是乎.○切思家地大寰之內.一切物理.一切人事.皆有尊卑上下.皆有陽險左右.皆有吉凶美惡.處於卑下者.乃是吉事.貴左之陽位也.是故君子以謙遜自居.以恬淡用兵.勝而不美者也.若或爭強取勝.害理殘生.皆凶事.尚右之陰位也.觀於此.居陰陽左右之位者.可不慎歟.

夫佳兵者。不祥之器。先王所制之禮.以右為上.以左為下.以右為上者.取勝之道也.以左為下者.卑遜之道也.取勝者.乃是貴右之事.其事主凶.卑遜者.乃是貴左之事.其事主吉.佳兵者.以兵為美.而樂于用之者也.必至殘物傷生.大干天地之和.國危民亂.反致災殃之害.故文中言.夫佳兵者.不祥之器.蓋是此義.

物或惡之。故有道者不處。細想佳兵.既是不祥之器.若將此不祥之器.用之于天下.兩兵相持.天地震動.百姓未有不流離者.生靈未有不荼毒者.飛鳥遠舉.走獸遠遁.物或惡之.何況于人乎.故有道之人.

必不持此佳兵之器.必不用此不祥之兵.以道德化民.以無為服眾.不征而自然平定.不戰而自然來歸.奚用佳兵.故曰.物或惡之.故有道者不處.

君子居則貴左。用兵則貴右。

立身任事.修己治人.皆君子之居.不生尊大自勝之心.常懷謙退卑下之志.所以居者.以柔用道.以和用德.皆是貴左之妙處.若用兵之道.與君子之道相反.進使敵人莫知其進.退使敵人莫知其退.攻其所不守.守其所必攻.以詭譎相勝.以變詐為能.是故用兵之道.又當貴之於右.不貴於左也.

兵者。不祥之器。非君子之器。不得已而用之。恬淡為上。

君子之用兵.比常人不同.雖然貴用於右.實非君子之樂用也.蓋因兵者.是不祥之器.故不以用兵為心.雖然不得已而用之.宜乎以恬淡為上.恬淡即是安靜之義.譬如武王伐紂.救民于水火之中.步伐止齊.猶且詳諭諄諄.此正是以不得已之心.用不得已之兵.得恬淡之妙也.此等用兵.何不祥之有.

勝而不美。而美之者。是樂殺人。夫樂殺人者。不可得志於天下。

君子雖因不得已而用兵.戰而得勝.心亦不以為美.殺傷之慘.必干天地之和.萬民一體.何忍肝腦塗地.故曰.勝而不美.吾見今之用兵者.或深謀遠慮.而行險用間.或橫行殘暴.而殺人眾多.此皆是以戰勝為美.以克敵為能.以取勝為心.以殺人為樂也.既以殺人為樂.愛生者.必求轉捄於他人.被刑者必致含冤于地下.天不與.人不歸.豈能得志於天下乎.故曰.美之者.

是樂殺人.夫樂殺人者.不可得志於天下.**吉事尚左。凶事尚右。偏將軍處左。上將軍處右。言以喪禮處之。**細詳上文.所謂君子居則貴左.乃是以平居無事.若是用兵.又當貴右.但君子之用兵.雖然貴之於右.本是不得已.究竟家國天下.一切理物.一切人事.一切文武尊卑.凡吉事皆宜尚之於左.凡凶事皆宜尚之於右.固是不易之理.偏將軍處左.上將軍處右.何故也.偏將軍以衝鋒破陣為任.左吉位也.以克敵為吉.故處左.上將軍以全軍保國為任.右凶位也.以殺傷為凶.故處右.總之.兵乃凶器.戰為凶事.偏將軍可以為吉.上將軍不可以為吉.所以反以喪禮自處.以示不可以殺人為美.當以恬淡為上.雖不得已而用之.終是不忍殺人也.**殺人眾多。以悲哀泣之。戰勝則以喪禮處之。**殺人眾多.亦是用兵不得已之事也.且如殺敵三千.自損八百.殘害生靈.尸横偏野.大干天地之和氣.君子惜軍愛民.未有不悲傷哀泣慟切于心者.雖是破敵得勝.可謂吉矣.反以喪禮處.不敢以戰勝為美.不敢以有功為能.以為此不得已之戰.終是不如不戰.人人共安平之樂哉.○此章經旨.切切以貴左之道.教誡於天下者.正欲天下之人.持君子之器.貴於左.而不貴於右.自不致自取死亡.且如修行分上.若或以七情六欲.狥好惡.爭人我.貪名利.鬬是非.此等所為.未嘗不是尚右之事也.果能勝於己.而不勝於人.以恬淡自靜.將殺機倒用.用之於身.未嘗不是貴左之身.用之於國家天下.未嘗不是貴左之器.人能如此修之.則貴左之道.終身用之無窮矣.

知止章第三十二

恭聞大道無名.至理罔象.不可言大.不可言小.言其大.莫能測其大.言其小.難可見其小.其無名罔象之妙.含造化.轉圓機.居萬象之先.不與萬法為偶.極乎天地之外.運乎天地之中.雖然不見其為.則又無所不為.雖然不見其作.則又無所不作.所以立天地之本.為萬物之宗.人能如川谷之歸於江海.止之於道.歸之於宗.則動靜如一.內外無間.與天地合其德.與大道合其元.到此天地.人之所以為人者.未嘗不是天地之所以為天地也.天地之所以為天地者.又未嘗不是大道之所以為大道也.正所謂止於道.莫之令.而性中之天地自合.止於道.莫之令.而身中之萬物自賓.止於道.莫之令.而我之真我.自然不殆矣.今日文中.太上以知止示之者.正是此義.聞經之上士.請試詳之.○此章經旨.是示天下之人.當知止于道.不可徇名逐末之義.

道常無名。樸雖小。天下不敢臣。

生天生地.生人生物.為造化之根宗.故曰道.不變不遷.不壞不滅.有一定之理.故曰常.至神至妙.莫可名狀.故曰無名.陰陽未判.全體未破.謂之樸.譬如樹之有根.未發萌芽.形質不見.具無極之本體.有渾全之妙理.切思道之實際.本無名象.本無朕兆.不變不易.能常且久.莫可見聞.莫可名狀.雖然不可名狀.無而不無之真無.索存涵玅.有而不有之實理.渾然

全具．是以謂之道．是以謂之常．是以謂之無名．是以謂之樸．謂之常者．大道攸久之竗也．謂之無名者．大道微竗之機也．謂之樸者．大道渾全之理也．樸之義．即是混沌無名之樸也．且萬物生成之理．藏天地造化之竗．雖以小名．至微至妙．眾妙之門．實未嘗小也．天地萬物．皆從此無名之樸而生化．可知大無外．小無內．尊無上．貴無極．誰敢以臣字之名．稱無名之樸乎．故曰．道常無名．樸雖小．天下不敢臣．蓋是此義．學道之人．若能以父母未生之前．五行不到此處．觀妙．則我之真我．頓超於物表．遊心于無名．樸之為樸．自可見矣．

侯王若能守。萬物將自賓。天地相合。以降甘露。人莫之令而自均。

王侯統天下之民．亦不小也．王侯雖大．未有不尊此樸．而大之者．所以若能守四海來歸．九州作貢．天下將自賓矣．故曰．侯王若能守．萬物將自賓．二句經義．即是我無為而民自化之義．譬如天地不虛靜．陰陽不能變化．二炁不能交合．陰陽變化者．虛靜之應機也．二炁交合者．虛靜之昇降也．是故天地以虛靜相合．陰陽以虛靜變化．二炁以虛靜昇降．虛靜之理既得．則氤氳之氣自合．氤氳之氣既合．甘露未有不降者．故曰．天地相合．以降甘露．王侯法天地．得其虛靜．虛靜之理．即是無名之樸也．以無名之樸．而治天下．仁義之風．不待面命．道德之化．不必刑賞．天下之民．雖有賢愚貴賤之不等．天理之微．未有親疏遠近之不齊．所以至道真常之妙．不求治而自治．人心實然之理．不期然而自然．故曰．人莫之令而自均．

始制有名。

名亦既有。夫亦將知止。知止所以不殆。譬道之在天下。猶川谷之於江海。

切思無名之樸.在天地之始.不色不空.含造化之妙.無象無狀.具太極之微.本不可道.亦不可名.制者.作也.萬物既作.聖人立法度以制之.因而強名之.所謂樸散而為器者此也.故曰始制有名.其樸既散.其名既有.天地萬物.方圓曲直.巨細小大.虛實有無.無處不是器.無器不有名.狥名逐末.一生二.二生三.三生萬物.形殊名異.器不可窮.名不可止.名既不可止.器既不可窮.名器相尋而不已.不知止者.未有不隨物.而棄之於道也.隨物而棄道.則心上無名之樸.豈不危殆乎.明道之士.萬不可利其器而害其樸.因其名而失其實.即當從此不能止處.而知止可也.是謂鎮之以無名之樸.鎮之以無名之樸.危殆者未之有也.故曰.名亦既有.夫亦將知止.知止所以不殆.此知止之道.不但王侯.或貴或賤.或男或女.皆不可忘知止之妙也.王侯知止.無為之治化.不言而日新於天下.此王侯知止之驗也.貴賤賢愚.男女夫婦.若能知止.則立身行己.必謹義利之防.應事接物.不溺人欲之私.此百姓知止之驗也.知止之道.既行於天下.天下未有不歸之於道者.歸之於道.以譬喻言之.猶如川谷之水.歸於江海一般.所以道流行于天地之間.無處不有.無處不在.有此道.即有此器.有此器.即有此名.舍道而求器.非也.舍器而求名.亦非也.器生於樸.名生於器.可知道為萬物之本.故曰.譬道之在天下.猶川谷之於江海.○此章經旨.太上言萬物歸於道者.總是教

天下之人.知止之意.今之學人.果能諸塵不染.萬緣放下.守無欲無為之道.而立身清靜.養真抱樸.則我性中之天地.自然相合.心上之甘露.自然密降.此等合應之機.人不能代我著力.我不能使人知見.妄盡心空.雲收月現.不必勉強造作.而自然輻輳矣.故清靜經云.人能常清靜.天地悉皆歸.即是此義.

盡己章第三十三

恭聞天地之化育.盡其道而已.聖王之明德.盡其心而已.盡道者.陰陽也.天地非陰陽.則不能盡道.盡心者.誠明也.聖王非誠明.則不能盡心.是故天地視萬物為一體.聖王觀百姓為一心.視萬物為一體者.於穆不已.大同無異.未有聖凡小大之別也.觀百姓為一心者.純一不雜.天德無私.不以見聞耳目為用也.見聞耳目之用.非天德之良知.非誠明之實理.所見者有形.其無形者.不可見也.所聞者有聲.其無聲者.不能聞也.此等見聞之用.見聞於外.未嘗見聞於內.不可謂之自知.自勝之人也.如此而見之聞之者.未有不失其所者也.未有死而不亡者也.所以欲盡於人者.先當自盡於己.自盡於己.則天下國家.無往而不盡矣.倘若不然.溺於耳目心思之用.狥名未有不喪實.身心與家國天下.豈能無為而自治乎.○此章經旨.太上以盡己之功.教於天下也.自古聖賢.明之于內.不明于外.雖不明於外.其外無不明矣.蓋以萬物皆備於我.所以先盡己而後盡人.盡諸人.又盡諸物.三者既盡.聖人之性盡矣.萬物之道備矣.

知人者智。知之於外.謂之智.知之於內.謂之明.智之一字.正是明於外.不能明于內之病也.人之不能明道.以其不自明故也.是故知人之人.機智外用.不過察人情之黑白長短.別人事之是非好歹.自己本性未明.止可謂之智.不可謂之明也.故曰.知人者智.

自知

者明。大凡修行之人.外有一分機智.內必有一分不純.外有十分機智.內必有十分鑿喪.所以精神不可衒露.機智不可外用.當抱樸還淳.少私寡欲.行之日久.本性自明.心德自悟.真知真智.自然現前.豈但知人而已.天地古今.何所不知乎.修行人.果能虛靜守篤.內外照徹.古今自無隔礙.不見之中.自能照見.不知之中.自有妙知.真靜泰定之中.如明月當空.毫髮不能漏其鑑也.非本性自知之明.豈能如是乎.**勝人者有力。自勝者強。**勝之之義.在內則為力.在外則為強.世間能有勝人之力者.譬如霸王有萬夫不當之勇.子胥有舉鼎千觔之力.此皆是血氣之力.勝之於人也.故曰.勝人者有力.若以聖人比之.不足為有力矣.惟聖人先能自勝.以天地為一身.以萬物為一體.生死一源.道德一心.超年刦于瞬息.視古今如剎那.不壞不滅.豈但有力而已.其自勝之力.共有十力之用.一信力.二捨力.三戒力.四進力.五念力.六定力.七慧力.八智力.九道力.十德力.信力者.以信為主.當初心發現.崇信大道.不生疑貳退怯之意.道果終必圓明.聖位終必成就.一切至聖真仙.證無漏果者.未嘗不從初心信力發腳者也.是故超凡入聖.總是一個信力精進.始終成就.可知信力二字.即是修真之真種子.入道之大總要也.不有此種.難以成真.經中言自勝之力.即是此力.捨力者.捐捨布施之謂也.捨力修行.亦有三件.一曰大捨.二曰中捨.三曰小捨.大捨者.身心俱捨.一切皆忘.如虛空一般.一切福業等事.俱不貪著.是名大捨.中捨者.行道布德.不貪吝財寶.是名中捨.小捨者.行著布施.修有為之功德.利人還求利己.是名小捨.然雖有三等.若是大根大器之人.人我兩忘.色空一致.何有三等之分.是以修行人.不可不以捨力自勝也.捨力既能自勝.道德日進.煩惱日輕.便是強之之義.戒力者.斷惡防非之謂也.修行之人.果能內戒於心.外戒于身.用此戒力以自勝.即有司邏十部.戒神等眾.衛護戒子之身.出入動靜.一切善緣相隨.起居坐臥.一切惡業遠避.守戒日久.道可就矣.不但學道之人.當用戒力以自勝.自古仙聖.未有不修戒果而成道者.今玄門子弟.初進步者.或持三戒五戒.初真十戒.九真玅戒可也.果能戒力堅固.功滿千二百善.再修持身之戒.觀身之戒.一百八戒.三百大戒可也.如此漸次進修.道無不成.道無不就者也.是以戒力自勝者.諸天護善.諸魔敬護.此等之人.方可言強也.進力者.精進不退之謂也.精進之功.妙在專心致志.譬如登高自卑.行遠自近.腳根之下.必須步步著力.然有六行之義.又名六度.一布施.二持戒.三忍辱.四勤慎.五靜定.六智慧.果能智行此六行.道德日新.真常自得.方可謂之精進也.念力者.即是止念之謂也.大根大行之人.有念必有覺.惟小根小器之人.有念無覺.只因有念無覺.所以流入邪徑.貪求不已.煩惱熾盛.遂至於刧刧相仍.失其大道之本根也.是以大道教人先止念.念頭不住枉徒然.今修行人.果能認自性之真常.明本心之正覺.不取不捨.空人空法.則心外無法.法外無心.如此行之.念頭從何處起乎.倘若不然.念動即乖.心生即亂.種種法生.頭頭是妄.所以千迷萬執.只在此一念之微.覺照回來.便是聖賢.不能

覺照.便是凡夫.譬如千鈞之弩一般.千鈞之弩.妙在一寸之機.轉萬斛之舟.妙在一尋之木.是故返還造化之機.妙在一念回照.以念力自勝者.可以謂之強矣.定力者.即是心不散亂.意不邪思.不動不搖之力也.此定中之旨.亦有三義.一曰玅定.二曰圓定.三曰大定.玅定者.觀妙而入定.即是真入之觀.人能觀到徼妙雙忘之妙處.自然泯相澄神.是以謂之玅定.圓定者.無欠無餘.無動無靜.山河大地.總是定中之定體.大千法界.無非一體之定性.真如自在.圓滿具足.是以謂之圓定.大定者.真妄不分.聖凡不見.定中之太虛無體.定中之一法不立.是以謂之大定.此三者.非出世之大聖.二乘者.不能具足此義矣.修行之人.不過遣制七情.斷除六欲.收斂身心.不致散亂.一日神氣少有混合.自謂入定.卻不知徼妙未曾雙忘.真理未得入妙.豈可謂之定乎.倘若逆順二境.一有所觸.識性即生.未有不假托因緣.而根塵互起者也.以此觀之.三義定體.修行者.不可不自勝於此.不但太上.每以經教演說泰定之旨.成就後學.度脫將來.嘗聞西域聖人.經教中云.奢摩陀等語.亦是大定之總名也.是故一切教中.不入此定.難以成道.學道者.果能性定而心自清.心清而意自靜.意靜而神自凝.神凝而氣自回.氣回而精自還.精還而丹自結.所謂金精既返黃金室.一顆明珠永不離.定力有如是之驗.聞經之士.有能以定力自勝者.當詳審其義矣.慧力者.心光朗照.慧性常明.內無法塵之起滅.外無根塵之染著.遠離塵緣.照破識性.雖十方法界.純是一個靈光妙覺.所以萬象皆空.六虛洞徹.學道者.若或慧

力不舉.則慧性不現.慧性不現.則識性用事.識性用事.則根塵互起.根塵互起.不染於有.必染於無.有無相生.煩惱取捨.無所不至矣.當此之時.認識為心.依塵現妄.六識一動.慧性之真體隱矣.慧性既隱.六根俱是魔軍.心性返為魔主.如人背明入暗.終不能得光明大道也.是故慧力之用.修道者.不可不自勝矣.智力者即是慧光圓通.無礙之妙.慧光從定性中所出.不有大定.慧光不生.不有慧性.真智不出.知為真水.慧為真火.能用智慧力者.乃是以真水真火.煉真如之妙性也.學道之人.果能用此智力.除惑斷妄.破愚去執.智力道力.無有不勝者.道力者.真常體用之力也.道力之用.一切物欲不能勝.慧性常明.觀玅.可以見天地之始.觀徼.可以見萬物之母.道體既見.眾妙之間.可得而入也.所以修真之上士.常具道眼.常懷道心.常守道力.常修道身.一動一靜.無往而不以道自強也.今之學道者.當以道力自勝.自強而不息者可也.德力者.心體純粹.性中自善.德非道而不立.道非德而不成.是故德之所存.即道之所存.德之所失.即道之所失.道與德.原是一而二.二而一者也.能修德以全道.可以修身治國平天下.無所往而不善也.以上十力.皆是修真之逕路.人道之梯航.能具十力.是謂自勝者強也.**知足者富。**隨境自適.心不妄貪.謂之知足.人能以澹泊自守.以寡欲自安.身雖貧而志不貧.境雖困而道不困.休休焉.坦坦焉.既無不足.則長富矣.故曰.知足者富.奈何世人.只要求足於己.虧公悖道.百計貪圖.富而不義.災害必生.豈如知足之富乎.修道之人.能全其精.能全其氣.能全其神.三者能全.則道德隆備.德隆道備.天地間真富真貴.未有過於此者也.雖金玉滿堂.何足為富乎.

強行者有志。切思自明.自勝.自足者.皆是強行.有志之人也.強行者.乾乾不息.譬如川流不息.不舍晝夜.須臾不肯間斷.便是強行有志之人也.故曰.強行者有志.志者進德之基.入道之門也.志之所趨.無遠不達.志之所向.無堅不入.此志一立.山不能限.水不能止.人不能奪.物不能移.故孔子曰.三軍可奪帥也.匹夫不可奪志也.即是此義.

不失其所者久。居止安住之地.謂之所.人能得其所.如魚得水.似鳥歸巢.動靜合宜.身心快樂.此即是止於至善之地也.至善之地.虎不能措其爪.兕不能投其角.兵不能容其刃.蓋以無死地而然也.既無死地.豈不長久乎.又如出家之人.果能斷人間之習染.守至道之真常.或棲隱山林.而志慕清虛.或晨昏香火.而慇懃經教.或參學經書道典.而徹底窮源.建立有為功德.而磨礪身心.此皆是止於至善之地.而不失其所也.所以功成果滿.受人天之福報.漸漸進修.可以同天地而不朽.豈非長久乎.人能行此四義.是謂不失其所者久也.

死而不亡者壽。人之有生死者.皆因精神衒露.內奪外遺.鑿其性.喪其心.迷無執有.認妄為真.所以有生必有死.大限到來.四體分張.氣散神離.終入鬼路矣.此皆是不能自知自勝之處耳.修道之人.果能曉得殺機顛倒之妙.以殺機自知.以殺機自明.以殺機自勝.則我之身.可與太虛同體.我之壽.可與造物同然.殺機顛倒者.譬如心死神活.心活神死.便是殺機顛倒之用也.

知此殺機顛倒.逆而修之.則性體虛靈而不昧.真心浩劫以常存.所以謂之壽也.觀赤文洞古經云.天得其真故長.地得其真故久.人得其真故壽.即是此義.又云入於無間.不死不生.與天地為一.亦是此義.文中言死者.死其妄心也.不亡者.不亡其法性也.妄心既死.法性自然真常.是以自古聖人.不以死為死.而以不明道為死.不以生為生.而以明道為生.大道既明.身雖死.而真性不死.形雖亡.而真我不亡.所以我之法性.不死不生.不壞不滅.無古無今.得大常住.雖不計其壽.而壽算無窮矣.若以色身不死為壽.終不離於壽者之相也.既不離於壽者之相.豈能超生死之彼岸乎.豈能證無漏之真常乎.死而不亡者壽.是此義矣.

○此章以自知自明.自勝自強.示盡己之功.人各盡其己.不失其所者既久.方可謂死而不亡之壽矣.看經者.如此細細研窮.文脈自然貫通矣.

成大章第三十四

謹按經第二十五章云.道大.天大.地大.王亦大.域中有四大.而王居其一.詳此四大之大.非謂大方無外之大也.且如道之大.不但以流行乎天地之間.顯著於生成者為大.以無為自然.一天地萬物之衆玅.體用真常.本末一貫.而功不自居.是以謂之大也.又詳天地之大.不但以覆載為大.以高明為大.以無為之造化.化萬物之自然.生而不自有.為而不自恃.是以謂之大.又君王之大.不以天下國家為大.不以兵強國富為大.以至大之量.合天地之量.以至大之德.合天地之德.道隆今古.德被萬民.是以謂之大也.以此觀之.四大之名.古今不能去.四大之實.萬代不能掩.是故滿虛空.徧法界.自古至今.現在未來.未有大於此四大之上者.四大之上.若妄言更有大者.皆為魔說.即是異端矣.○此章經義.重聖人終不為大.故能成其大.無所不包.無所不容.無所不成.是為天地萬物.君臣父子之大本也.能成其大.則萬物皆備于我.大順大化.可坐而致.如此則聖人之性盡矣.所以重終不為大二句.

大道汎兮。其可左右。

天地者.物之大也.萬物者.物之小也.大者不可小.小者不可大.日居于左.月居於右.居左者不可右.居右者不可左.此皆是執於一事.滯於一端者然也.非大道可比矣.大道之玅.非小非大.非左非右.神用無方.造化周徧.不即不離.無去無來.

不屬於有無.不落於方所.本體雖然湛寂.化機運乎無窮.用于天地為道.用於人心為理.有此理.便有此道.有此道.便有此理.是故一顯一微.一動一靜.以至飲食起居.喜怒哀樂.無非道理存焉.觀中庸所謂.道也者.不可須臾離也.可離非道也.即是此義.故曰大道汎兮.其可左右.

萬物恃之以生而不辭。

不但汎兮其可左右.又且與萬物如子母一般.道者.萬物之母也.萬物者.道之子也.天非道而不能生.地非道而不能成.人非道而不能立.物非道而不能有.天地人物.雖各有體用之分.雖各有剛柔之別.窮其始終.皆大道之蘊妙也.所以道之外無物.物之外無道.道之生物.猶風之生動.水之生波也.其造物之巧.孰能間乎.其化育之妙.孰能止乎.恃者.賴也.萬物賴道而生成.恃之者.皆自然而然之妙也.生之者.亦是自然而然之妙也.以自然之妙而生.所以生之而不勞.以自然之妙而恃.所以恃之而不辭.是故青黃碧綠.小大曲直.有無虛實.種種萬物.皆是大道之生意.發散於天地之間.觀清靜經云.大道無名.長養萬物.即是此義.故曰萬物恃之以生而不辭.

功成不名有。

天地由道而生.萬物由道而成.是天地萬物.皆生于道.是道之功.無往而不在.無物而不有.大至無極.小入無倫.何一非道之成功.乃不名有.何也.含畜於無形無象.變化于因物付物.求其朕兆.且不可得.何功之可名.何功之可有乎.故曰.功成不名有.學道者.去盡私己之心.不生居功之念.則近道矣.

愛養萬物而不為主。

愛養者.譬如雨露潤萬物之形.風雷鼓萬

物之性.此正是大道愛養之處.又如五氣行於天.五質具於地.形交氣感.變化無窮.此正是大道意養之妙也.雖然大道有此愛養之妙.本非有心而愛.本非有心而養也.愛養尚且無心.豈有心以主宰自居者乎.故曰.愛養萬物而不為主.是故物隨道而生.道隨物而著.物與道.暫不相離者也.既不相離.物即是道.道即是物.不用安排.非有造作.自然而然.渾然一致.何主之有乎.明道者.請詳細之.**常無欲。可名於小。萬物歸之而不為主。可名於大。**細想至道之妙.又不可以小大名之.若以小大名之.便是滯于一偏者也.譬如物之大者.小不可名.物之小者.大不可名.小大之名.皆屬於器.非屬於道也.文中言.常者.獨立而不改之謂也.無欲者.至誠而無妄之謂也.萬物歸之者.歸根復命之謂也.為萬物之主.而不自知者.正所謂至公而無私之謂也.至道之妙.非無欲.則不能獨立而不改.非真常.則不能至誠而無妄.非無私.則萬物之復命不有.非復命.則至道之真常不立.以此觀之.真常無私.至誠無妄.名位全無.朕兆非有.道之妙.小而不見其小.小中未嘗不有道.是故亦可名於小.故曰常無欲.可名於小.又萬物歸之而不為主.充塞宇宙.貫通古今.是道之大.又可名於大.故曰.萬物歸之而不為主.可名于大.雖以小大名之.亦不過強擬其名而已.終亦未盡至道之妙也.所以至小之中.未嘗不有至大者具焉.至大之中.未嘗不有至小者存焉.名之於小.小可名小.而無形之小.則不可名矣.名之於大.大可名大.大而無物之大.則又不可名矣.是故非小.

非大．非有．非無．非色．非空．非動．非靜．言不能說．名不能立．無體之體．是為真體．無用之用．是為玅用．體用同然．小大不異．若以小大言道．便是執相之見．非至道本然之妙也．**是以聖人終不為大。故能成其大。**此句．正是言聖人之道．廣大悉備之義．聖人者．大道之用也．大道者．聖人之體也．聖人與大道為體用．是何如其大也．然聖人常隱而無名．常公而不宰．終不為大也．然不為大．正所以成其大也．雖無名．代天宣化之名．為萬古不泯之名．雖不宰立人品則之制．為舉世欽仰之制．此正是聖人終不為大之妙處．立天下之大本．成天下之大用．皆在此不為之中．具不為之妙．故曰．終不為大．故能成其大．學道之人．果能盡性知命．存仁守義．以一己之心．盡萬物之心．以一己之性．盡萬物之性．我之心．即天地之心．我之性．即萬物之性．天地雖大．我可與天地並焉．豈非能成其大乎．

大象章第三十五

恭聞大象之實際.以大道為體.大道之顯用.以大象為用.名雖有二.其理一也.在無極謂之天地之始.在太極.謂之萬物之母.天地既判.萬物既有然後安名立字者.不止一端.若以本體言之.即是無名之樸.若以始初言之.即是象帝之先.修道之人.若能悟大象之妙.可以明陰陽消長之理.可以達古今盛衰之事.可以知鬼神之吉凶.可以見事物之始終.可以扶三綱.明大義.可以正人心.抑邪說.修身之大本.為治之大器.皆一以貫之矣.文中所講者.正是此義.○此章經旨.乃是言大道之妙用.無窮之義.

執大象。天下往。往而不害。安平泰。

大象即道也.道無形象.文中言大象者何也.無極之本體.不可謂之無.太極之妙用.不可謂之有.不有不無.非空非色.物物全彰.頭頭顯妙.是謂無象之象.是以謂之大象.人能執持大象之理.修之於身.齊之於家.治之於國.平之于天下.無一事不調理.無一物不純粹.心如空中之樓閣.四通八達.無往而非大象之圓機也.隨時順理.動靜合宜.無入而非大象之玅.則天下歸往於大象者眾矣.天下既已歸往於大象.所謂害之者.未之有也.不害者.如不勞民.不失政.不聚斂.不黷武.皆是往而不害之義.既已往而不害.家國天下.自然安平泰.共樂雍熙之盛世也.是故執之於身.則身可安.執之於國.則國可泰.執之於天下.則天下可平矣.

無所不安.無所不平.無所不泰者.皆是執大象.明驗之妙處也.故曰.執大象.天下往.往而不害.安平泰.

樂與餌。過客止。與眾人宴會者.謂之樂.貪美世味者.謂之餌.行商之人.謂之過客.止者.止於一宿而已.非常久之事也.此二句.乃是太上取喻.世俗之人.不能執大象.生於塵世.如逆旅之過客一般.時光不久.不過一轉眼而已.豈能長久乎.故曰.樂與餌.過客止.

道之出口。淡乎其無味。大象之道.非世味可比.出之於口.淡乎其無味.然無味之味.其味雖淡.具先天之造化.明太極之本體.亘古亘今.其味不改.人能知此淡中之味.則大象在吾心.道味在吾口.淡味流通.天地可以知其始終.萬物可以知其紀綱.生死可以知其來去.鬼神可以知其吉凶.入聖登仙.皆淡而無味之驗也.豈世味可比.樂與餌.何足論哉.故曰.道之出口.淡乎其無味.

視之不足見。大象之道.不止淡而無味.又且視之無所用其視.凡有形者.因其形而視之.凡有色者.因其色而視之.大道無跡.非形非色.雖欲視之.性分之真見.不能洞徹圓明.于何見乎.故曰.視之不足見.人能自見其性.則能見道矣.孰謂不可見乎.舍性而見道.非也.舍道而執大象者.亦非也.能執大象.便能見性.能見我性.便能見道矣.孰謂道之不可見乎.

聽之不足聞。大象之道.不但視之不足見.又且聽之無所用其聽.凡有聲者.因其聲而聽之.凡有音者.因其音而聽之.大道真虛.無聲無音.雖欲聽之.自心之真聞.不能通貫四達.于何聞乎.故曰.聽之不足聞.人能自通其心.則能聞道矣.孰謂不可聞乎.

用之不可既。

大象之道.雖視之不見.聽之不聞.若能執大象而用之.其用則不可既矣.大則極於無際.而無不通.細則極於無倫.而無不貫.前乎上古.後乎萬世.而無不徹.位天地.育萬物.無所不至.無處不有.能用則如其量之不可既.既者盡也.故曰.用之不可既.修道之人.果能於不覩不聞之中.執此大象.如鑑之明.如衡之平.萬法皆無.一法不立.此心之理.渾然無迹.天地萬物.都是我性中空明之境界.譬如無名天地之始.此是靜而未發之大象.至于大用流行.應事應物.如輪之轉.似珠之圓.無一不從我心變化出來.譬如有名萬物之母.此是動而應物之大象.執大象者.果能動靜如是.百用百當.萬用萬成.何既之有乎.

微明章第三十六

恭聞微明者.大道之隱奧.至理之深幽也.微明之機.百姓日用而不能知.百姓日用而不能見也.微明之理.劫運變遷而不能移.聖人出世而不能易也.修之於身.是為修身之大本.用之於家.是為齊家之實理.施之於國.是為治國之利器.微明之體.與太虛同其體.無往而非體也.微明之用.與天地同其用.無往而非用也.無妄無為.無餘無欠.至誠至實.至中至正.所以君子修之則吉.小人悖之則凶.是故聖人知微明之體.達微明之用.能一天地之理.能盡事物之變.道高天下.不立物我之心.德貫古今.不有能所之見.天下之事.雖萬變交之於前.胸中判然.豁達燭之而不失毫釐.權之萬不失輕重.何況噏張與廢.強弱與奪等事乎.此等妙處非得之深.養之厚者.焉能如是哉.○此章經義.乃見清靜無為.不變不易者.道之體也.氣數昇遷.人事損益者.道之用也.用之善.則無往而不吉.用之不善.則無往而不凶.是故噏.張.強.弱之機.興.廢.與.奪之理.妙在反而用之.無所往而不吉矣.

將欲噏之。必固張之。起於未然之時.謂之將欲.定於已然之事.謂之必固.此非聖人將欲也.亦非大道將欲也.氣數之昇沉.自當如此矣.將欲之機.雖不可知.必固之事.雖不可見.發之於外.用之於事.未有不知不見者也.文中所謂.將欲噏之.必固張之.乃是以人事取喻於天地之道也.天地之道.不噏聚.不能發散.不發散.不能噏聚.有此噏張之妙.天地施化之道立矣.是故乾道不專一.不能直遂.坤道不噏聚.不能藏機.不但天地如此.觀於物亦有噏張之理.譬如蛟龍.若冬月不潛於深潭之中.則春分之後.不能登天而變化.又如尺蠖之蟲.此蟲若不屈.則不能伸矣.物尚如此.何況天地乎.故聖人觀天道之張.便知天道將欲噏之也.蓋因張之勢已盡.不得不噏矣.噏之勢已滿.又不得不張矣.張之者.萬物自此而出.生生之理具焉.噏之者.萬物自此而入.復命之理具焉.理勢至此.皆是自然而然之妙.非天地有心如此.且如人之收斂精神.屏除好惡.存其心.養其性.致其靜.守其篤.便是噏之也.又如人之顯露精神.馳心外用.此便是張之也.惟聖人顛倒陰陽.逆施造化.其噏張之機.皆反而用之.故無不善也.

將欲弱之。必固強之。觀天地之道.春夏則為強.秋冬則為弱.觀老少之理.年少則為強.年老則為弱.觀人事之用.有力則為強.軟懦則為弱.欲知將來之弱.先觀今日之強.今日之強.未嘗不是將來之弱.是故聖人知強弱之機.達盛衰之理.方其強也.不以強用.以弱而用之.以弱而用之者.乃是將欲以弱.反之以強也.如此反之.弱之勢.雖似一時有屈.而強之實.乃可久遠而不變.文中所謂將欲弱之.必固強之.蓋是此義.修道之人.若能知強弱宜反而用之.今日之守弱.必為將來之強.不然.止知好強.強之久.安有不弱者乎.

將欲廢之。必固興之。天下萬物萬事.皆有廢必有興.有興必有廢.興者.廢之機.廢者.

與之兆.理有循環.勢有必至.聖人明其理.因其勢而亦反用之.當其廢也.不強為與.寧處于廢.是將于廢反之以與也.廢雖有于一時.而與可立于長久.文中謂將欲廢之.必固興之.蓋是此義.修道之人.若能知廢興.亦宜反而用之.今日之廢.必為將來之興.不然.止知要興.興之久.安有不廢者乎.

將欲奪之。必固與之。大道之理.清靜無為.本無與奪.但人事之中.不得不有.人惟知順而用之.不知逆而反之.故有與奪之害也.惟聖人因其當奪者而奪.因其當與者而與.然有時用奪.而卻非終奪也.將欲以奪反之以與也.奪雖有于一時.而與乃可承受而久長.譬如處之以艱難困苦.是奪之也.將來之從容饒足.非固與之乎.故曰.將欲奪之.必固與之.修道之人.若能知與奪.亦宜反而用之.今日之奪.必為將來之與.不然止求我與.亦知與與之亦不固乎.

是謂微明。此句是總結上文之言.上文所謂噏之.張之.弱之.強之.廢之.興之.奪之.與之.其理雖然明白易見.其機實乃至微至眇.不可測度.不可測度者.蓋謂可吉可凶.可小可大.可成可敗.可有可無.皆在用之何如耳.是故聖人用之.則為大道.凡夫用之.則為私欲.私欲者.順而用之.故為私欲.大道者.反而用之.故為大道.以此觀之.其理豈不明乎.其機豈不微乎.故曰.是謂微明.太上於此.指出微明之眇.天下後世.明此微機者.一舉全該.不溺於四者之害可知矣.

柔勝剛。弱勝強。此二句.正是申明反用之妙義.世道之常理.柔者本不能勝剛.弱者本不能勝強.今太上言柔之勝剛.弱之勝強.其微明之理.

正在於此也.任剛者.久必敗.任強者.久必敗.以柔化之.剛者漸化于柔.以弱格之.強者漸格于弱矣.故曰.柔弱勝剛強.柰何世人常存欲勝之心.或挾眾暴寡.或以強凌弱.錙銖觔兩.不肯讓人.言語高低.不肯屈己.以剛制剛.以強害強.剛者未嘗不折.強者未嘗不崩.是皆道理不明.猛厲淺躁之人也.修行之人.言語柔和.行事細膩.是非不與人辯論.輕重不與人較量.得天地中和之理.養聖人虛靜之道.乃是微明之士.修行者.勉之可也.

魚不可脫於淵。此句是取喻人不可離於道.猶魚不可脫於淵也.魚之在水.魚之生也.若脫淵必死.人之在道.人之生也.若去道.豈宜生乎.魚不脫淵.尚且無害.人不離道.豈有害乎.若不然.炫露才智.起釁招尤.其將來之患.終不能免矣.

國之利器不可以示人。此句亦是取喻道之在我.不可炫露取勝於人.倘若炫露.猶國之利器示於人也.利器如禮樂征伐法制禁令之類.利器在國.猶魚之在淵.魚之在淵.尚且不可顯露.利器在國.豈可露乎.倘若輕示於人.是謂炫露.而不知微明之機也.人君之權.未有不移於下者.故曰.國之利器不可以示人.人能會此意.則知利器宜藏.若魚之處淵.以柔弱自勝.得微明之妙.奪可以與.廢可以興.弱可以強.翕可以張.又安有不進于道者乎.

無為章第三十七

恭聞無名之樸.即是無為之道.無為之道.即是無名之樸.以隱微露著.分而言之.似乎不一.以隱微顯著.合而言之.未有不一也.本是無名天地之始.至誠無妄之實理.天之所賦者此也.人之所稟者此也.物之所受者此也.運化於天地之間謂之道.秉受于人物之心謂之性.人能成此性.是為天地之完人.物能成此性.是為天地之完物.一性成.而一理全.一理全.而眾理無不備矣.但至誠無妄之實理.有微有顯.有體有用.微者體.顯者用也.體為萬物之總持.用為萬物之眾妙.其體雖微.寂然不動之中.未嘗不感而遂通者也.其用雖顯.廣大悉備之妙.未嘗不根柢復命者也.文中所謂無為而無不為者.正是此義.是故天地之化育.非此而無所化.聖人之教民.非此而無所教.以此而化.故天道無為.而無所不化.以此而教.故聖人不言.而無所不教.詳觀此義.我之體用.未嘗不是天地之體用.天地之體用.未嘗不是我之體用.天下國家.萬殊一貫.君臣父子.上下一心.果能如是.當今人之王侯.未嘗不是上古之堯舜也.○此章經旨.無為無不為.總是一道之妙也.但無為為體.無不為為用.用本無用.鎮之以無名之樸.便是用.體本無體.不欲以靜.便是體.體用總是一個大道.只是要人知其體而體之.知其用而用之.其理自得其性自正矣.

道常無為而無不為。大道本是不變不易.真常之妙理.不有不無.不色不空.是謂性命之元.是謂萬化之本.無形無象.可謂無為矣.然五行之變遷.有四時之代謝.無處不通.無所不貫.萬物非道而不生.萬物非道而不成.又無為而無不為.故曰.道常無為而無不為.要知無為者.大道之體也.無不為者.大道之用也.普萬物而無心.是以謂之無為.妙萬物而不遺.是以謂之無不為.人能依而修之.則德性完全.大道在我矣.何用遠求哉.

侯王若能守。萬物將自化。侯王為民物之主.萬物之所視效也.若能清淨自養.不生嗜欲以亂其心.不多作為以亂其事.自守于無為.因物以成物.隨物以立物.萬物安有不化者.各得其生.各遂其性.災害不生.禍亂不作.山川鬼神咸寧.鳥獸魚鼈咸若.此皆是萬物自化之驗也.奈何世人馳心于有為之境.用智於有為之事.日日營謀.未嘗片時清靜.朝朝念慮.未見一刻安閒.本來固有之天真.全然朦蔽.無為真常之大道.截然不修.性命不顧.一朝起釁招尤.禍辱臨身.身家不保.皆是不守無為之害也.

化而欲作。吾將鎮之以無名之樸。此二句.乃是言守之不純.情遷世變之義.侯王守此道.必要純一不雜.廓然大公.心如天地.性似大虛.動靜如一.內外無間.方可大化無窮矣.倘若守之不純.利欲少有萌蔽.則無為之化.未嘗不讓成有為之作也.雖然.始則無為.未嘗不漸漸至於有欲.自此而詐偽日興.自此而作為滋勝.自此而世道日變.自此而人情日遷.天下化為利欲之事.人情化為利欲之心.若不鎮之以無名之樸.欺詐之作.其作不可止矣.無名之樸.即是真常無為之道.非此道之外.別有一道鎮之也.太上惟恐侯王守之不純.以致情遷世變.人偽日滋.所以指出無名之樸.故以鎮之之力.勉之者矣.所謂無名之樸.即首章無名天地之始.渾全未散之義.鎮者.以自然處之之義.譬如世情交爭於利欲.我心獨守於無為.我無為而民自化.我好靜而民自正.我無事而民自富.我無欲而民自樸.便是鎮之也.故曰.化而欲作.吾將鎮之以無名之樸.修道之人若是守道不純.性情必不能一致.人法必不能兩空.不執於有.便執於無.識神未有不作亂者.六賊未有不顛狂者.所以心迷性執.動念無不乖矣.以此觀之.亦是化而欲作之義.是以守道之人.始則以忘物之心.遣其情欲.次則以智慧之力.破其迷暗.終則以無為之道.守其道德.守至無可守之妙處.則我之道體.自然全彰.我之法性.自然獨露.情欲化為智慧.智慧化為無為.無為之道.盡是我德性之道.以德性之道.守而鎮之.身中之民物.無不化矣.侯王之道.與此又何異乎.

無名之樸。亦將不欲。不欲以靜。天下將自正。

切思鎮之於無名之樸.其道無他.亦只是將欲使民無欲而已.民既無欲.事物不能累其形.情欲不能亂其性.則民之性靜矣.其性既靜.所存者不偏.所應者無妄.天下未有不正者也.故曰.無名之樸.亦將不欲.不欲以靜.天下將自正.人有天命之性.有氣質之性.純一不雜.至清至正.乃天命之性也.氣質稟賦.則有偏正清濁之不同.只因天命之性局在氣質之中.不

得不有此偏正也.然氣質之性雖不同.其本性之善則一.人能反之.天命之性自復矣.反之之功.妙在以靜.靜者無欲也.人能無欲.其性自靜.人能性靜.其性自正.性正則無所不正矣.是以聖人欲使天下之正.先以正人之性為急務也.人之性既正.則善惡真偽之情.性中不有.造作有為之事.心上不生.性之所具者.無不是道.心之所蘊者.無不是理.天理既明.天性既復.天道既得.三者合而為一矣.故此章經旨.太上全為正人之性而說也.

處厚章第三十八

恭聞未有天人之先.其至誠無妄者謂之道.受命於天.全之於性.得之於心.謂之德.至公無私.生理常存者.謂之仁.有分別.有果決.當行則行者.謂之義.天秩之品節.人事之儀則.有文有質.恭謹謙讓者.謂之禮.此五者.乃是治國齊家之達道.修身立命之本始也.修之者則吉.悖之者則凶.但道之不行于天下.不明于天下.天下之民.不蒙至治之澤.皆因世衰道微.人心不古.故治亂不一.聖人維持輔翼.因其勢而無所不盡其力.欲挽回上古之風.故寧處其厚.不處其薄.寧居其實.不居其華.不得不以權衡參合大道也.○此章經旨.是太上訓人返樸還淳之義.

上德不德。是以有德。上古上德之君.天德昭明.蘊之於心.及之於物.萬善全備.而不自知其德.是以謂之上德.雖不自有其德.德之本體.日日常新.德之妙理.時時具足.日用常行之際.無不是德.君臣父子之間.無不是德.故曰.上德不德.是以有德.德不自有.其德無窮.德不自知.其德至大也.

下德不失德。是以無德。下德者.不能圓滿具足.不能自然無為.譬如以私仁小惠.行有為之事.以人之見聞為心.不以不見不聞為心也.以人之名譽立意.不以無名無譽立意.此便是不失德.卻不知不失其德.其德必不溥.其德必不大.于人必有益有損.有德有失.益之得之者.稱我為有德之人.失之損之者.又怒我為無德之人.故曰.下德不失德.是以無德.切思德者.

心之理也.此理從大道流出.從性中發現.是為自然之天理.人人本具.個個完全.果能充而用之.於天地萬物.無處不是我之德也.但因世人.私欲太甚.天理滅絕.以致天德錮蔽.其德不有矣.若德上自然無為.不惠而自惠.不仁而自仁.譬如春風時雨.及於萬物.而萬物尚且不知.更何得失之患乎.學道者能明此德.可以為上德之人矣.

上德無為而無以為。下德為之而有以為。

此四句.乃是言上德下德.致養不同之義.上德之君.得自然無為之道.渾厚完全.不有缺欠.亦非上德之君.有心而無為也.德之本體.本來一事不有.本來一物不見.本來無人無我.更何有所為乎.是故心如太虛.空空洞洞.湛湛清清.內不起有為之識.外不見有為之塵.物我同然.內外如一.故曰.上德無為.而無以為.下德之君.但因心上未到圓明地位.故在有為法中.著其跟腳.事事物物.必要周全.惟恐失其有德之名.惟恐害其有德之事.此所以有為之為.必至有無相生.難易相成.長短相形.高下相傾.無不有以為矣.故曰.下德為之.而有以為.只因不能入自然之妙.未曾到無為渾化之地.是故有以為也.

上仁為之而無以為。

太古之風漸開.人心之樸不純.故繼德必以仁.上仁之君觀萬物為一體.觀天地為一身.君臣父子.渾然是惻隱流行.家國天下.同然是恩惠偏及.其仁如天.其愛如地.所以與民相安於無事之中.與民相忘於無為之道.隨宜處順.因物付物.故曰.上仁為之.而無以為.蓋是此義.雖然德降而為仁.只是略覺用力.不如天德無為.自然之

妙耳.**上義為之而有以為。**仁愛有不能及.又不得不以義成之.只因慈惠日久.是非亦隨之以生.是非既生.不得不有分別之義.上義之君.原是以仁為體.以義為用.處事自然有剛斷之妙.因世道紛紜.人情多詐.或君臣父子之間.夫婦朋友之際.非太過.則不及.不能適於中道.所以真妄須權衡.得失須較量.有為之事.終無止息.有為之法.不可窮盡.故曰.上義為之.而有以為.細想聖人以上義.裁正天下者.正是挽回民心之生意.救人道之失也.**上禮為之而莫之應。則攘臂而仍之。**義之斷制.又不可徒行.不得不繼以禮之節文.聖君因人心之不正.世道之多偏.以典章格其非心.以文物化其意志.納民于軌物之中.皆是上禮之為.奈天下之民.如聾如瞽.似愚似痴.見如不見.聞如不聞.違其教令.悖其規條.而莫之應何也.然聖君救世之心不已.愛民之心不厭.又不得已.則攘臂而仍之.攘者取也.臂者手之腕也.仍者引之也.譬如執其手掣拽而引之.便是攘臂而仍之之貌.總是形容強民之意.故曰.攘臂而仍之.皆因道德仁義.日遠日廢.民心錮蔽.天理不明.所以莫之應也.既已莫之應.更又攘臂而仍之.可見聖人救世之心極矣.**故失道而後德。失德而後仁。失仁而後義。失義而後禮。**此四句.又是重申上文之義.上文所謂.上德下德.上仁上義.上禮.五等化民之道.皆因下民反無為之道.行有為之事.效有為之迹.亂有為之風.世道因此而改變.人心因此而遷移.所以道失而德又失.德失而仁又失.仁失而義又失.義失而禮又失.世道人心.漸漸失至於此.皆因非至治之化.是故有此變遷不已之害也.文中言失道而後德.失德而後仁.失仁而後義.失義而後禮.即是此義.**夫禮者。忠信之薄。而亂之首也。**此三句.又是指道德仁義.漸次失至於禮.世道不得不亂之義.切思道之不能行.行之於德.德之不能行.行之於仁.仁之不能行.行之於義.義之不能行.行之於禮.倘若禮再不行.未有不行之於亂也.是故自古聖人.禮之所設.原為約人之性情.反人之邪妄.但禮之所用.不可太過.不可不及.必多品制.必多作為.本然之忠信必薄.忠信既薄.相因而刑罰者必有.相因而兵甲者必至.故曰.禮者.忠信之薄.而亂之首.**前識者。道之華。而愚之始也。**識者.知識見識也.能知人之所未知.能見人之所未見.是謂前識.知愈廣而務外者愈多.見愈多而逐物者愈遠.是皆道之發洩.非道之本也.道之本體.貴乎斂華就實.守樸還淳.況大智若愚.今逞于識.則炫露精神.妄用機智.日事于有為.離道日遠.豈非大愚乎.故曰.前識者.道之華.而愚之始.**是以大丈夫處其厚。不居其薄。處其實。不居其華。**此三句.乃是歸結上文之義.大丈夫足見道而不見欲.循理而不循私.頂天立地.以道自任.而不辭者也.視聽言動.無處不是性中之顯著.家國天下.無處不是道德之流行.故處厚不處薄.居實不居華.正欲使天下還淳返樸.以復太古之風耳.故曰.是以大丈夫處其厚.不處其薄.居其實.不居其華。**故去彼取此。**彼者。薄也。華也。以者。用也。此者。厚也。實也。大丈夫。因世衰道微。不得不去彼之薄華。而用此之厚實。可知大丈夫。默持造化。冥贊玄黃。故曰。故去彼取此。

得一章第三十九

恭聞理之始謂之一．數之元．謂之一．是故一者．大道之本體也．至理之實際也．立天地之玄宗者一也．立萬物之本始者一也．範圍天地曲成萬物者．莫非此一．一理具而無所不具矣．盡陰陽之變化．盡鬼神之吉凶者．莫非此一．一數立而無所不立矣．人能得此一．處靜恬淡．不偏不倚．道即我身．我身即道．不見有為之跡．用之無往而不宜也．○此章經旨．太上指出得一之大本．乃是示人以立本為要之義．天地神谷．萬物侯王．皆是引喻之言．看經者不可不知矣．

昔之得一者。

昔者．始也．綜天地萬物之先而言之也．道生一．一生二．二生三．三生萬物．可知道生一者．即是先無極．而後太極也．一生二者．即是太極判而為兩儀也．二生三者．即是兩儀既生．而三才立也．三生萬物者．即是三才既立．萬物無不全備也．以此觀之．道為一之母．一為道之子．明矣．是故昔之得一者．得之於此也．得之於此．則至極之理．自此而始矣．得之於此．則至正之炁．自此而生矣．得之於此．則至微之數．自此而起矣．看經之人．不可輕易放過．必要細細體認．方知得此一．乃是自然而然之妙．非外有所假借而得也．

天得一以清。地得一以寧。

清氣上昇．謂之天．濁質下降．謂之地．天地得一之妙．攷皇極經世經．則可知矣．皇極經世經云．天以一而變四．四者太陰．太陽．少陰．少陽是也．以一變四．故天之數．得其五也．天雖得五數．四數有體．一數無體．以無體之一．統於有體之四．所以天之本在於一.凡天之成象者.日月星辰.風雲雷雨.春夏秋冬.晦朔弦望.晝夜長短.分度盈宿.變化於上.昭昭然而不可易者.皆是得一之妙也.故曰.天得一以清.地之數.亦以一而變四.四者.太剛.太柔.少剛.少柔是也.一而變四.故地之數.亦得其五.地雖得五數.四數有體.一數初無體也.無體之一.亦統於有體之四.所以地之本.亦本於一.凡地之成形者.山嶽之凝結.河海之流通.草木之生成.人物之養育.水火土石.萬方品類.造化於中.列列焉而不可改者.亦是得一之妙也.故曰.地得一以寧.細詳天之四體.太陽者.至陽之精也.太陰者.至陰之精也.少陽者.即是太陽之餘光也.有光而可見者是也.少陰者.即是太陰之餘氣也.不可言之辰炁是也.成天之象者.只是成此四體而已.天道之變.亦只是變此四體而已.譬如太陽為日.太陰為月.少陽為星.少陰為辰.日月星辰四體交.而天道之體盡矣.又如日為暑.月為寒.星為晝.辰為夜.暑寒晝夜.四體分而天道之變盡矣.是故天之道.因有太陽太陰.少陽少陰.四體之妙.所以有日月星辰之交也.因有日月星辰之交.所以有暑寒晝夜之變也.因有暑寒晝夜之變.所以有春夏秋冬之歲序也.地之有四體也.太柔者.水之性也.太剛者.火之性也.少柔者.土之性也.少剛者.石之性也.成地之象.亦只是成此四體而已.地道之化.亦只是化此四體而已.譬如太柔為水.太剛為火.少柔為土.少剛為石.水火土石四體交.而地道之體亦盡矣.又如水為雨.火為風.土為露.石為雷.雨風露雷四者交.而地道之化以盡矣.是故地之道.因有太柔太剛.少柔少剛.四體之

妙.所以有水火土石之交也.因有水火土石之交.所以有風雨露雷之化也.因有風雨露雷之化.所以有飛潛動植之感應也.以此觀之.天地之象.於此得一而成.天地之體.于此得一而盡.天地之變.於此得一而變.天地之化.于此得一而化.大矣哉.天地得一之理.微乎深矣.看經者.再請研窮.則得一矣.

神得一以靈。

不但天地得一而清寧.有天地.必有天地之神.神者.天地之德也.充實無間.變化無窮.皆是神之妙用也.此神斂之.即是元始之祖氣.散之.便是上下之神祇.元始之祖氣.靜而為一.散而為萬.天地神祇.不得此一.則不能靈應無方.不能變化莫測也.是故神有先天之神.有後天之神.有虛無自然.清靜無為之神.有受形受色受識之神.有經麤入妙.積功修證之神.有不由胎誕.梵炁妙化之神.又有陰神陽神.邪神正神.又有血食之神.英烈之神.先天之神者.未有天地之先.先有此神.浩劫常存.不壞不滅.是以謂之先天之神.後天之神.天地開闢之後.或感炁而成.或示應而化.是為後天之神.虛無自然清靜無為之神.譬如三界之上.皆是自然清靜無為之神.受形受色受識之神.譬如欲界有男女之形.是為受形之神.色界有色累未盡.是為受色之神.無色界雖空色俱亡.惟有靈識少具.是為受識之神.經麤入妙.積劫修證之神.譬如東方青帝.往劫修於西婁無量玉國.又經三劫.修於洞明玉國.又經七百劫.萬死萬生.不可甚計.功德徹天.感元始天王.封為蒼帝之號.此為積劫修證之神也.不由胎誕梵炁妙化之神.譬如飛天神王.五帝大魔.此皆是不由胎誕.梵炁妙化之

神.陰神者.感陰氣之正而成者.陽神者.感陽氣之正而成者.邪神者.感駁雜之氣而成者.正神者.感中和之炁而成者.英烈之神者.古今大忠大孝之人.英靈不散.積而成者.血食之神者.如城隍土地河神山神.社令等神.享祀於人間者.皆是血食之神也.神雖萬萬不同.總是元始之一神.散而為萬神也.得之正者則正.得之邪者則邪.所以修證不同.果位不一.刼運將至.隨其功行之大小.或存或滅.存之者.乃是得其一也.滅之者.乃是失其一也.得一者.變化不可窮.微妙不可見.不怒而威.不感而應.神化無方.妙應不測.此的是神之靈處也.細推鬼神之理.鬼神者.陰陽二氣之良能也.天地之間.無處不有陰陽.無處不有鬼神.譬如雷電風雨之所為.冰雹霜雪之所作.豈非鬼神之功用乎.雖然.鬼神有此功用.無非聚散闔闢之機.無非昇降屈伸之理.無非得一之妙也.得其一.可以聚散.而自然聚散.可以闔闢.而自然闔闢.可以昇降.而自然昇降.可以屈伸.而自然屈伸.以此觀之.神乎其神.神乎一也.靈乎其靈.靈乎一也.無所不神.無所不靈.此皆是得一之妙也.故曰.神得一以靈.

谷得一以盈。不但神之得一而靈.至於空谷.若是不得其一.則空谷之氣.亦不能盈矣.空谷者.虛其中而存其神之謂也.不可專指山谷而言.譬如人有人之谷.物有物之谷.山有山之谷.川有川之谷.天有天之谷.地有地之谷.天地若無此谷.則消長之機.不能運化.人物若無此谷.則性命之根.不能保存.山川若無此谷.則吐納之氣.不能充盈.是故天以此谷.而盈虛消長.地以此谷.而昇降陰陽.人以此谷.而變化神氣物以此谷.而復命歸根.山以此谷.而發泄地藏.川以此谷.而容納萬彙.天之谷氣.倘若不盈.則不能盈消虛長.地之谷氣.倘若不盈.則不能昇降陰陽.人之谷氣.倘若不盈.則不能變化神氣.物之谷氣.倘若不盈.則不能復命歸根.山之谷氣.倘若不盈.則不能發泄地藏.川之谷氣.倘若不盈.則不能川流不息.所以谷之妙.妙在虛其中.盈之妙.妙在得其一.得其一.則谷神不死矣.谷神不死.未有不盈者也.譬如本經第六章云.谷神不死.是謂玄牝.玄牝之門.是謂天地根.即是此義.故曰.谷得一以盈.

萬物得一以生。不但谷之空者.得一而盈.雖萬物若不得其一.則亦不能生矣.萬物者.飛潛動植.青黃碧綠.有情無情.或善或惡.或邪或正.或醜或好.或巨或細.或柔或剛.或大或小.一切有形有色者.皆謂之萬物也.此萬物.或雨露風雷.變其形氣.或寒暑晝夜.化其性情.或有耐於炎暑者.或有傲於霜雪者.或有出秀爭芳者.或有噴香吐麝者.或有延齡長壽者.或有形殼化變者.物物各具生生之理.種種各有得一之妙.生於一而成於一.生於一者.一機出也.成於一者.一機入也.所以神化之機.不着力而自生.不有心而自成.此皆是得一之妙也.故曰.萬物得一以生.

侯王得一。以為天下貞。此貞字.河上公.以正字之.貞與正.其義同矣.不但萬物之眾.得一而生.侯王為民物之長.亦不可不得之於一也.侯王既得其一.天下未有不貞靜者也.正心處己.誠意處物.體之於身心.皆是太極之一理.用之於天下.皆是仁澤之流行.侯王之心正.萬物之心無不正.侯王之心一.萬民之心無不一.天下自然無事.萬民自然無為.何患天下之不貞靜乎.故曰.侯王得一.以為天下貞.**其致之一也。**其指上文而言.致者盡天理之極.止於極至之謂也.上文所謂天之清.地之寧.神之靈.谷之盈.萬物之生.侯王之貞.雖然等等不一.人能盡天理之當然.致於至極之一.殊途者.未嘗不一.異類者.未嘗不一.自然同歸於一.故曰.其致之一也.以勉人之用力而自盡也.**天無以清。將恐裂。地無以寧。將恐發。神無以靈。將恐歇。谷無以盈。將恐竭。萬物無以生。將恐滅。侯王無以貞而貴高將恐蹶。**此七句.又是反伸上文之意.顯示下文之實驗.深為天下後世.警醒於將來者也.上文所謂天之道.地之道.神之靈.谷之盈.萬物之生.侯王之貞.皆以得一而清.得一而寧.得一而靈.得一而盈.得一而生.得一而貞.以此觀之.可知一者.天地之本也.倘若不得其一.三景不明.星辰不順.五行錯亂.四序失和.是天無以清也.裂者.如移星易宿.分裂不祥.故曰天無以清.將恐裂.山移河竭.旱潦不時.萬物不能生成.萬民不得生養.是地無以寧也.發者.如地動山搖.海嘯土崩.故曰地無以寧.將恐發.神若不得一.則神必不靈.神不靈.則無以為聚散闔闢之機.昇降屈伸之理.叩之不應.感之不格.故曰.神無以靈.將恐歇.谷若不得一.則谷必不盈.谷不盈.則不能洩長運化.吐納盛洩.無虛中之體.即無傳聲之妙.故曰.谷無以盈.將恐竭.萬物若不得一.則萬物必不生.萬物不生.則飛潛動植.無以實其質.青黃碧綠.無以辨其色.胎卵濕化.無以成其形.故曰.萬物無以生.將恐滅.侯王若不得一.則無以為貴高.侯王不貴高.則無以治一國.為一國之主.無以平天下.為天下之主.蹶者.跌倒不能起之像.政令不合乎道.民庶必至離亂.家國天下必將蹶矣.故曰.侯王無以貞而貴高.將恐蹶.

故貴以賤為本。高以下為基。是以侯王自稱孤寡不穀。此其以賤為本耶。非乎。

此五句.乃是言侯王.雖有高貴之位.然高貴之本.不可不致之之義.天下之道.有國必有君.有君必有臣.君之尊.臣之卑.此名分不易之道也.猶如天之高.地之下.亦是高下不易之理.雖有不易之理.貴者.未嘗不以賤為本.不自有其貴.故曰賤.侯王.雖然貴極九五.但不自有其貴.當以謙下自處.譬如天之道.能容于物.地之道.能養於物.聖人之道.能愛於物.容于物者.虛其體也.養於物者.虛其氣也.愛於物者.虛其心也.侯王之德.配天地.侯王之道.合聖人.不自尊.不自貴者.亦是虛心之妙也.能虛其心.天必與之.人必歸之.天之所與.人之所歸.豈非以賤為本乎.故曰.貴以賤為本.高以下為基.高者.功高於天下也.下者.不自有其高也.侯王.雖功高於天下.心中不自有其高.即是功成不居之義.大凡聖君在位.惟知立功於天下.不知求異於人.雖天下殊途而不同.聖君之心.只是於異中求同耳.異中求同者.與民同其心.與物同其性.與天下同其理.與聖人同其道.所以得其心.得其性.得其理.得其道.而不自有其高也.不自有其高.此

正是豁然大公.致一之妙也.是故天下之人.無不服.天下之物.無不歸.民自安.國自泰.貴高自然可保於長久.功業自然可立于萬世.以此觀之.豈非以天下為基乎.故曰.高以下為基.文中所言.貴以賤為本.高以下為基.亦有所據.譬如侯王.常自稱孤寡.不穀者何也.孤者.孤陋也.寡者.寡德也.不穀者.不善也.此皆是侯王虛心謙下之言.觀此謙下之言.以賤為本.則可知矣.以下為基.則可明矣.故曰.是以侯王自稱孤寡不穀.此其以賤為本耶.非乎.

故致數輿無輿。不欲碌碌如玉。落落如石。

謙下之義.正在此三句發揮其妙.觀貴高之名.聖君不肯自有者.譬如工匠造車一般.造車之始.車之未成曰輪.曰轂.曰軸.曰衡.曰軛.其數車.各有其名.及至車之既成.車之名雖有.車名之實地.又無所指矣.此正是不肯自有其貴高之義.大道之妙.不但于此.譬如仁義禮智.合而為道.仁義可名.而道不可名也.又如賞罰刑政.合而為治.賞罰可名.治又不可名矣.是以文中言.不欲碌碌如玉.落落如石二句.正是取喻貴賤之名.不自有之妙處.玉者.石中至貴之寶也.石者.山石至賤之物也.人得而貴之.人得而賤之.今不欲如玉碌碌者.又不欲如石落落者.貴賤相忘.混而為一.無貴賤之名.無貴賤之跡.致一之妙處.正在于此.侯王若能致一.雖不自有貴高之心.未嘗不貴高也.則天下之大本.于此而立矣.○此章經義.總是教侯王求致一之大道.立天下之大本.忘乎貴賤之義.然修行亦有大本.不可立.且如性之在我.即是吾身之天.命之在我.即是吾身之地.虛靈不昧.

即是吾身之神。竅竅相通。即是吾身之谷。四肢百骸。五臟六肺。眼耳鼻舌。鬚眉鬢髮。涕唾血液。身中種種所有者。即是吾身之萬物也。心中之神。身中之氣。即是吾身之侯王也。若能性命歸根。神氣一致。常清常靜。諸念不生。無欲無為。一法不立。身心自然泰定。性命自是真常。此便是天清地寧之妙處。更能涵光默默。神氣充盈於上下。道炁溶溶。谷神獨立于虛中。此便是神靈谷盈之妙處。又能產靈苗。結聖胎。無處不見生生之理。無時不得生生之意。此便是萬物生之之妙處。又能性霽神融。心清意定。保性命之真常。守無為之至道。此便是我身中之天下。貞靜之妙處。到此田地。無人無我。無天無地。萬法皆空。一法不立。侯王不能加我以為貴。天下不能鄙我以為賤。名利不有。榮辱不生。豈非得道之人乎。得道之人。未嘗不是得一之人。能得其一。則萬事畢矣。

反覆章第四十

恭聞天地消長之道.不噏聚.不能施化.不施化.不能噏聚.噏聚者.氣之靜也.施化者.氣之動也.靜者.體之所以立.動者.用之所以行.此兩者非反覆之功力.則陰陽進退之道不有.萬物生化之機不立.詳此反覆之功力.即是動靜之先機也.先機動.不得不動.先機靜.不得不靜.反之而復命立基.反之而乾坤合體.反之而陰陽受符於北元.反之而斗柄回寅於太簇.反覆之妙.微乎深哉.是故聖人深知反覆之微機.不溺於人欲之私者.反之也.去妄存誠者.覆之也.於是乎能一天地之理.能盡事物之變.正己正人.修身治國.無所不得其理也.○此章經旨.乃是言天地有無相生之妙.皆是大道反覆動用之機也.人能知此反覆之理而修之.可以出有入無.與大道同其動用矣.

反者道之動。大道之妙.有妙動妙靜之機也.然動之機.不因動而生.動之至于極也.動極而反于靜.靜極動之機乃生焉.故言反者道之動.天地之道.不反覆.則陰陽不能消長.譬如十月反于純坤.冬至之一陽乃生.四月反于純乾.夏至之一陰乃生.不但造化之理.有此反覆.且如人之七情六欲.皆屬于動.若不以靜反之.則動念成乖.舉心是妄.若看破此理.以智慧覺照之力.攝妄歸真.反情歸性.少有一毫念慮之妄.一照便回.斷不肯動中生動.亂我之性真.業中造業.害我之天德.行持日久.我之性.自然如深潭印月.我之心.自然如止水無波.到此天地.反之之力.則亦不用矣.學道者.請試思之.**弱者道之用。**此句正是明示大道妙動之義.道機之動.不違於時.不失於氣.不擇物而施.能順萬物之情.不逆物而用.能從萬物之性.委曲週遍.可謂弱矣.然其用則入水火而無間.透金石而無痕.體萬物而不遺.體萬物而不匱.不以剛為用.而以柔為用.即易曰.見群龍無首吉.故曰.弱者道之用.即如春夏溫和.能生萬物.秋冬凛冽.則殺萬物.溫和柔也.凛冽非剛乎.不但天地之道.有此柔弱之用.人之處世.語言平和.則聽者易于受而不違.行事寬恕.則事必易于成全而不敗.是知弱之用.無事無物不宜也.**天下萬物生於有。**有即道之動.有理有氣也.萬物之生.生之于有.有此理.便有此氣.有此氣.便有此物.天命所以流行而不已.萬物所以生生而不窮.倘若不有此理.不有此氣.天命不流行.萬物無以資始資成矣.故曰.天下萬物生于有.**有生於無。**無即是無形無色妙無之無.以性言之.即我性中不壞之元神.以大道言之.即是太極真靜真無之本體.是為造化之樞紐.品彙之根柢也.所以妙有之理.妙有之氣.妙有之動.妙有之用.皆從無中發將出來.故曰.有生於無.○此章經旨.雖有動靜體用之分.其中立意.惟重反之一字.反者.反覆之機也.即是回風混合之妙.有此反覆之機.所以萬物無不有矣.若無此理.則大道亦不有矣.天地亦不有矣.萬物之本.從何而立.生化之機.從何而動乎.文中言有無.人止知以可見可聞者.謂之實有.不可見不可聞者.謂之實無.又以有者.執於形色之有.無者.入於頑空之無.卻不知有形有色之中.更有妙無者具焉.無形無色之中.更有竗有者存焉.人能明得此理.知反覆之妙.則元性不迷.元神自住.元氣自合.元精自固.元理自得.元機自動.更能打成一片.則性命自全.金丹可就矣.是故養道之人.意去邪思.心除妄想.止其強大之心.習學柔弱之志.言語柔和.不可與人爭強.凡事謙退.不可與人取勝.千辛萬苦.晝夜不眠.亦只是為求妙無妙有之理耳.此妙無妙有之理.惟大悟大徹之人.得遇真師訣破.方可知其動靜體用之微.方可得其反動弱用之妙.倘若不悟此理.只徒外面莊嚴.不修性命實理.則性迷情妄.失卻真常之道.生死輪迴陷入苦海.萬劫難復本性矣.譬如人之迷失家鄉.不知回家之道路.流落在外.衣食難求.未有不死者.果是多劫多生.有文見性之人.看破世事.當於此章經旨.仔細參詳.其中言雖簡而意博.文不煩而理奧.所該者廣矣.學道之士.慎勿輕忽.但只是道竗玄玄.形容不盡.不得不諄諄耳.

太上道德經講義

聞道章第四十一

恭聞.道之不可不聞.猶性之不可不有也.性之不有.眼不能視.耳不能聽.鼻不能齅.口不能言.若道之不聞.身不能修.德不能立.家不能齊.國不能治也.是故道也者.不可不聞也.但根有淺深之不一.性有智愚之不同.聞道而潛思力行.一了百當者.是為根深智慧之上士也.聞道而心不果決.志不堅固者.此為中根.未悟之人也.信道不篤.自暴自棄者.是為淺根.下士之人也.不但此也.聞道又有二義.有聲塵之聞.有非聲非塵之聞.聲塵之聞.外有耳根之用.內具識性之塵.能聞有聲.不能聞於無聲者.是以謂聲塵之聞也.非聲非塵之聞.外不入於耳塵.內不起於識妄.反聞於自性之中.反聽於心聲之內.不用耳根.能聞於無聲之聲.不入耳塵.能聞於無聞之聞.無聞之聞.我能聞.而人不能聞者.是以謂之妙聞也.此等妙聞.方可謂之聞道矣.今者聞道之人.果能如此而聞之.可與大象同入於無形.可與大道同隱於無名也.大道無妄之實理.未有不善貸於我者.未有不且成於我者也.聞經之上士.不可不知此義.○此章經旨.欲人信道之義.大道之深妙.惟信可入.不有信心.難聞真道矣.

上士聞道。勤而行之。聞道之人.大略有三等分別.上士識見超群.志量廣大.一聞此道.必然勤而行之.不敢怠惰也.譬如登山必要絕頂.涉水必要窮淵.從此聞處.聞至於不聞之地.從此行處.行至於無所行處.此為上士勤行之妙義耳.**中士聞道.若存若亡。**其次中根之人.雖有勉慕之心.而若存若亡.只是存而不久之義.譬如聞一善言.此心便喜.見一利欲.此心又亂.只因天理人欲.雜於方寸之間.見理不真.所以中士聞道.若存若亡.**下士聞道.大笑之。**又次是下根之人.陷入俗網.貪樂世味.聞道貴無為.貴自然.與彼之造作有為大不相同.安得不大笑之.此為下士也.**不笑不足以為道。**道為至高至貴.原非下士所可聞也.若不笑.是為下士所聞矣.安足為道乎.故文中言不笑.不足以為道.**故建言有之。**建者.立也.建言有之者.因下士不足聞.不足有.惟上士足聞足有.如下文明進等句也.**明道若昧。**明道之人.機智全無.念頭清靜.惟求性分所得.不以聰明外露.應之于人.是非忘辯.處之于世.寵辱無驚.庸庸愚愚.若有不明之貌.故曰.明道若昧.**進道若退。**進道之人.不作有為有相之事.不生勞心勞力之能.默然自修.而其所以修者.人不能見.闇然自養.而其所以養者.人不能知.事事不敢先于人.念念若不足于己.故曰.進道若退.**夷道若類。**平坦而行.謂之夷.類者.同類也.夷道之人.口不出異人之言.身不行異人之事.平平然.不分貴賤賢愚.夷夷然.不辯上下高低.動靜休息.與人共由此道.進退交接.與人等觀無異.此便是夷道若類.**上德若谷。**上德之人.心如太虛.量如天地.心德廣大.如空谷一般.無所不容.無所不納.此便是上德若谷之義.**大白若辱。**大白之人.皞皞自處.皎然似明月當空.無一點雲遮.然與人不擇于貴賤.接物不較于是非.處卑而不強為高.居下而能安于下.故曰大白若辱.**廣德若不足。**廣德之人.心如天地.量如滄海.寧學聖人之未至.不敢以一藝而成名.寧以德之不足為己病.不以德之有餘為己功.功雖日進.而不自以為進.善雖己成.而不自以為成.故曰廣德若不足.**建德若偷。**建德之人.事必求其至.功必造其成.以聖賢之任為己任.以天地之心為己心.建之之功.可謂勇矣.然其心恆若不足.偷者.薄也.德已厚.而不自以為厚.功已深.而不自以為深.兢兢業業.謙以自牧.故曰建德若偷.**質真若渝。**真誠之人.形貌朴實.心上敦厚.生來原是如此.不以善顯于人.亦似不能善.不以潔鳴于己.亦似不能潔.若渝者.如可汙可染.實是涅而不緇.故曰質真若渝.**大方無隅。**大方之人.無邊際.無內外.無東西南北之分.無四維上下之別.其道無極.其方無方.包裹太虛.涵容天地.故曰大方無隅.此句.是取喻聖人.無拘無執.心量闊大.不立些小圭角之義.是以謂之大方也.**大器晚成。**能盛物者.謂之器.晚成.言非容易成就者也.大器之人.養深積厚.操存日久.造到精金百煉.止於至善之地位.方可成經天緯地之才也.豈容易而成此大器乎.故曰大器晚成.**大音希聲。**口不能言.謂之大音.耳不能聞.謂之希聲.大音者.無音之音也.希聲者.無聲之聲也.譬如得黃鍾.得一陽之元氣.聖人則之.為眾音之主.此一陽之元氣.何嘗有聲乎.雖然無聲.十二律之聲.皆從一陽之元氣而生矣.此正是大音希聲之妙處.又如聖人.治國治民.妙在心聲之微.大順大化.妙在不言之教.以此觀之.無音之中.有大音者具焉.無聲之中.有希聲者存焉.故曰.大音希聲.呂祖云.坐聽無絃曲.明通造化機.即是此義.

大象無形。大象者.無象之象也.無形者.目不能見.謂之無形.大象即是大道微妙之理.可以心神領會.不可以形迹覩見.是以謂之大象無形.大象之人.與此一樣.心是道.道即是心.斂之在身.非有非無.用之天下.無窮無盡.是以古之聖人.治國修身之處.人不能知其端倪者.正是大象無形之妙耳.

道隱無名。此句乃是總上十三句之妙義.大道無聲無臭.無迹無形.其至玄至微.至神至虛.隱于天地.天地不知.隱于萬物.萬物不知.求其狀.其狀不有.指其名.其名不得.故曰.道隱無名.上文雖未言大道之妙.所以為妙者.實在其中也.

夫唯道.善貸且成。此二句.乃是總結上文之義.恐後世不知大道之體用.無所不善貸.無所不且成.上文自明道若昧.至道隱無名.若不從大道而進修.則無處進修.若不從大道而存養.則無所存養.所以大道.造物之圓機.無所不善貸.無所不且成也.故云夫唯道.善貸且成.○此章經旨.教人當以篤信.為入道之門.萬聖千真.皆從篤信而入.下士聞道.笑之者.正是不信之義.安知勤而行之者.乃可成道.而為聖為賢乎.

沖和章第四十二

恭聞.虛靈者.謂之沖氣.柔順者.謂之和氣.柔順之氣.未嘗不虛靈.虛靈之氣.未嘗不柔順.分而言之有二.合而言之即一也.此氣之妙.有體有用.有動有靜.其體也涵陰陽昇降.動靜自然之機.其用也.有聚散屈伸.變化無窮之妙.用之可見者.因用有象而為氣.故可得而見之.體之不可見者.因體無象而為神.故不可得而見之.不可見.所以在天地為天地之谷神.在人身.為人身之谷神.在萬物.為萬物之谷神.以神言之.無方所.無內外.動靜如一.感應不二.以氣言之.有動靜.有變化.有去來.有始終.繼善者.莫不繼善於此.稟受者.莫不稟受於此也.修道之人.果能得沖和之妙.行無偏滯.事無乖戾.修身之大本.天下之達道.無所往而不沖和矣.○此章經義.教人致和之義.和者.天地之元氣也.得此元氣.天地自位.萬物自育.大道可入矣.倘若不然.未有不強梁者也.

道生一。生天.生地.生人.生物.真常造物之實理謂之道.即無極而太極也.道生一.一者.理也此理能一天地萬物.是以謂之一.有此道.便有此一.此一流行於天地.便是五行四象.流行於人事.便是三綱五常.流行於身心.便是性命魂魄.仁義禮智.為萬物總會之理.萬理總會之源.添之不得.減之不得.修道之人.若能認得此一.則萬事備矣.

一生二。二者陰陽也.陰陽者.氣之動靜也.氣之動而為陽.氣之靜而為陰.有此動靜.所以有此陰陽.陰陽之妙.本非有二.太極未發之前.靜而為陰.太極已發之後.動而為陽.未發者.理也.已發者.氣也.氣行者理著.二者.二其動靜也.一之理.生二之陰陽.故曰.一生二.動者.氣之通也.理之著也.靜者氣之復也.理之貞也.動不妄動.必靜極而後動.靜不妄靜.必動極而後靜.動靜兩端.是為天命之流行.萬物之始終也.人能知此.動靜之妙.修之于身.可以見天地之心.用之于事.可以見大道之本.自古聖人之修道設教.不能越此動靜之理.以性言之.湛然無欲.靜者.所以為性也.以情言之.喜怒哀樂.動者.所以為情也.但動靜之間.若能不偏不倚.以中正之道行.將去.便是知此一生二之妙理也.

二生三。

三者.三才是也.二氣不交.三才不立.是故得其氣之輕清者.天之道也.得其氣之重濁者.地之道也.得其氣之中和者.人之道也.天之道.若非二氣交合之妙.則五行之氣.不能行于天.天之道不立矣.地之道.若非二氣交合之妙.則五行之質.不能具于地.地之道不立矣.人之道.若非二氣交合之妙.則五性之理.不能存于心.人之道不立矣.有天便有地.有地便有人.天地人.皆本于二氣交合之妙.故曰.二生三.人能知此二氣交合之妙.以三才之理.蘊之于心.可以紀綱造化.可以統理人物.精粗本末.一以貫之矣.

三生萬物。

飛潛動植.一切有形有色.有性有命者.謂之萬物.二氣交而三才立.三才立而萬物之形體出焉.經綸天地.成就品類.皆是此三者之才也.故曰.三生萬物.天得此理.所以有天之才.地得此理.所以有地之才.人得此理.所以有人之

才.但天地所用之造化.人不可得而見.惟聖人.則天地之造化.蘊之於心.行之於事.修身齊家.治國平天下.無處不是生生之理.無處不是三才之道也.**萬物負陰而抱陽。沖氣以為和。**萬物之生于天地.若不負陰而抱陽.則陰陽之二氣不能入.造物之化機不能貸.萬物不能生成矣.承天稟命.荷氣而生.謂之負.二氣渾會.真氣內養.謂之抱.萬物各有內外.內外各有陰陽.陰陽各有抱負.內外與陰陽相得.陰陽與抱負相合.合者.合之於變也.不合則不變.變者.變之於沖也.不變則不沖.沖者.沖之於和也.不沖則不和.是故陰陽內外.若無沖氣以和之.則陽氣不能變.陰氣不能合.雖有負抱之理.終亦不能生成矣.譬如苗而不秀.秀而不實.即是不得沖氣以和之也.故曰.萬物負陰而抱陽.沖氣以為和.沖者.虛也.沖氣者.虛中谷神之氣也.得其虛氣.則陽陰變合之妙.自然和而為一.萬物造化之機.自然入于無間.以天地之谷神.合萬物之谷神.以天地之沖和.合萬物之沖和.此所以有生生之妙也.此虛中之妙.以人身言之.譬如眼虛而能視.耳虛而能聽.鼻虛而能齅.舌虛而能言.意虛而能思.心虛而能應.不有此虛.陰陽亦成頑物.豈能生化乎.所以天得之而清.地得之以寧.人得之而壽.物得之而生.氣得之而和.修道之人.若能得此沖和之氣.天根自見.月窟自明.五氣自然朝元.陰陽自然反復.久久行之.何患道之不成.丹之不就乎.**人之所惡。惟孤寡不穀。而王公以為稱。**此二句.是教喻世人.守謙致和之義.上句所謂沖氣以為和者.不但萬物賴此而生.雖王公.亦必賴此.而治國平天下.譬如人之所惡者.惟孤寡不穀.孤者.孤弱也.寡者.寡德也.不穀者.不善之名也.孤寡不善之名.庶民尚且不肯自稱此名.今王公處天下之尊位.反以孤寡不穀自稱者.何也.此正是不自尊不自貴虛心之妙處也.**故物或損之而益。或益之而損。**此二句.又以損益之道.明上句之義.譬如王公.以孤寡自稱.是損之也.乃至國泰民安.非益之乎.若以驕泰自足.是益之也.或政亂民離.非損之乎.由此推之.物之因益而得損.因損而獲益者.皆然也.所以滿者.自然招損.謙者.自然受益.此不易之理也.修道之人.於此可不自慎乎.故曰.物或損之而益.益之而損.

人之所教。我亦教之。強梁者。不得其死。古之聖人.所教於天下者.莫不以去強為弱.去剛用柔.使人人以沖和之氣.涵養於心.在在以謙讓之理.用之於事.強梁之徒.自然化而為柔順.是故我今亦以此教.而教人者.正謂此也.故曰.人之所教.我亦教之.但恐天下.後世之人.不知柔和之道.是生之道.或倚恃聲勢.或橫行暴惡.而為強梁也.強梁是死之道也.故曰.強梁者.不得其死.有傷今思古.而嗟嘆之意也.

吾將以為教父。父之為言.始也.柔和為生.強梁為死.以此教訓天下.猶有自謙.不自任之意.故曰.吾將以為教父.太上在商周之時.以一身而全天理之和.以一心而專教父之化.雖一時不能力扶於至治.未嘗不默佐於王綱.未嘗不暗合於乾坤者也.

至柔章第四十三

恭聞大道之妙.有體必有用.有用必有體.體者無極.太極之實理也.用者陰陽造物之圓機也.其體也.設使有體而無用.則大道之實理.無所顯著矣.其用也設使有用而無體.則萬物之生成無所稟受矣.此正是體與用.暫不相離.用與體.互為根柢之妙處也.是故五行之氣.行之於天.五行之質.具之於地.行之於天者.乘大道體用之機.無適而非陰陽之象.無適而非體用之機也.具之於地者.亦是乘大道體用之機.無適而非剛柔之形.亦無適而非體用之妙也.文中所謂至柔者.大道之用也.至堅者.萬物之質也.物之質雖至堅.道則無所不入.穿金透石.融會貫通.妙變妙合.渾淪無間.此非大道.有心而然也.正是無為之益.不言之教耳.人能會此.無為之妙.則有為者.皆屬多事.而可以觀天之道.執天之行也.〇此章經旨.以無為教天下後世之義.

天下之至柔。馳騁天下之至堅。道在天下.無跡無為.至誠至真.無物不隨宜.無時不處順.豈非至柔者乎.馳騁者.言大道造物之機.如驅騁走馬一般.所以萬物順其自然.雖不使令.若有使令之義.萬物各異其形.各異其質.有歷寒暑而不變.有經歲月而不壞.有鑽之不易穿.屈之不易折.惟道之至柔.出乎無倫.入乎無間.彌綸天地.偏滿虛空.無所往而非至柔之理.無所往而非馳騁之妙也.

文中所謂天下之至柔.馳騁天下之至堅.蓋是此義.**無有入於無間。**無者.無形無質.無色無象.天地萬物.均屬於有.無者為理.有者為物.無者為虛.有者為實.無有乃能入于無間.譬如石中有火.珠內生光.豈非無入有之驗.細詳無有者.本是無而不無之妙.因其無而不有.所以體物而不遺.大者可入.小者亦未嘗不入.小者無間.大者亦未嘗有間.先天先地.而無不存.後天後地.而無不具.假使以有入有.則兩不相受.豈能入于無間乎.故曰.無有入于無間.人心亦有此理.萬里之遠.一念可到.千古之事.一思便知.雖金石精神可透.雖隱微機智可通.天地雖大.我心之理.未嘗不大.萬物無盡.我心之理.未嘗有盡.亦是入于無間之妙義.人能少私寡欲.我心之妙理.未嘗不是大道之元神也.何事不可入.何理不可貫乎.**吾是以知無為之有益。**此句.乃是承上文而言之之義.上文所謂.至柔馳騁于至堅.無有可入于無間.皆是不假作用.自然無為之道.吾今觀無為之道.守其自然之理.得其順應之妙.能成萬物而無形.能生萬物而無心.無為之有益.吾是以知之.人能知此有益之妙.養此無為之體.則性自清.而心自正.理自順.而情自和.萬法之源.萬物之本.一以貫之.而不難矣.**不言之教。無為之益。天下希及之。**此三句.亦是發明上句等義.上句所謂無為之有益.乃是天地自然之道也.天地之道.能行不言之教.故有無為之益.是故天下.一切萬物.皆從此無為之中.生將出來.無為之道.即至柔之理也.以此至柔之理.通乎無窮.

貫乎無有．馳騁而入于無間．不有聲色．不可名相．故曰．不言之教．天何言哉．四時與焉．百物生焉．即是此義．天地以不言之教．妙萬物而不遺．入萬物而無間．不行而至．不疾而速．不動而信．不勞而成．不見有生長之功．不見有變化之能．各遂其生成之理．均得其造化之妙．此正是無為有益之妙處也．故曰．無為之益．不言之教．無為之益．萬物賴之以生．萬物賴之以成．乃是至精至微．至極至柔．圓神不已之妙理．天下一切萬法．皆從此出．未有過于此者也．故曰．天下希及之．自古聖人．修身齊家治國平天下者．皆是因物付物．不恃法令．自然能臻上理．天下希有及之者也．修道之人．若肯放下世情．體認大道之無為．養性命之有益．又安有不能馳騁至堅．入于無間．為天下希及之人乎．

知止章第四十四

恭聞.人生性備太極之理.身得形氣之正.與天地並立為萬物之靈.可謂至貴矣.我即當以全理.而歸之於天可也.倘若不然.或背理狥私.妄求不實之名.或人百己千.妄貪不義之貨.此等所為.名與實皆喪.貨得害必生.貪得無厭.不知其足.貪心不已.而不知其止.所以凶事及之.禍患隨之.愈趨愈下.日遠日離.是謂自入於邪徑者也.非天之所使.人之所致而然也.可不慎乎.○此章經義.是言身外之物.皆非長久可恃者.人切不可殉物以害真.終至自取辱殆耳.

名與身孰親。名者聲名也.人之在世.有此身.方有此名.名從身生.身有名立.倘若不有此身.則名亦不立矣.是故名者.乃吾身之過客耳.既是吾身之過客.必然有時而來.有時而去.其來也.亦無所加.其去也.亦無所損.便是虛幻不實之事.人當重其身.而輕其名.可也.奈何世間人.貪名者.亦知與身較其孰親乎.或有狥名.而喪其實者.或有為名.而害其身者.惟知名可親.不知身可親.卻不知名為輕.而身為重.身比名更可親矣.故曰.名與身孰親.自古有名者.亦多矣.皆是積德累行.實踐之名也.非僥倖而求之者也.所以名揚天下而不掩.名垂萬世而不朽.是以身在而名立.身去而名存.名亦不能害其身.身亦不能廢其名.譬如孔子.有萬世不磨之名.老子.有萬刼不壞之名.當時二聖何嘗有心於名哉.皆是不求而名自有.不立而名自成者也.以此觀之.今之求名者.可以知所法矣.

身與貨孰多。有萬古不泯.謂

之道身.有一時暫寄.謂之幻身.道身.得天地之正理.備萬物之造化.貧賤不足以累其心.富貴不足以介其意.身中之富貴.更有異於身外之富貴.豈肯貪彼貨財.敗我身中之富貴乎.惟幻假之身.有妻子眷屬之牽纏.有衣食口體之墜累.所以爭名競利.愛貨貪財.雖天涯海角.不以為遠.雖戴月披星.不以為勞.入虎狼之穴.而性命不顧.臨刀劍之場.死亦不悔.此等之人.輕其身.而重其財.且如身與財校之.孰多孰少.孰重孰輕.況貨財者.身外之物.有此身.方有此財.不有此身.財亦不生.今之求財者.何不以此而較量之.身與貨何者可以謂之多.何者可以謂之不多.則多不多之理.自明矣.故曰.身與貨孰多.細想富貴者.天之命也.人可聽之於命.倘若貪之而不得其道.則禍辱必至.災害必生.身亦不能立.財亦不能保.自古聽命者.莫如顏子.人止知一簞食.一瓢飲.在陋巷.人不堪其憂.回也不改其樂.卻不知顏子之心.自有至富至貴之樂處.所以能見其大.而忘其小.不必有財而後富.有爵而後貴也.學道之人.當求此等富貴.方是存養有素之人也.

得與亡孰病。

得者如得名得貨.亡者如喪名喪利.病者.害也.人之在世.貪名者.百計千條.為利者.深謀遠慮.名利兩事.費盡平生之機智.得失兩字.勞碌無限之精神.或損人而利己.或捨死以亡生.或功名蓋世.而求之不已.或金玉滿堂.而貪之不足.倘若一日持盈不久.操存未固.因利而生害者有之.求榮而反辱者有之.此皆是不知得失之理.存亡之故也.是故有名必有利.有利必有害.有貴必有榮.有榮必有辱.得之於利.必然亡之

於害.得之於榮.必然亡之於辱.以此較之得與亡.何者可以謂之病.何者可以謂之不病.病不病之理.自知矣.故曰.得與亡孰病.細詳修行人.無得無失.忘名絕利.倘若不可求而強求.不可得而強得.譬如飛蛾見夜光.知進不知退.又如蒼蠅觸曉窗.知往而不知返.未有不病于得失存亡者也.是故君子深明得亡之輕重.而不肯妄勞其心也.

是故甚愛必大費。細想上文所謂.貪名貪貨.皆是欲愛之心.所使而然也.欲愛之心既甚.必勞我之身心.耗我之精力.刼刼纏縛.顛倒錯亂.不能自已.故文中言.甚愛必大費.是誡世人.事事可不太過之意.其愛愈甚.其費愈大.此一定之理也.惟有道之人.愛己身.不愛身外之物.愛性命.不愛人世之榮.又安有大費之患乎.

多藏必厚亡。不但甚愛者.有大費之患.觀之多藏者.亦未嘗不有厚亡之害也.人生天地.一飲一啄.無非分定.命有富貴.自然富貴.命該貧賤.自然貧賤.一動一靜.皆可依乎天理.壽夭窮通.莫不還其大數.甚愛者.空自費力.多藏者.空自勞心.吾見世間.有等不知命者.不守本分.妄自貪圖.見利忘義.常懷不足之心.觸境迷真.不了貪鄙之意.積貨積物.至于身危命害.悖取悖入.必至悖出悖去.困辱之端必生.禍害之事必至.所藏者雖多.所亡者必厚.所以養道之士.眼之所藏.不觀華美之色.耳之所藏.不聽邪亂之音.鼻之所藏.不聞異味之香.舌之所藏.不貪爽口之味.身之所藏.不有五陋之害.意之所藏.不起邪妄之思.眼耳鼻舌身意.藏之日久.則真炁流注.造化日生.無為無欲.德性真常.能藏於此者.我之精神.可與天地同其長久.我之道性.可與太極同其體用.厚亡之患于何有乎.**知足不辱。**細詳上文.貪名.貪貨.甚愛.多藏.皆是不能知足.所以有此貪愛之害也.文中言知足不辱.知足者.樂天之命.而順受其正.不愛不貪.而無欲無為.此便是知足之義.是故知足之人.衣不求於文錦.布衣足以為暖.食不求於百味.藜藿足以為飽.視聽言動.無往不是.克己之功.卓然而守.身安而道泰.超然自得.進退以無憂.困辱之端.于何有乎.知足者.固當不辱.亦有無事而遭禍辱之害者.此正是天之試我也.觀我之所處何如也.處之能善.辱者.終歸于無辱矣.**知止不殆。**嘗聞知足者.未嘗不知止.知止者.未嘗不知足.知足者.足之于心也.知止者.止之于事也.知止之人止于道.止于德.道德仁義.止之而不啻饑渴.行險僥倖.止之而畏若探湯.奢侈之作不敢行.邪僻之情不敢縱.進寸而退尺.內謹而外慎.好惡之心不起.利欲之心不動.所以是非不有.人我不生.安閑自在.危殆不有矣.此便是知止不殆之義.**可以長久。**此四字.是發明知足知止之義.細詳人之有此身.四大假合.五蘊非真.身如水上之浮漚.命似石中之流火.雖有百年之期.七十者稀.雖有修道之門.長生者少.奈何今世之人.以有限易摧之身.日逐無涯不測之事.倘若一息不來.真性倏然而長往.一命告終.真靈即投于別殼.雖然榮居極品.祿享千鍾.家藏無價之珠.室有傾城之美.悉皆拋下.非君所有之物也.以此觀之.名有興亡.利有得失.與亡者.如過眼之浮雲.得失者.如電光之易滅.皆非長久之道也.欲求長久之道.惟知止.知足.禍辱不有.危殆不生.其道可以長久.故曰.可以長久.
人能看破世情.知此長久之道.不以名利為廣遠之活計.不以貨財為
長久之事業.顯微動靜.戒之於未貪未愛之先.進退往來.守之於知止
知足之後.功名富貴.不使易其操.利祿貨財.不致改其節.則性情之定
理.愈久而愈堅.心上之操存.日久而日固.知止之理.可與天地同其常.
知足之道.可與大道同其久.幻境之塵緣.方能看的透.大費厚亡可免.
不辱不殆
乃可至也.

清靜章第四十五

恭聞日月之燭六合.山嶽之興寶藏.天之高明.地之博厚.皆非有所作為.有所假借而然也.蓋因天地之大.日月之明.山河之流峙.人物之生成.咸感陰陽動靜之機.咸得太極無妄之理.所以高明者.自然高明.博厚者.自然博厚.臨照者.自然臨照.流峙者.自然流峙.生成者.自然生成矣.雖然.均同此清靜之氣.均得此清靜之理.但成其氣者.又有清濁之不同.得其理者.又有得失之不一.其固有之天德.若能無所汙壞.無所鑿喪者.便是聖賢.便是大成之人也.倘若喪其清靜之正氣.失其清靜之正理.私意橫出.以致生意消亡者.是謂失其清靜之正性也.不可謂之大成之人矣.今日文中正是此義.○此章經義.以清靜為體.以正大為用.人能知此體用.則求勝之心不有.一偏之見不立.未有不成其大者也.

大成若缺。其用不弊。生萬物而不遺.成萬物而不棄.此是天地大成之妙處.視之不可見.聽之不可聞.無聲無臭.無形無迹.此是天地若缺之妙處.動靜無端.往來不息.可長可久.可有可無.此是天地不弊之妙處.弊者.敗也.聖人體天地之大體.用天地之大用.有此大成若缺.其用不弊之妙耳.不但聖人如此.天下之事物.凡有體用者.皆不可不如是也.且如事之有成.便有缺.物之有新.必有弊.成與不成.弊與不弊.妙在用之者.何如耳.用之善者.未有不成.用之不善者.未有不缺.用之善者.未有不新.用之不善者.未有不弊.既知此理.奈何天下之人.事未成而機先敗者.何也.機未至而事先廢者.何也.更有行之不久.成之不大者.何也.此皆是未知大道之體.未明大道之用也.所以成之者多缺.用之者多弊矣.惟聖人得性情之正理.知大道之機微.有動必有靜.有靜必有動.動靜如一.有體必有用.有用必有體.體用無間.吉凶消長之理.不言而自顯.進退存亡之道.不校而自明.其成也.全理全性.其用也.無迹無形.所以似缺非缺.不成而成.有大成若缺之妙也.用之於身心.身心之成.未有不大者.用之於天下.天下之成.未有不大者.可以明聖賢之道統.可以修帝王之至治.歷萬世而不悖不亂.亘古今而無毀無淪也.譬如中天之有日.人力不可掩.潭底之有月.人力不可汚.是以用之不弊矣.故曰大成若缺.其用不弊.古之人.不以成為成.而以不弊為成.不以缺為缺.而以不成為缺者.正是此義也.以此觀之.不弊而成.若缺而用.是故道德日新.體用該備.無所不成.無所不大矣.

大盈若沖。其用不窮。

大道之妙.不但大成若缺.又且大盈若沖.盈者.滿也.沖者.虛也.言大道之本體.無欠無餘.圓滿具足.大而至於為際.細而至於微塵.無所不有.無所不貫.是以謂之大盈.圓滿無欠.具足無遺.其本體之妙.不塞不礙.虛靈而不可象.不有不無.神妙而不可窮.至神至靈.至虛至妙.是以謂之若沖.因有大盈若沖之妙.所以用之於天.天之道不窮.用之於地.地之道不窮.用之於人.人之道不窮.用之於物.物之道不窮.仰觀俯察.或有或無.或動或靜.或小或大.或顯或微.無處不是大盈之體.無處不是若沖之用.無所不盈.無所不

用.其用故不窮矣.故曰.大盈若沖.其用不窮.嘗觀古之聖人.道之用於天下.周徧而不可窮.德之貫於古今.廣遠而不可測.皆是以沖虛為體.以不窮為用之妙也.以沖虛為體.所以聖人之道.不求盈而自盈矣.以不窮為用.所以聖人之德.不求用而自用矣.不求盈而自盈.不求用而自用.聖人之道.語上而可以極乎高明.語下而可以涉乎形器.充塞於天地之間.無處不是聖人之道.無處不是聖人之德也.**大直若屈。**大道之妙.不但大盈若沖.又且大直若屈.道之生物.私物而生.道之成物.不私物而成.上下一理.本末一道.此便是大直之義.又如虛而能容於物.順而不爭於物.此便是若屈之義.學道之人.果能以直為體.以屈為用.屈直互相體用.則屈之理.未嘗不伸.而直之道.未嘗不大矣.倘若不然.以直用直.其直必害.其屈終不能伸矣.故曰.大直若屈.其義蓋如此也.細詳直之一字.當以理言.屈之一字.當以事言.其理不可不直.其事不可不屈.屈者.事之用也.直者.理之體也.不屈而用.其理不直.不屈而直.而其直不大.譬如乾不專一.則乾道不能直遂.坤不能噏聚.則坤道不能發散.專一者.乾之事也.直遂者.乾之理也.有專一之事.固有此直遂之理.噏聚者.坤之事也.發散者.坤之理也.有噏聚之事.固有此發散之理.所以天地大直之理.正在此若屈之用見之矣.明達之人.果能知此理而用之.其用無往而不屈.其理無往而不直矣.**大巧若拙。**大道之妙.不但大直若屈.又且大巧若拙.巧者.巧妙之義.拙者.魯鈍之義.天地間一切萬物.凡有形色者.圓方曲直之妙.般般奇特.

長短大小之形.物物微妙.雖言語不能盡其美.雖彩畫不能盡其妙.此皆是大道化工之巧處也.雖然有此巧處.千般異物.萬種妙品.皆是從無作無為之中.化將出來.無作無為.可謂拙矣.化工之妙.實未嘗拙也.故曰.大巧若拙.所以聖人之巧.與常人之巧不同.常人之巧.以巧為巧.聖人之巧.以拙為巧.以巧為巧者.人力可能.心思可到.此等之巧.非大巧之巧也.以拙為巧者.不有心思.不有作用.無為而自能.無能而自妙.是故巧之用無迹.巧之體無形.經綸天地.陶鑄萬物.皆是大巧之妙.所以聖人之巧.人不能見.人不能知.修道之人.果若事事以無為自守.物物以不能自安.從不知不識之中.養此至拙之妙.則至拙之中.自有至巧之妙.太極可以丸弄.陰陽可以把握.我之巧.與造化之巧不二矣.

大辯若訥。大道之妙.不但大巧若拙.又且大辯若訥.辯者.辯論也.訥者.訥而不言也.譬如天之道.以陰陽出造化之妙.以風雷鼓萬物之機.地之道.以貞靜.成萬物之形.以柔順.和萬物之性.此皆是天地大辯之妙處也.天地雖然有此大辯.實未嘗有所辯.不言而四時行.不言而萬物生.以其辯而不辯.是以謂之若訥.故曰.大辯若訥.可知古之聖人.不言而善教化於天下.即天地不言.而善應於萬物之妙也.是故不言而善應者.天地人物不能易其理也.不言而善教者.天下國家不能違其教也.所以天地萬物.不辯而理自得.不辯而物自成也.聖人之教.不辯而道自行.不辯而德自著也.觀此不辯之義.其義雖然若訥.其所以然者.實未嘗訥也.大辯之妙.正在此善應善教之處.見天地聖人.

無不同也.奈何.好辯之人.養道未純.積德未厚.天下之事.未曾到精明之地.大道之理.未曾得一貫之妙.搖脣鼓舌.專以好辯取勝.啟齒開言.又以不訥為能.雖然舌端鋒利.機智無窮.此等辯論.雖是蘇秦.張儀.其言未有不窮者.其理未有不失者也.所謂不言者.非緘口不言也.常聞古之聖人.常以方便說法.豈其不言乎.但言之有時.說之有理.感而後應.問而後答.不以辯為能.豈好辯者可及乎.

躁勝寒。靜勝熱。清靜為天下正。

此三句.乃是取喻不得其正.滯於一偏之義.細詳清靜之道.無太過.無不及.自然而然.常清常靜.體之於道.道無不正.用之於理.理無不正.感之於事.事無不正.存之於心.心無不正.以陰陽言之.得陰陽之正理.以寒熱言之.得寒熱之正氣.修行之人.果能得此正理者.躁而不熱.靜而不寒.得中正自然之道也.所以大成.大盈.大直.大巧.大辯者.皆是得其清靜之正者也.倘若不得其正.以缺求勝於成者有之.以沖求勝於盈者有之.以屈求勝於直者有之.以拙求勝於巧者有之.以訥求勝於辯者有之.此等求勝.便是以躁勝寒.以靜勝熱之義.譬如冬月極冷之日.霜雪彌天.寒冰遍地.行路之人.汗流滿背.此正是躁勝於寒也.又如夏月極熱之時.曛風燠物.暑氣逼人.靜坐之人.不覺煩熱.此正是靜勝於熱也.雖然躁勝於寒.行路者.有時而止.未有不寒者也.雖然靜勝於熱.靜坐者.有時而動.未有不熱者也.以此觀之.躁勝寒.靜勝熱.如此求勝.皆非長久之道.終不能止其寒熱之害耳.故曰.躁勝寒.靜勝熱.是為一偏之勝.既是一偏之勝.成者必敗.

盈者必虧.直者必折.巧者必勞.辯者必窮.非太過.則不及.終不能得其正矣.欲求其正.當以清靜中.求之可也.清靜者.大道之本體也.不偏不倚.無過無不及.不有求勝之心.不執一偏之見.與天地同乎一心.與萬物同乎一道.所以不溺於有無.不着於動靜.不染於是非.不囿於形器.自然而然.無為無欲.不求勝而自勝.不求正而自正矣.人能得此正理.則寒熱之害.自然不有.躁靜之勝.自然不生.何患大成之不成.大盈之不盈乎.何患大直之不直.大巧之不巧.大辯之不辯乎.故曰.清靜為天下正.天下之人.皆因不能清靜.所以不得其正.學道之人.果能一塵不染.萬緣放下.去其求勝之心.守其清靜之正.又何聖人之不可法乎.

知足章第四十六

恭聞心為一身之主.其所以為體者.性也.所以為用者.情也.性主於靜.情主於動.體中之中.動靜生焉.動靜之中.善惡具焉.是故動於善者.天理昭然.天德全備.如衡之平.如鑑之明.妄緣不能入.私欲不能生.主之者既善.發之於用.無不善矣.倘若動之於不善.則邪思橫出.妄慮叢生.可欲之心.無所不有.欲得之念.無所不至.其不足之心.如漏巵之難滿.其不止之念.若逝水之東流.此等妄動之心.以虛靈不昧之體.迷入於卑污苟賤之中.一念之差.至於身亡命害而不悔.一時之錯.至於傾家敗產而不悟.此皆是欲得不足之心.所使而然也.以此觀之.理欲分判之際.善惡未發之始.其可不慎乎.文中深以不知足者.戒之於此也.○此章經旨.乃是取喻在上者.當以無為無欲.自然之道.治天下之義.

天下有道。卻走馬以糞。細詳修身之道.與治天下之道.其事雖異.其理則同.治天下之道.當以無為自然之道養民.當以無欲自然之事安民.譬如走馬.是有用之物.用之疆場以衛國.用之戰陣以禦敵.用之置郵以傳令.豈可用之糞田乎.有道時.國泰安民.上下無事.共處於清明之化.共安於成平之治.走馬之糞田.正是無欲無為之極治也.故曰.天下有道.卻走馬以糞.修道之人.若能不妄作妄為.不生邪思偏想.以中正之道立命.以和煦之氣養身.自然清淨無事.與天下有道何異乎.

天下無道。戎馬生於郊。天下

無道之時.人不能安其業.物不能安其生.彊場不靜.干戈四起.是戎馬為有用之時.千百為群.雲錦相望.至生於郊.可謂多之至矣.此皆是不能以無事治民之害也.故曰.天下無道.戎馬生於郊.修行之人.倘若不守無為.不養清靜.或生貪得之念.或求利名之樂.心上之刀兵橫出.性中之意馬叢生.千思萬想.頭頭不斷.是非人我.日日無休.三魂七魄.盡成魔軍之輩.五臟六腑.盡為交戰之場.神無一刻之守舍.心無暫時之安閑.亦何異無道之天下也.欲保性命長久.豈可得乎.

罪莫大於可欲。

內而身心之不保.外而家國之不安.莫不生於可欲.欲之為害.無所不至.譬如池酒林肉.象箸玉杯.皆是一念之欲.東填大海.西建阿房.亦皆是一念之欲.故曰.罪莫大於可欲.是故千鈞之弩.惟在一寸之機.一星之火.能燒萬頃之荒.一念雖微.所害甚大.修行之人.先要止念.念頭不止.雖晝夜無眠.慇懃求道.亦只是空自勞形而已.豈能逃莫大之罪乎.

禍莫大於不知足。

不但罪莫大於可欲.又且禍莫大於不知足.人生天地.萬善全備.一性渾然.本來未嘗不足.只因物欲交攻.私意橫起.捨真投妄.而覷假為真.認賊為子.而迷失真性.不識性中之真樂.不知心上之富貴.所以常懷不足之心也.卻不知天地萬物.皆是我心上之富貴.至道至理.皆是我性中之真樂.奈何世人捨其自具之足.求其外有之足.如捨黃金之山.而求赤土之阜一般.為人君者不知足.則干戈必起.為人臣者不知足.則禍辱必至.士農工商不知足.則貪多不已.欺詐日生.所以君臣百姓.凡有不知足

者．禍必隨之而起．故曰．禍莫大於不知足．豈可不知戒乎．**咎莫大於欲得。**不但禍莫大於不知足．又且咎莫大於欲得．違背於理．謂之咎．求其自有．謂之欲得．切思欲得之心．其機雖微．其害最大．如饑思食．如渴思飲．必之所專．而不能移．志之所向．而不能止．雖禮義廉恥．則亦不避．雖親戚朋友．則亦不顧．一見利端．便起爭奪之心．惡如狼虎．一聞可欲．即生貪鄙之意．毒如蛇蝎．百計千謀．定要見兔而放鷹．損人利己．必須撒網以求魚．欲得於鄉黨鄰里．鄉黨鄰里未有不譏誚而橫議者也．欲得於天下國家．天下國家未有不聞風而深惡者也．無窮之怨惡．自此而始．莫大之過咎．自此而成．喪身害命．敗國亡家．皆一念之欲得而致之也．故曰．咎莫大於欲得．修行者．當洗心滌慮．去欲除貪．雖在不覩不聞之時．常以清靜自養．雖處顛沛流離之際．恆以堅守自力．三天記善五帝考功．方是個無過之人也．**故知足之足。常足矣。**詳觀上文．可欲．與不知足．欲得．三者總是個貪字．因有貪種．所以可欲．無所不至．不知足．無所不生．欲得．無所不有．學道之人．果能全乎天理之正．不有人欲之私．則萬物之理．無不備於我．天地之德．無不歸於身．不必妄求．而終日有餘．不必妄得．而無時不足．無往而非泰然．無處不是自足矣．故曰．知足之足．常足矣．惟君子認得真．看得透．不求身外之物．惟求自足於身而已．〇此章經義．言治天下．與修身之事不同．其理未嘗不一．人能體此．身亦可修．天下亦可治矣．

天道章第四十七

恭聞天下之大.不離於一身.天道之微.不離於一心.心體虛明.則天理顯著.應事處正.則天下安靜.是以知道在人身.向外求之者.遠矣.德本於心.向外觀之者.昧矣.此等妙義.皆是指有道有德之聖人而言之也.若養之不純.積之不厚者.焉能如是哉.是故大聖大賢.修己之功.修之於不覩不聞之間.養己之德.養之於識心見性之妙.因道德之體用全該.天地之至理悉備.所以識照古今.明通造化.天下至難之事.雖萬變交於前.燭之而不失毫釐.權之而不失輕重.事物之成敗始終.人事之禍福修短.陰陽之吉凶消長.古今之盛衰治亂.莫不天人一貫.莫不幽顯同觀.知之者.知其細微.見之者.見其本末也.此非以私智求之而然也.不出戶而自然能知.不窺牖而自然能見矣.○此章經旨.言道不離於一身之義.

不出戶。知天下。不窺牖。見天道。

戶者.門戶也.牖者.窗牖也.窺者.窺視也.細詳出戶而知者.不過知其可知者也.窺牖而見者.不過見其可見者也.天下之事至廣.天道之理至妙.豈能以可知而知之乎.豈能以可見而見之乎.若以可知而知之.凡夫俗士.皆可得而知矣.若以可見而見之.凡夫俗士.皆可得而見矣.雖然不可知.不可見.亦非終於不可知.終於不可見.但真知者.不在於出戶.真見者.不在於窺牖.真知者.知之於理.真見者.見之於性也.知之於理.天下之事雖廣.未有不可知者.見之於性.天道之微雖妙.未有不可見者.是

以聖人不出戶.而知天下.不窺牖.而見天道者此也.以此觀之.聖人之知天下者.非知之於天下.乃是知其理也.見天地者.非見於天道.乃是見其性也.聖人之理.即天下之事.天下之事.即聖人之理.譬如天下有君臣父子之事.聖人有君臣父子之理.天下者有吉凶消長之事.聖人有吉凶消長之理.天下之事.雖屈伸往來.千頭萬緒之不齊.其當然處.未有不齊者.聖人之理.雖進退出入.逆順存亡之不一.其當然處.未有不一者.所以有此理.便有此事.有此事.便有此理.知其理.未有不知天下者也.聖人之性.即天之道也.天之道.即聖人之性也.譬如天之道.內外無間.聖人之性.動靜如一.天之道.普萬物而無心.聖人之性.順萬物而無情.天之道.用有風雲雷雨.其太極之全體.未嘗不具.聖人之性.動有喜怒哀樂.其正性之本體.未嘗不靜.所以有此道.便有此性.有此性.便有此道.見其性.未有不見天道者也.是故性即理也.理即道也.性也.理也.道也.三者一而已.能知其理.未有不知天下者.能見性也.能見其性.未有不能見天道者.天之道.不外乎一性.天下之事.不外乎一理.以此而知.以此而見.不知之中.自有真知之妙也.不見之中.自有真見之妙也.豈待出戶而後知乎.豈待窺牖而後見乎.出戶而知.窺牖而見者.凡夫之知見也.凡夫之知見.止可以形色為知見.非形非色者.則不可知不可見耳.切思天道之妙.雖渾渾莫可測度.觀夫無極太極.動靜陰陽.自可知.自可見耳.無極者.無名天地之始也.太極者.有名萬物之母也.有無極.便有太極.有太極.便有動靜.有動靜.便有

陰陽.無極即太極.太極即動靜.動靜即陰陽.無極者.太極之靜也.太極者.無極之動也.動而為陽.靜而為陰.天地之間.不過陰陽動靜而已.陰陽動靜.不過發無極太極之理而已.是故無極太極.為造化之樞紐.萬物之根柢也.聖人盡性之妙.正在於此耳.能盡其性.故能知於無知見於無見矣.

其出彌遠。其知彌少。天下之事眾矣.天道之理微矣.欲求知見.本不可出而求之於外也.若以出而求之於外.終亦不能知.終亦不能見.所以遠行者.未曾走出形器之外.遠求者.未曾求入眾妙之門.其出愈遠.其心愈迷.故曰.其出彌遠.其知彌少.天下之事.天道之微.既知不可遠求.奈何今之人.狗於耳目之偏.牿於見聞之蔽.只去遠處搜尋.不向性中默悟.不知知非外來.見非遠至.見見成成.小而細入微塵.大而包容法界.無不在我性分中也.學道者.可不捨遠而求諸近乎.

是以聖人不行而知。不見而名。不為而成。嘗聞聖人.善觀天下者.不以事物觀天下.而以一身觀天下.不以一身觀天下.而以一理觀天下.一理者.天下之本源也.無所不通.無所不貫.以我之一理.觀於天下.便是萬物同然之理.何勞行訪於天下.何必遠去以搜尋.妙理自然脗合.我心之真知自然圓照.此便是不行而知也.不行而知.即是上文不出戶.知天下之義.故曰.是以聖人不行而知.古之聖人.善觀天道者.不以天地觀天道.而以一心觀天道.不以一心觀天道.而以一性觀天道.一性者.天道之命令也.無物不有.無物不在.以我之一性.觀於天道.眼前便是法界.性理便是乾坤.何勞行訪多方.何必博古通今.一切有無之真名.自然顯露.心上圓明之道眼.自然洞見.我之真見.不必睜眼.而自然妙具.此便是不見而名也.不見而名.即是上文不窺牖.見天道之義.故曰.不見而名.此名字.如某事某件.皆可指名.聖人雖不行而知.不見而名.豈徒知之而已乎.豈徒名之而已乎.正欲知之而成也.正欲見之而成也.既知其成.既見其成.性與天道.渾然一體.理與天下.同然一用.不容造作.不假人力.自然而然.無為而為.不為而成矣.故曰.不為而成.天地人物.有無虛實.俱在此成字之中.譬如繼之者善.成之者性.即是成之之義.繼者.言其氣也.善者.言其理也.物之未成.初受此氣.便是繼.氣之未受.先得此理.便是善.萬物秉受此氣而成.便是成.萬物既成.此理此善.便是性.是以謂之成之者性.文中言.不為而成.如陰陽成其象.天之道立矣.剛柔成其質.地之道立矣.仁義成其德.人之道立矣.天之成.成其氣也.地之成.成其形也.人之成.成其德也.天之氣.地之形.人之德.皆是一理而已.此理在天為道.在人為性.聖人不為而成者.正欲成其性也.細詳聖人知天下.見天道.聖人之性.於此而盡矣.萬物之理.於此而備矣.盡己之性.未有不盡人之性者.盡人之性.未有不盡物之性者.三者既盡.萬物之性成矣.萬物之性既成.即聖人之性成也.天下至大.聖人之性亦至大.天道無外.聖人之性亦無外.人能見我之性.則見聖人之性.見聖人之性.則見天道之不為而成矣.奚用外求哉.修行者勉之.

日損章第四十八

恭聞學以致知格物.為入德之方.正心誠意.為進道之門.天理之微.人倫之著.事物之眾.鬼神之幽.莫不致其精微.方可謂之學也.但為學之事.與為道不同.為道者.不有耳目之用.不貴識見之多.以益為損.以損為益.見於內而不見於外.聞於性而不聞於塵.用心不與世俗同然.修持不與為學一致.存其心.養其性.大逆之中.深得大順之理.大損之中.更有大益之妙.從此處希聖希賢.從此處成賢成聖.是故損之又損.惟恐溺於人欲之私也.○此章經旨.重在損之一字.細看為學日益.所學者.亦只是損之之理.所益者.亦只是損之之道.損者.損其事也.事既損.其道未有不益者.取天下三字.乃是取其清靜無為之義.清靜無為.便是為學之益處.便是為道之損處也.看經者.請細詳之.

為學日益。為道日損。切思為學.為道.其志則同.其為則不同也.為學者.以多聞多見者為之.為道者.以不聞不見者為之.

多聞多見者.博之於古.通之於今.搜事物之領要.窮聖賢之經訓.天下之書無不讀.天下之事無不論.心目廣遠.識見超然.有一分所為.便有一分進益.有十分所為.便有十分進益.故曰.為學日益.不聞不見者.不求於文字.不用於聰明.若愚若拙.如魯如鈍.除情去妄.不染人欲之私.攝念歸中.求我反樸之道.身不妄為.意不妄動.修聖人清靜之理.全之於心.體天地無為之道.養之於德.以損為益.以道為學.損之一分.即是

為之一分.損之十分.即是為之十分.人情世態.名利虛華.勞勞攘攘.一切妄為.到此一概勾銷.故曰.為道日損.學道之人.切不可以損字.為學者之病.又不可以益字.為進道之能.雖然為學為道.兩事不同.善為學者.常於損中求益.善為道者.常於益中求損.損中求益者.譬如人欲之私不去.則學問之功不純.名利之心不除.則大道之理不得.此便是損中求益之妙也.益中求損者.譬如富者忘於富.貴者忘於貴.去其榮華.甘於淡薄.捨其有餘.守其不足.此便益中求損之妙也.今之修行者.果能識得此妙義.日益之學.未嘗不是日損之功.日損之功.未嘗不有日益之學也.

損之又損。以至於無為。

嘗觀學道之人雖多.或有皓首窮年.而不能得者.或有業累纏繞.而反多魔者.蓋以未至於日損之地位.損之未至於又損之地位.則澄治之功未純.而修為之力未到.或執心不專.而始勤終怠.或見道不真.而棄正從邪.或今日損.明日益.起滅反復.或損於此.而益於彼.終有牽連.所以不能清靜.不能無為.不能得道矣.是以指出無為之路.使人知損其人欲之私.工夫不可間斷.定要徹頭徹尾.損之而至於又損.損到無可損之地位.纔得清靜之妙.入於自然無為之道也.譬如磨稜合縫.磨之又磨.磨之後再用磨功.磨到無可磨處.雖欲磨之.則亦不能磨矣.又如鏟草鋤根.鋤之又鋤.鋤之後再加鋤力.鋤到無可鋤處.雖欲鋤之.則亦無所鋤矣.此等工夫.可忘者無不忘.可去者無不去.可了者無不了.可棄者無不棄.忘之又忘.去之又去.了之又了.棄之又棄.清靜中更求清靜.無為中更

有無為.到此天地.人欲去盡.天理純全.性靜如琉璃.不容一毫汚染.心清似明鏡.未有半點塵翳.本體光明.真心自在.本來之面目.方纔顯露.無極之真人.始見金容.其無為之妙.如無極之無形.如太虛之不動.身心內外.無時不在無為之中.天地萬物.無物不是無為之道.無欠無餘.無增無減.無凡無聖.無有無無.到此天地.損無可損.益無可益.法性內外.渾然都是個清靜之理.天地人物.全然都是個無為之道.故曰.損之又損.以至於無為.當時太上.見世人根器有頓漸之不同.塵染有輕重之不一.為學為道.有淺深之不等.恐其一旦難入清靜無為之道.故設漸次之法.教人漸次而損之.修行之人.果能會此損之又損之道.我性中之清靜無為.自然物欲不能汚壞矣.

無為而無不為矣。

此句是承上句而言之也.上句所謂損之又損.以至於無為.此無為之妙.非土石可比.塊然而終於無為也.此等無為.乃是動中有靜.靜中有動之無為.乃是虛中有實.實中有虛之無為.乃是色中有空.空中損色之無為.乃是有中有無.無中有有之無為.其無為也.不言而信.不行而至.不疾而速.不為而成.即是清靜自然之道也.此清靜自然之道.雖云無為.自然發見昭著.神乎其神.妙乎其妙.則又無為而無不為矣.譬如天不言而四時行.天之無為而無不為也.地不動而萬物生.地之無為而無不為也.人能得此無為無不為之理.天地之全德.在我性分之中.萬物之造化.具我身心之內.未嘗不與天地同其無為.未嘗不與天地同其無不為也.則我之無為.未嘗不是天地之無為.我之無不為.

未嘗不是天地之無不為.求之於性.性理完全.問之於心.心德了明.修之於身.身無不修.齊之於家.家無不齊.治之於國.國無不治.平之於天下.天下無不平矣.故曰.無為而無不為.今之修行人.果能損之又損.向父母未生前.求其實際.從五行不到處.覓其宗根.知無名天地之始.守有名萬物之母.則無為之中.自有善應不測之妙.無不為之中.自有感而遂通之機.動中之靜.未嘗不是無為.靜中之動.未嘗不是無不為.為到此等天地.則天地之造化.不由於我.更由於誰乎.看經者.請會其義.

故取天下者。常以無事。及其有事。不足以取天下。

取天下者.非取之而欲得於天下也.若以取而欲得言之.大失旨義.上文所謂損之又損.至於無為.可知為道者.不得無為之理.不能有日損之妙.為學者.不得無為之理.不能有日益之妙.損之者.以無為之理.而取之於道也.益之者.以無為之理.而取之於學也.為道為學.尚且以無為而取之.何況天下乎.古之善取天下者.亦是損之又損.不勞民力.不耗民財.不重刑罰.不專政令.惟知以無事之治.取天下入於無為之化.天下既入無為之化.天下之心德完全.天下之性理全備.此是善取天下者.有如此損之之道也.故曰.取天下者.常以無事.倘若不肯損之又損.或勞民力.或耗民財.或重刑罰.或專政令.以有事之治.治於天下.則天下未有不離心而去.若欲取天下.入於無為之化.豈可得乎.皆是不善取天下者也.皆是不肯損之又損者也.故曰.及其有事.不足以取天下.細詳天下無事者.乃是損之之道.天

下有事者。乃是益之之道。文中言取天下者。乃是取其天下無事之損也。言不足以取天下者。乃是不取天下有事之益也。天下若不以損之又損而治之。則國事日繁。政令不一。日益日迷。有事之益。終為有事之損。學道之人。果能知此妙義。依而損之。除情去欲。捨妄歸真。觀破世事。如夢如幻。是非人我。損之又損。酒色財氣。去之又去。一念純真。汚泥中自然蓮花出現。三心頓脫。臘月天自然雪梅爭春。損之日久。損到純熟地位。不必操存。而人欲自淨。不用矜持。而天理自純。滿腔內。盡是一片光明境界。法性中。惟有一個太極常存。我身中之天下。無不可取。我性中之天下。無不可治也。

德善章第四十九

恭聞古之聖君.繼天立極者.莫非道也.代天宣化者.莫非德也.有道必有理.有德必有善.太極未判之先.素存於無名之始.太極既判之後.流行於天地之間.雖天地萬物.各具此理.無所往而不有.雖有無空色.各得此善.無所往而不具.設使聖人之教化不行.不明.則天下之大本不立.人心之私欲橫生.未有不失性中本有之善.而為不善者也.未有不生俗情之欺詐.而為不信者也.是故聖人之道.行於天下.君臣父子之道.無不行於天下也.聖人之德.明於天下.三綱五常之德.莫不明於天下也.因聖人有此大公無私之教化.所以天下之人無不善.無不信.聖人之心.如中天之日月.無所不臨.無所不照.聖人之德.如天地之元氣.無所不生.無所不養.以此觀之.萬民之性.同然而善.萬民之心.同然而信.天下之人.即一人也.萬民之心.即一心也.民不殊俗.國不異政.非聖人道德之至治.孰能如是哉.○此章經旨.是言聖人無分別.忘善惡.盡己盡人之義.人能盡己盡人.則修己治人之道盡矣.

聖人無常心。以百姓之心為心。聖人之性.具太極之全體.聖人之心.涵天地之全德.所以不偏不倚.不執不滯.因時順理.隨機妙應.所以不立常心也.譬如明鏡一般.以所照之形為形.未嘗執照於一形.未嘗獨照於一物.故以百姓之心為心.此正是無常心之妙處.故曰.聖人無常心.以百姓之心為心.百姓之心.合於天理之正.則為善.溺於人欲之私.則為不善.聖人因其人.而教其人.隨其心.而化其心.無人我之計校.無偏常之執着.百姓之得.如己之得.百姓之失.如己之失.盡百姓之性.如盡自己之性而已.修道之人.果能不生人我之見.去其分別之心.應事接物.三心自然不立.二意自然不有.人之心善.我之心亦善.我之心信.人之心亦信.三心者.過去現在未來也.二意者.逆順二意也.三心二意.既不在不有.則我之心.亦是聖人之無常心也.亦是聖人以百姓心為心也.

善者。吾善之。不善者。吾亦善之。德善矣。

天之所賦.人之所受.能全而不失者善也.內而身心.外而家國.能全其理.而不倚不偏.盡其事.而無過不及.是人之善也.吾以吾之善.共安於善而已.是善者吾善之.人而至於不善.或因生質之愚.而本然之天德不明.或因物欲之蔽.而人事之當然不解.如此種種不善.雖不止一端.然非本來即如此也.吾以吾之善化之.則不善者.必變而為善.是不善者.吾亦善之矣.要知善者之天德.善也.不善者之天德.亦善也.天德無有不善.是人人同具德善.又安得有棄人哉.所以聖人治世.必欲人共歸於善.同被堯舜之澤者此也.故曰.善者.吾善之.不善者.吾亦善之.德善矣.

信者。吾信之。不信者。吾亦信之。德信矣。

天之所賦.人之所受.實盡而有諸己者.信也.內而身心.外而家國.察其理而無一毫之障蔽.踐其事而無一毫之欠闕.是人之信也.吾以吾之信.相符於信而

已.是信者吾信之.人而未至於信.或始勤而終怠.本然之天德.若存若忘.或飾外而內不真.人事之當然.或全或闕.如此種種不信.亦不止一端.然已能知善.所未至者信也.吾以吾之善.引之進於信.則不信者.亦必進而為信.是不信者.善亦信之矣.要知信者之善.德信也.不信者之善.亦德信也.本善無有不信.是人人原具此德信.又安得不共勉以信哉.所以聖人教人.必欲人共實於善.同至於有諸己者此也.故曰信者.吾信之.不信者.吾亦信之.德信矣.

聖人之在天下。怵怵焉。為天下渾其心。

人生在世.有此身.便有此性.有此性.便有此善.有此善.便有此信.善信都是性中之固有.心上之實理也.只因稟受氣質.有清濁之不一.所以有善有不善.有信有不信.種種異樣.不能渾其心也.是以聖人.在天下怵怵焉.急為天下渾其心.怵怵是形容聖人不能自安.若有恐懼之貌.渾其心者.無所分別之謂也.正欲保全天性.不以善信自異於人也.又使不善不信者.無欲無為.不知不識.渾然復還固有之天真.不致自暴自棄於不善不信也.

百姓皆注其耳目。聖人皆孩之。

觀此二句.深知聖人.渾其百姓之妙義.百姓既沐聖人之化.性之善已復.心之信已全.聖人以百姓之心為心.百姓亦渾渾然.以聖人之心為心.見聖人之善.百姓亦從而善之.聞聖人之信.百姓亦從而信之.此便是注其耳目之義.聖人猶恐視聽之中.或流於見聞之蔽.或遷於耳目之私.本性之善.本心之信.又幾至於失矣.是以聖人.因而孩之.孩之者.即是撫之如

嬰兒一般.赤子之性.如愚如昏.善惡之機不動.智慮之念不萌.雖有耳目無欲無為.不有耳目之用.亦無耳目之欲也.所以聖人孩之者.此也.故曰.百姓皆注其耳目.聖人皆孩之.正欲使民不失其赤子.保其太朴之性.善者同歸於善.不善者亦歸於善.信者同歸於信.不信者亦歸於信.天下安有不渾其心者乎.

生死章第五十

恭聞生死者.性命之來去也.性命之來也.謂之生.性命之去也.謂之死.性屬於陽.命屬於陰.在天曰天命.在我曰性命.性與命.本是理之一.非有二也.以理言之.其理則一.以動靜言之.一而二也.天命本無來去.亦無生死.以我之性命言之.則有來去.則有生死.其生也.亦非天之有心而生也.只因我之氣質.妙合於天命之理.理氣相感.陰陽相交.故所以生也.是故氣質受之於父母.理氣稟之於天命.理生於氣.氣合於理.降本流末.互相根柢.生生之道.自此而始矣.所謂死者.亦非天之所使而死也.只因世人.輕生狗死.自暴自棄.不能自貴其形.不能自尊其氣.不能自保其命.不能自愛其神.天命之至理.終日斷喪.性命之本體.不能常存.以致元氣不固.百神耗散.此皆是自取死壞.自離本真故也.死戶從此而入矣.文中指出生死之門戶.正欲世人.去情忘欲.知此出機入機.果能不起求生入死之妄.不作輕生狗死之事.不但兵戈無所投刃.不但虎兕不能遭害.雖五帝三官.未有不奏名保舉者.未有不隨身護衛者也.死地不有.生門日開.天長地久.我可與天地同春矣.○此章經旨.乃是太上.見貪生太厚之人.多有恣情縱欲之事.妄動而入於死地.指明出生入死之關要.使人知誡耳.

出生入死。細詳七情六欲之中.各有機關.各有竅妙.出者.出其機竅也.入者.入其機竅也.出於機竅者則生.入於竅竅者則死.譬如春分之後.三陽開泰.萬物則生.秋分已後.霜雪既降.萬物則死.萬物之出入.在於卯酉之門.此是天地闔闢之機.出入之竅也.人與物之生死.都是一樣.機竅之妙.在天地.為陰陽之動靜.在男女.為性情之出入.所以物之生死.生死於陰陽之動靜.人之生死.生死於性情之出入.文中言出入.出是出於情欲之機竅也.入者.入於情欲之機竅也.出之則生.入之則死.故曰.出生入死.人能全此本來之天性.養此固有之真心.截然脫離於情欲之中.挺然超出於情欲之外.則身中之萬神.自然守舍.性中之至理.自然常存.視聽言動.皆有歸根復命之妙.待人接物.總是致虛養靜之工.此便是出生之竅.此便是生我之門也.我之性命.由此而生矣.倘若以真心妙性.攝入情欲之中.心不清.性不靜.致使萬物來攻.情不除.欲不去.染惹六賊作亂.則私欲之機關橫起.妄動之竅妙傍生.我之性.未嘗不隨緣而遷轉.我之心.未嘗不逐物以遺真.生理全無.生機全滅.此便是入死之竅.此便是死我之門也.我之性命由此而死矣.惟聖人動靜如一.喜怒不生.性如太虛一般.空空洞洞.心與天地一樣.渾渾淪淪.陰陽不能改易.五行不能變遷.超然挺出萬物之表.卓然不受情欲之害.所以得大自在.有大受用.不有輪迴不有生死矣.

生之徒。十有三。

此句.正是明七情六欲之義.徒者.類也.言生我之道.不止一類.共有十三類.皆有生我之機竅也.十三類者.七情六欲是也.喜怒哀懼愛惡欲.共為七情也.眼耳鼻舌身意.各有所欲.是為六欲.人之性本清靜.心本靈明.性生情.心生欲.情欲流於不正.乃能害

我之性.亂我之心.人果能去欲除情.守真斷妄.十三徒之情欲.未嘗不化為清靜無為之道.未嘗不化為正見正知之妙.未嘗不化為眾妙之門.未嘗不是真一之理也.譬如十三層地獄門一般.必須一層一層.跳將出去.方纔身心輕快.故曰.生之徒.十有三.若少有染惹.必定縛手縛腳.身心墜累.未有不入於死地者也.

死之徒。十有三。

神離氣散.謂之死.死之徒.十有三.亦是指七情六欲也.七情六欲.修之者.便是生我之門.縱之者.便是死我之戶.生死出入之機.但看人之持養者何如耳.嘗觀世人.往往求生.而入於死地者.皆是以情欲喪我之真心.以情欲敗我之真性故也.卻不知情欲之毒.更有甚於虎狼之毒.情欲之害.更有甚於兵甲之害.倘若任情欲而遷轉.隨情欲而起滅.終日竟夜.以情欲為快心之作.動靜行藏.以情欲為得意之事.至於沉迷日久.死日臨頭而不知.可知七情六欲.未嘗不是死我之徒也.故曰.死之徒.十有三.細詳十三徒之害我.只因自己貪染於中.所以人事失中.而天理滅絕.私意太甚.而德性錮蔽.四相不覺而敗弊.五衰不覺而變態.周身內外.無處不是死氣凝結.五臟六腑.無時不有魔軍作亂.漸漸至於死地.非天之所使.皆是自取十三徒之害耳.

人之生。動之死地者。亦十有三。

細詳上文.生之徒.死之徒.既不離七情六欲.求生之人.即當遠離十三徒之害可也.奈何貪生之欲不捨.妄動之心不去.視聽言動.暫時不肯捨於十三之有.出入進退.片刻不肯離於十三之害.是為妄動.自入死地.本為求生.反喪其生.本為

遠死.反入於死.譬如披麻救火.自取其殃.譬如貪藥充饑.自貽其害.可知人之求生而妄動.入於死地者.亦皆是十三徒.故曰.人之生.動之死地者.亦十有三.人生在世.皇天賦我以全理.父母出我以全身.頭以象天.足以象地.性命陰陽.與大道同其出入.綱常倫理.與天地同其體用.周身內外.都是生我之理.本無死我之地.只因世人妄動之心不了.所以有此死我之地耳.豈但十三徒而已哉.譬如貪於聲色.聲色便是死地.貪於貨財.貨財便是死地.溺於好惡.好惡便是死地.細詳之.人幻假凡軀.未有不死者.若是正命而死.身雖死而性不滅.形雖壞而理猶存.其死也.死於生地.必不死於死地.生地而死者.正命而死.善終而亡.身死之後.神識逍遙.身心自在.此便是死於生也.或恣情縱欲.妄動妄為.心中之死事叢生.意念之惡根不斷.因以貪生而喪其命.因以妄動而害其身.此便是死於死地也.譬如飛蛾投火.自取之耳.**夫何故。**

以其生生之厚。此二句.是伸明上文之義.言人之妄動.至於死地.惟知隨波逐浪.不知反本求源.雖身入死地.問其死地之源頭.死者倀倀然亦不知其何故也.蓋因迷之太甚.所以不知何故而死矣.今太上度世之心.無所不至.豈肯令世人.終於不知此故乎.所以從根本發腳處.醒之曰.夫何故.以其生生之厚.人之有身.如寄旅之過客一般.本不長久.欲求長生.當於不生不死處求之可也.不生不死者.即我之天性也.不增不減.無欠無餘.湛然圓滿.寂然不動.求之於此.則性命可立.生死可了矣.奈何世人.惟知貪生.不知養性.功名富貴.利欲聲色.等等奉養之厚.皆欲以此生我之生.不知害我之生者此也.

蓋聞善攝生者。陸行不遇兕虎。

此句以下.共八句.皆是攝生之驗.引證無死地之妙義.上文所謂.動之死地者.皆是貪著情欲.妄動妄為之人.非善為攝生之人也.善為攝生之人.心如嬰兒之未孩.無一毫之情欲.性如琉璃之明淨.無一毫之點染.其所出入內外.全無死地.譬如陸行不遇兕虎.此正是無死地之驗也.非有遠獸之法.非有禁獸之術.蓋因善攝生者.天理完全.道德充備.常懷容物愛物之心.素無殉物害物之念.所以明中.則吉人天相.暗中.則鬼神護持.雖行於陸野之地.虎兕不能為害也.

入軍不被甲兵。

不但陸行不遇兕虎.又且入軍不被甲兵.軍陣之中.本不可輕入.惟攝生有道之人.出入無妨.往來不害.雖有三軍之眾.萬乘之多.亦不被甲兵之害也.此非攝生之人.有退兵之術.有制兵之法.只因心常清靜.與世無爭.雖隻身而入.主帥親其賢.軍卒欽其德.敬畏之不暇.豈有加害者乎.故曰.入軍不被甲兵.

兕無所投其角。虎無所措其爪。兵無所容其刃。夫何故。以其無死地。

此五句.正是無死地之義.死地本無方所.惟在情欲之間.有生死之機.動靜之際.有出入之竅.制之者.無處不是生我之門.縱之者.無處不是死我之地.是故善攝生者.忘情去欲.捨妄歸真.動靜謹於禍福.進退察其安危.不但虎兕兵甲.不能遭遇.縱使遇之.兕雖有角.亦無所投.虎雖有爪.亦無所措.兵雖有刃.亦無所容.兕之不能投其

角.虎之不能措其爪.兵之不能容其刃.夫何故而有此妙乎.只因善為攝生之人.身心內外.無受死之地.所以虎兕兵刃.不能加害.故曰.夫何故.以其無死地.嘗觀世間之人.孜孜為名.汲汲為利.貪其衣食之富厚.愛其口體之肥甘.無非都是貪生怕死之意.卻不知貪生之道.盡是求死之道.一有貪心之念.則心迷性執.意動情生.死地自此而有.不但虎兕兵刃之害.不能遠避.異災異禍.無所不至矣.所以天堂地獄.皆從此心上安排.生死出入.皆從此性中了悟.抱神以靜.不以七情亂其志.忘機於動.不以六欲害其心.常清常靜.即是兕不能投其角.虎不能措其爪.兵不能容其刃.養到此等天地.才是情欲之樊籠可出.輪迴之生死可了矣.

尊貴章第五十一

恭聞道者.德之本也.德者.實踐於道也.在萬物為道.體於身而用於世.成於己而立於人.皆道之周流.而德之存發也.天下之物.無不生於道.無不成於德.所以為天下之至尊.為天下之至貴.無有邊際.無有方所.大而至於天地不能外.小而至於微塵有不遺.皆是自然而然.無所作為.亦無可居功.無可為德.所以謂玄德也.○此章經旨.是言天地萬物.非道而不生.非德而不蓄.生之者.不自有其道也.蓄之者.不自有其德也.不自有其道.所以道之尊.尊而無上.不自有其德.所以德之貴.貴而無倫.人能體道而忘於道.用德而忘於德.則道無不尊.德無不貴矣.

道生之。道.即是無極而太極.先天而先.未有先於此.後天而後.未有後於此.本無名象之可求.形迹之可見.強名曰道.所以為造化之樞紐.為品彙之根柢.始萬物而生之者.終萬物而成之者.皆是此道.**德蓄之。**道本無形.德本無迹.蓄者.又是德之用也.有此道.便有此德.有此德.便有此蓄.物之得於道者.便是德.德之養於物者.便是蓄.天地萬物.非道而不生.非德而不蓄.蓄者.含縕滋潤.輔翼陶成.飛潛動植.萬有不窮.皆是培植極厚.而無不遂者也.故曰.德蓄之.**物形之。**道既生之.德既蓄之.萬物之形始有.萬物之名始立.皆是從無形之中.生將出來.是故至道之理.善應於萬物.未兆之先.至德之妙.涵蓄於萬物.未形之始.及至萬物之形既彰.則萬物載道載德.萬物載道載德.

則見物即見道.見物即見德.故曰.物形之.**勢成之。**勢者.理勢也.自然之機也.如四時相遞.陰陽相代.皆勢也.勢至而生.無所不生.勢至而成.無所不成.春氣生萬物者.理勢先至也.故萬物得始生之機.秋氣成萬物者.理勢後至也.故萬物有成終之道.萬物之形既兆.若不以陰陽之變化.四時之代謝.則無以為成始成終.是故非生則不形.非蓄則不成.生與蓄.皆是大道之勢也.故曰.勢成之.**是以萬物。莫不尊道而貴德。道之尊。德之貴。夫莫之命而常自然。**萬物之形.非道德而不形.萬物之成.非道德而不成.道德即是萬物之父母也.萬物未有不尊者.萬物未有不貴者.凡秉氣於天.賦形於地.不言而生.不為而成.依造化之巧.順陰陽之妙.皆是尊道貴德之妙處也.故曰.是以萬物.莫不尊道而貴德.萬物尊之貴之.道德不自知其尊.不自知其貴.萬物亦非有心而尊.亦非有心而貴也.只是以自然之妙.各若其性.以自然之妙.各遂其宜.誰為命之者.生之.蓄之.形之.成之.皆是自然之妙也.故曰.道之尊.德之貴.夫莫之命.而常自然.**故道生之。德蓄之。長之。育之。成之。熟之。養之。覆之。**此八句.是伸明道尊德貴之義.化機滋暢謂之生.陰陽內含謂之蓄.晝夜變化謂之長.五氣潤和謂之育.體性完全謂之成.神全氣足謂之熟.保固性命謂之養.護其所傷謂之覆.等等妙義.自無至有.自始至終.本末體用.醞釀包涵.無不取足於道.無不取足於德.故曰.道生之.德蓄之.長之.育之.成之.熟之.

養之.覆之.**生而不有。為而不恃。長而不宰。是謂玄德。**此四句.又是伸明道尊德貴.皆是自然之妙.觀其造物之妙.無形無迹.不動不勞.而性具形全.色空有無.渾然無間.動靜虛實.同是生機.可生便生.有生物之功.而不自知其有.有而不有.正是自然之有.故曰.生而不有.既有生物之功.自然有為矣.非有形無迹之為.不行而至.不疾而速.不勞而成.不言而信.無為而無不為.有為物之力.而不自恃其為.為而不恃.正是自然之為.故曰.為而不恃.既生之為之.自然為萬物之主.長萬物矣.至道之妙.不有小大.至德之理.不較尊卑.生物而不見其迹.化物而不有其功.有長物之尊.而不自知其為宰.長而不宰.正是自然之長.故曰.長而不宰.以此觀之.生雖不自有.孰能去其有.為雖不自恃.孰能掩其為.宰雖不自主.孰能易其長.可見至道之理.深遠莫測.至德之義.廣大無窮.是以謂之玄德也.故曰.是謂玄德.既為玄德.所以萬物貴德者.貴之於此也.○此章經旨.全重在道尊德貴.道雖尊.未嘗自尊.德雖貴.未嘗自貴.不尊而尊.不貴而貴.所以為自然之妙.萬物尊道而貴德者.亦非有心而尊之貴之也.亦是自然而然之妙也.今世之人.果能不自尊.不自貴.可以與物同忘.可以與民同德.自然無所不生.無所不蓄矣.又安得不為萬物之所尊所貴乎.

守母章第五十二

恭聞萬物生於道.是道為萬物之母.而萬物皆是道之子.既知我之為子.即當與道混合而無間.保母氣而不失.全母命而不違.一切有作有為.皆屬多事.安靜自然.是盡子職.開兌濟事者.何為乎.當知自止矣.不然.不保母氣.不全母命.生我者.與我不相屬.則我之命.於何長久乎.遺身殃.自然之勢也.文中所言者.正是此義.○此章經旨.是見世人迷宗失本.逐浪隨波.不求大道之根源.自取終身之殃咎.故以道援天下.使天下之人.反其本而藏其用.庶可保身固命.而不至於害天年矣.

天下有始。以為天下母。天下之有有.有之之始.有之之始者.太極之初也.太極有始之初.名雖未立.理則已具.天地以此為始.萬物以此為始.即是有名萬物之母也.以太極言之.曰道.以生物言之.曰母.是故萬物由此而生.萬彙由此而出.天地間一切飛潛動植.有情無情者.有色無色者.皆是從此有始之母.而生將出來.故曰.天下有始.以為天下母.

既得其母。以知其子。既知其子。復守其母。歿身不殆。既知道生萬物.則得其母矣.既知萬物由道而生.則知其子矣.物從道出.物不異於道也.子從母生.子不異於母也.物不異於道.豈可棄道而求物乎.子不異於母.豈可捨母而求子乎.既知其子.則宜守其母.子不離母.母不離子.子母同居.全其始終之理.得其本源之道.終無喪身之害也.故曰.既得其母.以知其子.既知其子.復守其母.歿身不殆.古之修行人.常以子母同居之道.修持不怠.所以神氣安和.水火既濟.有九還七返之妙.得歸根復命之理.用之於身.身可修.用之於家.家可齊.用之於國.國可治.用之於天下.天下可平.倘若舍真逐妄.迷失本宗.如子之離母.安有不危乎.

塞其兌。閉其門。終身不勤。

此三句.正是言守母之妙義.兌之一字.取喻人之口也.門之一字.取喻人之耳目也.塞之者.沉默自守.不尚言論.閉之者.神不外遊.心不外用.內養有餘.而外用自足.隨物處物.因事致宜.不勞而功自成.不為而事自就.是即守母氣之自然.故曰.塞其兌.閉其門.終身不勤.今之修行人.果能緊閉六門.保守神氣.身中之大道.不有而自有.身中之陰陽.不煉而自煉.一得永得.自然與道合真也.此即是塞其兌.閉其門.終身不勤之妙義耳.

開其兌。濟其事。終身不救。

此三句.正是言失其守母之害也.視聽言動.不可不謹.倘若妄視妄聽.妄言妄動.勞神於名利之中.用心於機巧之內.以為不如此.無以濟其事.則性中之善性.未有不喪者也.心上之真心.未有不失者也.日馳於外.根本自壞.即如失母之嬰兒一般.養身之根本既無.性命豈能長久乎.此是不知其子.不守其母之害也.故曰.開其兌.濟其事.終身不救.今之修行人.若肯忘於目.則光溢無極.若肯泯於耳.則心識常淵.身中之子母.自然打成一片.世間之事物.自然顧本窮源.我之性命.不求救而自救矣.危殆之事.

何足慮哉。**見小曰明。守柔曰強。**人之終身不救者.皆因不謹其小.積小成大.必然禍辱來侵.不藏用於柔.以柔用強.必至利害來攻.是以君子.能見其未形之先.能窺其細微之妙.能得其虛心之理.能藏其柔弱之用.事未至而能燭其理.事方至而能察其機.其見如此.可謂明矣.不顯於有為.而其為也必勇.不示於外用.而其用也必果.其守如此.可謂剛矣.故曰.見小曰明.守柔曰強.細詳天下事物.見小則明.不見小則昧.藏其用則得.強其用則失.皆是一機之轉動也.倘若不見其機.便是入於機也.入於機者.身心性命.隨機而轉.家國天下.隨機而動.至於喪命害身.皆是一機不謹之過也.其機雖小.其害則大矣.可不慎乎.

用其光。復歸其明。無遺身殃。上句見小守柔.即是藏其明之用也.此二句.正是用其明之光也.明者.心德內照.光者.心德外應.用其光.復歸其明.正是體用相兼之義也.光之體曰明.明之用曰光.用之於用.以有體之光而用之也.體之於體.以有用之明而體之也.此便是體用相兼.光明藏用之妙.故曰.用其光.復歸其明.人果能體其明而用光.歛其光而歸於明.則光之用於外.光而不耀.明之藏於內.明而不昧.內外一致.體用咸宜.又何有害吾身者.故曰.無遺身殃.到此天地.善惡兩忘.人我不見.明之用.即是光之妙.光之妙.即是明之用.光與明.渾然無間.明與光.體用同然矣.

是謂習常。此一句.是總結上文之義.上文所謂.天下有始.以為天下母者.乃是以守母之道.歸之於道也.塞其兌.閉其門.終身不勤.乃是守母之道.

歸之於身也.開其兌.濟其事.終身不救.乃是以守母之道.反徵之義也.
見小守柔者.乃是守母之道.藏之於用也.用其光.復歸其明.乃是守母之道.應之於事也.既能歸於道.歸於身.藏於用.應於事.則動靜不離於母.體用不離於母.隨機應物.隨用得妙.方可謂修習真常大道之人也.
故曰.是謂習常.○此章經旨.前後文脈全重守母二字.
總是教人知子.守母.反本復靜.不可狥物忘本之義.

大道章第五十三

恭聞天地以無為之大道.生育萬物.聖人以無為之大道.治國安民.無為之道.不有轍迹.不立籓籬.順天地無私之德.應人心無妄之理.自然而然.未嘗狥其私欲.無為而為.未嘗執於有心.是故古之聖王.善治天下者.不出異政亂其國家之風紀.不因王事妨其百姓之農時.皆以無為.尚自然為理也.倘若在上者.一有所為.在下者.莫不以有為歸之.自此而有為之風日盛.自此而有為之事益多.自此而有為之心無所不至.自此而有為之害無處不生矣.今日文中所講.正是此義.○此章經旨.獨重大道甚夷一句.道在天地.無天人之別.無物我之分.本不難行.只因不能體無為之妙.所以離道日遠.而大道廢矣.

使我介然有知。行於大道。惟施是畏。

使者.是虛擬之辭.因世人迷之太甚.不能行於無為之大道.所以太上若有不得已之意.曰使我介然大有所知.知既大.行大道.若甚易矣.而乃惟施是畏.何也.懼其不敢輕忽.行道於天下.恐有施行之轍迹.大道無為之妙.天下日用而不知者可也.本無可施.本不可為.君天下者.若以有為之教令.施之於民.若以有為之國政.用之於世.得失理亂之機.進退安危之事.種種生出.以大知行大道.本不難.而可畏即在施之內.所以古聖世之時.民無異俗.國無異政.上下相安於無事.君臣共樂於清平.此正是無為之大道.行之於天下而然也.至於三代之後.或以名利交爭.或以強弱相勝.以致國亂民危.上下不能相安於無事者.此

皆是不能行無為之道而然也.太上傷今思古.感發而言曰.使我介然有知.行於大道.惟施是畏.**大道甚夷。而民好徑。**此二句.直指無為之大路.力破天下有為之害也.平坦之大路.謂之夷.蹊徑之小路.謂之徑.無為之大道.平平然.隨宜處順.不有崎嶇.坦坦然.順天應人.不有造作.少有安排.便非自然.便非無為.此道在天地.為天地無為之妙.在事物.為事物無為之妙.在人心.為人心無為之妙.如大路一般.未有難行者也.自古聖人之所以聖者.不過順此道而行之.是以謂之聖.賢人之所以賢之者.亦不過得此道而用之.是以謂之賢.奈何世俗之人.性迷情執.顛倒邪見.不行平坦正大之道路.反好崎險傍蹊之曲徑.或趨名競利.而行險僥倖.或背理狥私.而智取巧求.或染入異端.而性命不顧.或執於小乘.而偏見不移.殊不知愈行愈遠.愈趨愈下.文中所謂大道甚夷.而民好徑.此之謂也.**朝甚除。田甚蕪。倉甚虛。**此三句.正是明說好徑之義.除是階除.積土石以為高臺.循階級而下.是以謂之除.太上因見當時朝中之宮殿.層層然高廣.巍巍然峻極.過高太甚.是故以朝甚除言之.蕪者.田之不治.即是苗草不分.荒蕪之義.虛者虛耗也.即是倉庫不有餘積.空虛之義.不行大道.豈但百姓而已哉.朝中或廢其國政.以治宮室之美.或妨其農事.以崇臺榭之高.是為朝甚除.此時民力在朝.稼穡必廢.民之田疇.未有不荒蕪者.田疇既已荒蕪.國課自然無所出.倉廩未有不空虛者.倉廩既虛.欲求民安國富者.未之有也.國既不富.雖有雕牆之美好.雖有畫閻之勝觀.則亦不足為美矣.此等所為衒於外.而虛其內.失其本.而治其末.此皆是不行無為之大道.有為之害也.所以國之不治.家之不齊.身之不修.民之不正.皆在於此矣.故曰.朝甚除.田甚蕪.倉甚虛.

服文采。帶利劍。厭飲食。貨財有餘。廢本求末.有為之事.不但勞民力.美宮殿而已.又且服錦繡文彩之衣.徒以眩天下之目.佩鋒芒利刃之劍.徒以威天下之眾.又且百味充口.猶為不美.則厭其飲食.百寶在目.猶為不足.則積其貨財.此等所為.取耳目之欲.適躬體之樂.輕天下之大事.重鄙細之小為.文采之服.無非一身之樂.利刃之劍.無非威眾之具.飲食之美.無非口體之資.貨財之餘.無非養身之用.此皆是廢本求末.有為之事.大道之行.皆非此也.故曰.服文采.帶利劍.厭飲食.貨財有餘.是故有道之君.不以文采為尚.而以大道為尚.不以利劍威眾.而以仁義威眾.不以飲食為美.而以德潤為美.不以貨財為餘.而以知足為餘.天下國家.同於一道.國無異政.民無異俗.君臣父子.各盡大道之分.上下尊卑.共由大道而行.相忘於大化之中.共樂於無為之治.天下歌謠.有道之君.萬民稱誦.唐虞之化.又安用有為以求末而忘本乎.

是謂盜誇非道也哉。此二句.是總結上文之義.上文所謂宮殿衣食之美.貨財自足之餘.苦民力以自樂.取民賦而自用.其樂也.不與民同.其財也.不與民共.此等所為炫於外.而虛其內.喪其本.而求其末.其內既虛.其本既喪.有者非有.富者非富.是以謂之盜誇.譬如盜人之物.誇為己有.到了事露之日.終非己有也。此非有道之人所為之事耳。觀於此。外飾之事。過於太甚。民之好徑。豈能止乎。所謂無為之道。譬如天地無為。則萬物生。聖人無為。則天下治。是故聖人以無為之道。化天下有為之民。上既無為。則下亦無為。上下同然。好徑之風自息。好徑之風既息。財不積。而自然有餘。劍不帶。而自然威眾。田疇自然不致荒蕪。倉庫自然不致虛耗。衣食宮殿貨財之美。不自有而未嘗不有矣。治天下者。可不慎乎。

善建章第五十四

恭聞日月之在天.其大明之光.未嘗私照也.聖王之在位.其大同之德.未嘗私親也.日月之照無私.所以光通天地之大.聖王之德無私.所以化行天下之廣.是故善治天下者.不縱耳目之欲.不適躬體之便.不以貧賤攖其心.不以富貴介其意.不以強弱取勝於鄰國.不以異政擾亂於生民.不以讒佞輕忽於四海.不以欺罔失信於天下.所以化溢四表.德被無窮.天下之民懷其德.頌其美.被其澤.樂其業.是故同於身.而萬身一身也.同於家.萬家一家也.同於鄉.而萬鄉一鄉也.同於國.萬國一國也.同於天下.天下一天下也.當此之時.身無不修.家無不齊.鄉無不和.國無不治.天下無不平矣.倘若不然.大同之德不修.私智之心一立.則四海之內.擾擾不齊.天下之事.紊紊難治矣.今日文中所講者.正是此義.○此章經旨.重在善之一字.善者.體無為.用自然之妙也.人能會得此.則無所不善矣.

善建者不拔。善者.猶言最會也.建者.立也.拔者.去也.我立於此.天地不能改.鬼神不能移.陰陽不能易.天下不能違.至堅至固.至常至久.終不能拔而去之也.故曰.善建者不拔.

善抱者不脫。日夜不忘.身心合一.謂之抱.始得終失.不能常久.謂之脫.此至善之理.不但建之不拔.人能守其終始.謹其進退.保固中心.而一時不忽.任重致遠.而片刻不違.自然道同天地之廣大.德如日月之昭明.其功可立於天下.其澤可流於萬世.雖日久而不能泯沒.雖時易而不能變遷.此所以謂之善抱.此所以謂之不脫.故曰.善抱者不脫.**子孫祭祀不輟。**至善之道德.既不拔不脫.於天下後世.則道德之廣遠.百姓尚且不忘.何況子孫乎.子孫之祭祀.自然不輟.古禮之祭祀.皆在仲月旬前.擇一吉日.預先齋戒.省牲滌器.至日設蔬菓酒饌.誠敬感格.洋洋乎.祖考如在其上.以盡人子之孝.祭祀不輟.亦道德之報也.修道之人.必使天下後世.子子孫孫.享之不盡.用之不窮.方見道德隆厚之遠也.

修之於身。其德乃真。修之於家。其德乃餘。修之於鄉。其德乃長。修之於國。其德乃豐。修之於天下。其德乃普。此五句.皆是以道德修為之妙.明其不拔不脫之義.若是修之不純.則道不廣.德不大.建之者.豈能不拔.抱之者.豈能不脫.何況祭祀能不輟乎.萬物有根.萬事有本.固其根.則枝葉自茂.修其本.則萬事自立.所以天下之本.在於國.國之本.在於鄉.鄉之本.在於家.家之本.在於身.身之本.在於德.此德既立.則身無不修.家無不齊.鄉無不和.國無不治.天下無不平矣.是以修之於身.天德全備.人欲之私不有.是非之念不生.斂之於內.此德無不昭明.發之於外.此德無不形著.身心內外.頭頭都是此德.進退出入.步步盡是此德.雖有困辱之事.切迫於身.亦不能害其德.雖有生死之變.交臨於前.亦不能失其德.所以德之實際.不變不遷.故曰.修之於身.其德乃真.不但修之於身.又且修之於家.孝之於親.敬之於兄.友之於弟.和之於妻.慈之於子.是推我一身之德.一家老幼.無處不盡者也.是擴我心之真尊卑長幼.無人不善者也.故曰.修之於家.其德乃餘.不但修之於家.又且修之於鄉.不以賢智先人.而惟恭是飭.不以侈泰自是.而惟儉是尚.交於鄉黨.無非義理之實.施於遠近.無非純全之德.故鄉黨見之而起敬.鄰里就之而欽崇.有德之言.人人仰慕.有德之事.處處尊崇.有德之名.世世不朽.有德之實.在在知聞.故曰.修之於鄉.其德乃長.又不但修之於鄉.又且修之於國.德之至善.可以及於國人.可以化於百姓.可以立綱常.扶大義.可以明天理.正人心.盡於君.君無不信.及於臣.臣無不忠.施於民.民無不安.日遠日大.日久日新.澤在一時.可為萬世法則.功在目前.可為萬代不朽.故曰.修之於國.其德乃豐.不但修之於國.又且修之於天下.德之至善.譬如天地之廣大.雖草木昆虫.各遂生成之德.雖賢愚貴賤.均霑化育之恩.天下之百姓雖多.未有一民不被其澤.天下之萬物雖廣.未有一物不蒙其化.所以萬物一體.天下一德.周流而不滯.普徧而無遺.故曰.修之於天下.其德乃普.今之人.果能以正心誠意.修之於身.以孝弟忠信.齊之於家.以敬上愛下.處之於鄉.以無為無欲.治之於國.以道德仁義.施之於天下.到此天地.鳶飛魚躍.無物不有化德之妙.朝野鄉邦.無人不歸於德化之風.是為成德之君子.修行之人.於此不可不勉矣.**故以身觀身。以家觀家。以鄉觀鄉。以國觀國。以天下觀天下。**此五句.是言聖人視家國天下.

無所不至之義.聖王.觀天下眾人之身.如自己之一身.觀自己之一身.即是天下眾人之身也.譬如身不自愛.以愛身之心.愛於天下.財不自利.以利己之心.利於天下.與民同樂.與民同憂.惟知天下之身.不知自有其身.惟知同於一身.不知自私一身.所以在在觀身而進修不異.人人觀身.而修己同然.以身觀身.蓋是此義.聖王不但以身觀身而已.又能以家觀家.家之中.有父母.有兄弟.有夫婦.有子孫.天下之家.皆如是也.聖人觀天下之親.不異於自己之親.觀天下之家.不異於自己之家.所以教於家者.即以教於天下.教於天下者.即如教於一家.家家有六親之美.家家全人倫之道.天下之人.同然而觀.不異於觀.同齊其家.不異於家.故曰.以家觀家.聖王不但以家觀家.又能以鄉觀鄉.五家為鄰.五鄰為里.四里為族.五族為黨.五黨為州.五州為鄉.共一萬二千五百家.謂之鄉.聖人處於一鄉之中.觀天下之鄉.不異於本土之鄉.本土之鄉.不異於天下之鄉.所以化於一鄉者.即以化於天下之鄉.化於天下之鄉者.即如化於一鄉.一切鄉黨之風俗自美.一切鄰里之德化自淳.文中言.以鄉觀鄉.蓋是此義.聖王又不但以鄉觀鄉而已.又能以國觀國.國雖有大國小國之分.有鄰國本國之異.聖王道同天下.不生本國鄰國之心.德被生民.不起大國小國之見.因時順理.而萬國同觀.修德省躬.而千邦一致.國國同觀.而國無異政.觀有同心.而心無異心.故曰.以國觀國.聖王之德.又不但以國觀國而已.又能以天下觀天下也.天下雖大.聖王必有仁覆徧及之心.雖遐方異域.不因遠而視為度外.雖

山河險阻.不因難而懈其撫字.所以四海同風.萬民樂業者.聖人不敢以天下為己有.觀天下於大公也.六合一道.朔南教訖者.聖人化天下為己任.觀天下以一心也.觀天下於大公.觀天下於一心.聖人所以無一毫私意.無一念不諄至也.故曰.以天下觀天下.**吾何以知天下之然哉。以此。**此二句.乃是總結上文之義.上文所謂修身之德.修及於天下.觀身之德.觀至於天下.吾何以知一德立.而天下之萬善並立.一德成.而天下之萬理俱成.正以德無不同之德.觀無不同之觀.天下之身.天下之家.天下之國.天下之天下.處處同然.在在不二.大同之善.無往而不善.至一之理.無往而不一矣.故曰.吾何以知天下之然哉.以此切思聖王之治天下.自本而支.自源而流.推廣一身之德.不但及於家.及於國.及於天下.雖仰觀天道.風雲雷雨.此德無處不感應.俯察地理.山川河海.此德無所不運化.可通乎神明.可貫乎古今.孰能測善建之不拔.善抱之不脫.有如是無窮之妙也哉.

含德章第五十五

恭聞天地有自然之道.而運化無為.赤子有自然之德.而含蓄其妙.故人心不可不安閑.性不可不寂靜.氣不可不沖和.神不可不泰定.倘若不然.德性不純.神氣不和.命根不固.生死關難逃.喪生之害必有.若能隨物順理.因事致宜.可喜而喜.喜不失聲.可怒而怒.怒不失色.含德之妙.可同天地.可比赤子.又安有困辱之事.橫惡之害.加我之乎身.經言正明此義.○此章經旨.引赤子為喻.正欲人了悟含德之妙義.

含德之厚。比於赤子。含者.藏蓄而不露.厚者.純全而不薄.心中空淨無物.謂之赤子.人之天德.無論賢愚貴賤.個個具足.但可保固存養.若以人欲汙壞.此德便失.不能入道.即如仁之有愛.義之有別.禮之有敬.智之有知.皆是本來含藏.因感而達用者也.人果能全其天命之性.動靜往來.隨物順理.視聽言動.涵養柔和.則妙性之性.無時不虛靜.天德之德.無日不昭明.純純然.人欲之私自盡.渾渾然.事物之理自明.養到純熟地位.天地之大.皆在涵養之中.萬物之多.不出性分之外.身心內外.家國天下.無處不是此含德之妙.即是赤子.元氣純粹.元神寂靜.不知不識.神氣相抱.無為無作.含蓄極厚.故曰.含德之厚.比於赤子.

毒蟲不螫。猛獸不據。攫鳥不搏。毒蟲者.蜂蠆等類也.猛獸者.虎狼等類也.攫鳥者.鷹鸇等類也.赤子原無傷物之心.物自不能傷於赤子.毒者不得用其螫.猛者不得用其據.攫者不得用其搏.此正是赤子內忘於心.外忘於形.與物相忘之妙處.與物既相忘.所以物不能加害也.故曰.毒蟲不螫.猛獸不據.攫鳥不搏.

骨弱筋柔而握固。未知牝牡之合而朘作。精之至也。終日號而不嗄。和之至也。

握固者.手握之固.牝牡者.男女也.朘作者.舉動也.嗄者.氣逆而啞也.赤子無心.不但與物相忘.物不能加害.其骨弱筋柔不知把物.常握而自固.不知交合.常無欲而自作.不有思慮.常哭叫而不嗄.倘若有心而握固.有心而朘作.有心而哭叫.其神必亂.其氣必散.其精必耗.豈能有如是之妙乎.所以終日握固而不開.終日朘作而不敗.終日哭叫而不嗄.此正是精氣至純.精氣至和.所使而然也.故曰.骨弱筋柔而握固.未知牝牡之合而朘作.精之至也.終日號而不嗄.和之至也.人若能如赤子.全太和之氣.入無心之妙.則大道備於吾.天地歸於吾.我之元神.自然凝寂.我之元氣.自然沖虛.無為自然之應驗.未嘗不與赤子同然也.

知和曰常。知常曰明。

心領神會.謂之知和者.太和之氣也.在天地.為陰陽之正氣.在人身.即是谷神之元氣.身中之造化.由此氣而生.性命之根基.由此氣而立.純純全全.至柔至順.謂之和.常者.無欲無為.不變不易.性命堅固.謂之常.明者.性體虛靈.日日內照.謂之明.修行人.果能心不攝於邪思.意不入於妄見.守其真一之元機.養我柔和之正氣.一刻工夫.可得天長地久之理.半晌時候.可入不壞不滅之門.到此天地.雖世運變遷.我之性命與道常存.

故曰.知和曰常.古語云.借問如何是我身.不離精氣與元神.我今說破真常理.一粒玄珠是的親.觀此知和曰常之妙義.悉在其中矣.既是知和真常之道既得.則我之性.自然如秋月之明.我之心.自然如寒潭之靜.性定情忘.真人出現.心上一物不有.性中一法不立.定中之境界.靜裏之乾坤.一一分明.此便是知常曰明之妙義也.故曰.知常曰明.

益生曰祥。心使氣曰強。

常人以貪愛衣食求富厚.謂之益生.修道人.妄行運氣.服金石.亦謂之益生.氣之自外來者.謂之祥氣.益生之人.雖云日得其祥.但外來之祥氣.焉能益生於性命乎.以心志驅役其氣.而使之者.非真陰真陽之真炁.其氣不中和不柔順.是謂自強之氣.不與真水真火變化同然.二者.皆非含德自然之妙.若或益之使之.反為害身之禍胎.萬不能比於赤子性命之根源.若非無始未始之元神.終不能了性命雙修之大事.若非天元地元之元氣.終不能得骨弱筋柔之和氣.是以知元神者.神於未有乾坤之始.元精者.生於父母未生之前.神有自然之神通.精有自然之運化.何用益之乎.何用使之乎.倘若不然.氣行而心動.心動而神離.神離而精耗.虎走龍飛.金木必不能交併.陰陽間隔.水火必不能既濟.太上惟恐後世溺於此害.故直指益生曰祥.心使氣曰強.以救學人之妄也.

物壯則老。是謂不道。不道早已。

此三句.又是破其益生使氣之妄.教人致虛守柔之意.致虛守柔者.至道之妙也.益生使氣者.有為之妄也.天地間.惟道獨立而不改.惟道周行而不殆.倘若不行正道.

信從邪法。以外來之祥氣益生。以有為之邪氣使氣。皆是失其含德。不知柔和。非自然之道。豈能常久乎。如物之既壯。未有不老之理。物之既老。未有不死之事。此等益生。此等使氣。是謂不道。修行之人。急當速已。而不可為也。故曰。物壯則老。是謂不道。不道早已。○此章經義。自含德至知和。總是教人致虛守柔。大道之真常。總是虛靜。總是柔和。所以常存而不改。人能依而行之。道未有不成。德未有不厚。性命未有不常者。身中之和氣。自然運化。性裏之真常。自然固存。奚用益生使氣哉。

道貴章第五十六

恭聞不言之道.離分別.忘名相.渾同於天地之間.而天地不知.妙用於萬物之中.而萬物不覺.無象無狀.體萬物不遺.無餘無欠.化萬物而不有.雖欲言之.無非強名而已.修道之人.果能從不言之中言此妙道.是謂無音之大言.無所不言矣.果能從不聞之中.聞此妙道.是謂無聞之真聞.無所不聞矣.如此.方為妙知.妙言.妙見.妙解之人也.到此天地.貴賤親疏.非我有也.榮辱得失.焉能加於我哉.文中所謂.不言之妙.正是此義.○此章經旨.乃是顯示.知道之人.處己不自衒露.處世不有圭角.以不同之妙.修之於己.以大同之妙.處之於世.所以謂之玄同.世間逆順得失之情.皆不可得而入之也.

知者不言。默契道體.謂之知.不言者.心與道合.惟自知自行.未嘗以言語顯露其妙.切思至妙之理.得之於心.心與道合.知之既真.豈用言語諄諄.用於天下.皆是無為之化.行於天下.皆是不言之教.故曰.知者不言.**言者不知。**世間言道者.多因未悟.故多生議論.議論生而道愈晦.以無形無體之物.而欲以言語形容.必不能肖其妙.則所言.或入於支離.或流於偏僻.而其心實未知道.故曰.言者不知.

塞其兌。閉其門。若是真知修己之功.無不嚴密.處世之道.無不渾同.緘口忘言.謂之塞兌.默守無為.謂之閉門.口是是非之門.言語宣發.心神必動.若不緘口忘言.是非由此而生.人我由此而出.是以深知大道之聖人.慎言語之出入.即是絕是非之塵緣.故曰.塞其兌.

人之六根.眼根為監察之門.耳根為採聽之門.鼻根為出納之門.舌根為審辯之門.身根為動靜之門.意根為起滅之門.此六門.若不閉守關防.則六賊出入.六塵染惹.至於六識交忘.心上之靈台.不能清靜.性分之本體.不能圓照.是以真知大道之聖人.融歸一性.不使內相幻發.屏絕萬緣.不令外相引入.心清性靜.常以閉門.為修己之妙用也故曰.閉其門.修道之人.果能緊閉六門.調養神氣.眼若不視.其魂自然在肝.耳若不聽.其精自然在腎.鼻若不聞.其魄自然在肺.口若不言.其神自然在心.身若不動.其意自然在脾.意若不生.五神自然守舍.五神守舍.名為五氣朝元.從此而元精化為元氣.元氣化為元神.元神還虛.名為三花聚頂.此等妙處.都是六門緊閉之功力也.**挫其銳。解其紛。**真知大道之人.則又挫其銳.以治其內.解其紛.以理其外.挫者.挫去也.銳者.氣猛也.人之有機智.猶刀劍有鋒刃一般.故曰銳.倘若誇會誇能.機智雖巧.精神未有不衒露.德性未有不鑿喪者.惟聖人虛心應物.全無一毫圭角.去其機智.守其愚拙.以挫銳自養.故曰.挫其銳.解者.解釋也.紛者.紛亂也.事物纏繞.不能整齊毆遣.故曰紛.若是物欲交攻.根塵互起.此性未有不迷者.此心未有不亂者.惟知道之人.心不起於欲.性不引於情.常如虛空.物自難染.因事處事.自然鎮靜.紛紜外誘.一毫不有.故曰.解其紛.人能消內念.而去外緣.常清常靜.即是善解其紛.而知磨煉身心者也.**和其光。同其塵。**真知大道之人.又且和其光.同其塵.道德仁義.詩書禮樂.凡有宣著發揮之處.皆是人之光也.功名富貴.人事交接.凡有纏繞墜累之處.皆是人之塵也.聖人道德之體.養之極厚.心德之光.涵之極純.不以自明而先人.人之明.即我之明也.不以己是違物.物之是.即我之是也.忘人忘我.不事分別.我之光與人之光.如以火照火.渾同無跡.故曰.和其光.聖人心上無塵.處世之法.不得不同其塵.所以不棄於人.輔翼訓誨.慇然有同善之心.不棄於物.裁成處置.慨然有一體之誠.雖遇難處之事.不善之人.亦必有法以導之.有情以感之.隨宜順理.期於濟世.故曰.同其塵.吾見今之人.自己之道德.尚未養就.便去分辯善惡.自己之身心.尚未清靜.便去揀擇別人.或妒賢嫉能.或趨名競利.擡手動腳.便入塵緣之境.舉心運念.不知大道之本.卻不思少有人我之分別.便不是道.少有不同之形迹.便不是德.當於此處.打點身心.造到忘人忘物.渾化之地.方可謂真知大道之人也.

是謂玄同。

此句是總結上文之言.上文所謂塞兌.閉門.挫銳.解紛.和光.同塵.皆是與世玄同之妙義.玄同者.謂聖人之同.非世俗之同.聖人之同.妙應不測.渾然無迹.離分別.忘名相.以道同於天下.以德同於世人.雖有貴有賤之不一.有智有愚之不同.聖人以道觀人.其道未有不同者.以德觀人.其德未有不一者.道德既同.則不同之內.自有玄同之妙.故曰.是謂玄同.吾見今世之人.或有同於事.而不同於心者.或有同於謀.而不同於德者.少有乖違.便起分別之見.與物不能相忘.此皆是世俗之同.非玄同也.果能塞其兌.內無所出.果能閉其門.外無所入.果能挫其銳.治之於內.果能解其紛.理之於外.果能

和其光。養之於己。果能同其塵。隨之於物。到此地位。無往而不玄矣。無往而不同矣。既玄既同。真可謂知妙之人也。**故不可得而親。亦不可得而疏。不可得而利。亦不可得而害。不可得而貴。亦不可得而賤。**此六句是言既到玄同地位。妙無妙有。妙動妙靜。心德心微不可測。玄同之妙不可知。心與太極同其體用。與鬼神同其變化。所以不可得而親。不可得而疏。不可得而利。不可得而害。不可得而貴。不可得而賤。倘若可得而親。未嘗不可得而疏之也。倘若可得而利。未嘗不可得而害之也。倘若可得而貴。未嘗不可得而賤之也。果若如此。便不是玄同之德。便不為真知大道之人耳。故曰。不可得而親。不可得而疏。不可得而利。不可得而害。不可得而貴。不可得而賤。學道之人。果能到此。道之不成。德之不玄者。未之有也。**故為天下貴。**此句是總結上文。親疏利害貴賤。無一可加。無一可損。是天下之至貴者。未有過於此者也。貴而無上。不有其名。貴而無位。不求其爵。貴在天下。人不可見。貴在萬物。人不可知。非世間共聞共見之貴。是以強名之曰。故為天下貴。修道之人。若能得此至貴之理。修此至貴之德。可與天地同其體。可與造化同其變。非玄同而何。

治國章第五十七

恭聞治國必用政.用兵必用奇.此二者.皆是有心之作為也.有心作為.其機不密.其事不常.所以聖人治國.以正為奇.用兵.以奇為正.所以用兵於無形.治出於無為.不忌諱而民自富.無利器而國自清.不立法令而四方之盜賊不有.九州之土貢滋多.倘若不然.或以有為.或以多事.道德廢.而私智出.奇兵用.而家國危.天下之事.日為日多.天下之民.日忌日貧.欲求無為之正治.豈可得乎.○此章經旨.乃是太上以治國之道.教人修身之意.治國修身.其事雖異.其道則同.人能知治國之道.其修身之道.便可知也.悟之者.自得矣.

以正治國。正者.不偏不倚之謂.如道德仁義.愛民親賢.皆正道也.自古治國者.未有不以正.君臣父子.無不行之以正.禮樂尊卑.無不導之以正.民心之天德.由正而復.國家之風俗.由正而純.道德既能行於中外.仁義自然化於鄉邦.故曰.以正治國.

以奇用兵。兵之用.原為征伐不庭.非得已而漫用之.必不得已而應之者也.假如兩國相敵.金鼓相當.虛實豈得不有變換.客主豈得不有安排.即湯武仁義之師.亦斷無有使人盡知我之所為者.然奇止可用之用兵.非他事皆可以奇也.故曰.以奇用兵.奇者.人之最好.修道者.一毫也用不着.故指出之以示誡也.

以無事取天下。以正治國.以奇用兵.皆非有事也.況取天下乎.無欲無為.任道任德.非有法以毆之.非有恩以致之.我之化及天下.而天下自歸.我之德感天下.而天下自來.實非取之.而自歸自來.亦若取之也.故曰.以無事取天下.天下尚以無事取.修道之人.又豈可不以無事養天德.自多作為乎.**吾何以知其然哉。以此。**此句是總結上三句之義.上文所謂以正治國.以奇用兵.以無事取天下.皆是無為之正.非有事之作為也.我今何以知此治天下之道乎.蓋因知之以此也.觀此言.知太上有切切可嚀之意也.**天下多忌諱。而民彌貧。人多利器。國家滋昏。人多伎巧。奇物滋起。法令滋彰。盜賊多有。**此八句.皆是不能以正治國之義.譬如禁止民間一切興利之事.便是忌之之義.掩藏民間一切風俗之為.便是諱之之義.明君在位.以道用於天下.以德化於萬民.不妨民財.養育民生.國未有不富.民未有不足者.奚用以忌諱禁民乎.一多忌諱.令煩則奸出.禁多則民困.必有妨民之事.使民不得盡力於生發.安得不貧乎.故曰.天下多忌諱.而民彌貧.利器者.權柄也.人之有權.如有利器在手一般.惟聖人總大綱以御天下.不恃利器也.倘若人多持利器.君之權移之於下.臣之權僭之於上.紀綱法度.刑賞黜陟.皆可以濫用.皆可以妄為也.君臣之道.自此而不明.上下相欺.國家未有不昏亂者.故曰.人多利器.國家滋昏.伎者.能也.巧者.智也.滋者.多也.起者.興起也.攷上古之人.其性渾全.其情朴厚.凡物付之自然.不知用伎巧也.後世有伎巧者出.使人悅之.則愈逞伎巧.以蠱惑人心.為象箸者.必至為玉盃.伎巧愈妙.奇物愈多.故曰.人多伎巧.奇物滋起.法令者.治國之法度律令也.偷物曰盜.害人曰賊.聖王以仁義施於家國.以道德化於天下.不專恃法令也.後代設法以治民.出令以禁民.雖以治國.教民為心.或用之不善.出之不時.法太過.民必流離.令太急.民必不堪.民既流離.流而為盜者有之.民既不堪.亂而為賊者有之.是民之為盜為賊者.皆上之法令太顯有以致之也.故曰.法令滋彰.盜賊多有.以上八句.皆是治國.有為之害也.看經者.請細詳之.

故聖人云。我無為而民自化。此二句.乃是太上引古聖之言.以傷今世時政之異.上言文.以無事取天下.其妙義.非我之私意耳.我昔聞上古之聖人有云.我無為而民自化.我無事而民自富.我好靜而民自正.我無欲而民自樸.我無情而民自清.此皆是古聖之言.細詳古聖之無為.造道入德.絕無人欲之私.修己治人.渾全天理之正.君臣無事.上下相安.順乎天而應乎人.不施異政.以眩天下之民.因其時而勤其事.不作有為.以惑天下之眾.所以天下之民.仰之如瑞日祥雲.感之如和風甘雨.所以不教而民自化.不約而民自歸.故曰.我無為而民自化.

我無事而民自富。無事者.不勞民力.不貴難得之貨.不縱可欲之情.上古之聖王.不求榮貴於一身.不妨農事於百姓.以安閑自處.以養民為心.天下之民.耕而食.鑿而飲.築土而居.陶冶而用.外無困民.內無怨婦.不聞凍餒之聲.每有絃歌之樂.此正是聖人之德澤有餘.無事之妙化也.文中所謂.我無事而民自富.蓋是此義.

我好靜

而民自正。上古聖人.虛心恬淡.篤守無為.以天下之性情.一之於無聲無臭之際.以天下之耳目.齊之於不覩不聞之間.其靜也因天地之造化.由靜而得之.萬物之紛紜.由靜而一之.百姓之善惡.由靜而正之.雖云好靜.好非自好.靜非自靜.好之以靜.則靜中之理定矣.靜中之理既定.則天下之理亦定矣.天下之理既定.天下之民.未有不正者也.故曰.我好靜而民自正.

我無欲而民自樸。私念所起謂之欲.樸者.心之渾厚.聖人之在上.如日月之高明.無物不照.無物不空.天下雖大.不出聖人理會之中.萬民雖多.盡在聖人涵養之內.以無欲修之於己.即以無欲教之於民.耕食鑿飲.盡安於不識不知.入孝出弟.咸歸於天秩天序.不生機智.不事聰明.其樸也.皆聖人之無欲致之也.文中所謂我無欲而民自樸.蓋是此義.

我無情而民自清。喜怒哀樂愛惡欲.皆是情之動也.動之以理.則無所不正.動之於欲.則無所不妄.但聖人之情.不有分別.不生好惡.不立一毫.有我之私.不起一毫物欲之見.故以情言之.從德性中出.人不能見其動.從天理處用.人不能知其用.因時順理.自然而然.在上者.無為惡事.既不以有情之私智.用之於下.在下者.如響如應.必不以有情之私智.奉之於上.聖人之情.與百姓之情.同歸於一.百姓之情.與聖人之情.咸出以真.民之清也.非聖人之無情.何以致之乎.文中所謂.我無情而民自清.蓋是此義.以上共五句.皆是太上引古聖之言.證明以正治國之妙義.任國者.其可不深明乎.

察政章第五十八

恭聞中正之道.是謂天下之大本.萬法之元宗也.修身者.得其中.道無不就.齊家者.得其中.家無不齊.治國者.得其中.國無不治.中正之道.不容機智之巧.不生人欲之私.中正之理.無太過.無不及.是故聖人之所以聖者.只是全此中正之道也.上仙之得其道者.亦只是得其中正之理也.倘若不然.一失其中.禍辱之端.未有不至者.逆亂之事.無有不生者.在上者.未有不失政於下民者也.在下者.未有不狡詐於在上者也.如此.而世道日衰.民心日詐.國之所以難治也.為政者.果能不狥好惡之私.不立察察之政.以中正之道.修之於己.而己無不修.治之於世.而世無不治也.今日文中正是此義.〇此章經旨.乃是太上.因見在上者.過於任智.民不聊生.以致奇正相反.禍福無正.故直指為政之大要.正是愛民愛國之深意耳.

其政悶悶。其民淳淳。

悶悶者.機智不立.政事寬裕.若有不明之貌.是以謂之悶悶.淳淳者.無怨無德.共樂無為.若有篤厚之貌.是以謂之淳淳.細詳自古有國者.必有民.有民者.必有政.既有國政.善必宜賞.惡必宜罰.賞善罰惡之政令.雖然自古有之.古之聖人.卻又設而不為.有而不用也.君聖臣賢.在位無事.以道德自足.不任私智以臨下.以養民為重.不出異政以治民.惟知修德以省躬.不肯自適以勞民.其為政也.寬而有容.渾而且厚.傍觀者.似乎有昏晦不明之貌也.文中所謂其政悶悶者.蓋是此義.雖云悶悶.實非悶悶也.但因聖人以

無事為事.似有悶悶之狀.此正是善治下民者.故有如此之妙.其民淳淳者.民之天性.本自淳淳.惟恐不遇太平之時.不修寬裕之政.狡詐之風.不得不生.為政者.果能以道德修之於己.以仁義施之於天下.其寬厚之恩.自然化溢於四表.其無為之德.自然廣被於多方.天下之民.相忘於大化之中.共樂於至治之世.不識不知.無憂無慮.是故若有淳淳篤厚之貌.雖云淳淳.在百姓亦不知也.此正是治民之道.善於為政之驗也.文中所謂.其民淳淳.蓋是此義.

其政察察。其民缺缺。

察察者.任智盡法.分別善惡.不容於毫髮.是以謂之察察.缺缺者.驚惶不已.畏懼無措.難以應酬.是以謂之缺缺.分別民間之是非.較量法令之得失.不順民情.不隨時務.以私智妄用.以盡法妄為.秋毫不容.片時不待.此便是察察之政也.一立此政.則天下之民.莫不以私智求脫.莫不以用巧求免也.當此之時.譬如嬰兒失母.又如行人遇寇一般.其惶懼之心.有不能已者也.故有缺缺之狀.皆是為政者.以察察之政.使之而然也.故曰.其政察察.其民缺缺.

禍兮福所倚。福兮禍所伏。孰知其極。其無正耶。

禍者.禍辱凶害之事也.福者.福善吉慶之事也.倚者.依從也.伏者.潛藏也.此四句.乃是顯說禍福無常.繫之於倚伏之義.細想世間之人.惟知以機智而求其福善之事.惟知以機智而避其禍害之端.卻不知禍福之事.雖從外來.禍福之機.本自心生.心為萬法之主.心為善惡之源.此心一善.而無所不善.此心一惡.而無所不惡.是故禍福之來去.生之於倚

伏之間.視以為禍.而福之機.卻依從於內.至心強善.未有不轉禍為福者.視以為福.而禍之兆.卻潛藏於中.妄作不義.未有不變福為禍者.是知禍中有福.福中有禍.禍可變福.福可變禍.充類至極之理.孰能察之.孰能知之.亦思禍福原無一定.正者.定也.禍因心轉.福由心作.能懼禍而不為招禍之實.禍亦無一定矣.恃其福而不為得福之事.福亦無一安矣.禍福無正.人安可不審其倚伏之機.自盡其趨避之道矣.所以古聖人.先謹義利之判.次守謙退之心.其修身也.不敢縱欲敗度.其為政也.不敢察察任智.不傲賢而慢下.不肆志以恣情.所以終身不殆.福履無窮矣.

正復為奇。善復為妖。人之迷也。其日固久矣。此四句.正是直指天下之事.無正之義.上句所謂福轉為禍.禍轉為福.事無一定之事者.皆因在上者.不能知倚伏極至理也.無正之義.不但此也.又正復為奇.善復為妖.正本不欲奇.正之久.而奇自生焉.是奇正者.又是倚伏至極之理.君子謹於此.而必察其何以正.何以復為奇.而不敢自忽.善本不為妖.善之過而妖或有焉.是善妖者.又是倚伏至極之理.君子察乎此.而必度其何以善.何以復為妖.而不敢自逸.然非所論於民也.民不能達造化變遷之機.不能知進退存亡之道.昧於機先.而心之靈竅不開.忽於臨事.而事之當然不解.又安望其度奇正.而審妖善乎.下民之迷.非一日矣.文中所謂正復為奇.善復為妖.民之迷.其日固久.蓋是此義.

是以聖人方而不割。廉而不劌。直而不肆。光而

不耀。此四句.又是直指古之聖人.善於為政之妙義.細想古之聖人.不為察察之政.而為悶悶之政者.其妙義.譬如方而不割.廉而不劌.直而不肆.光而不耀.即是悶悶之政也.方是不狥私.不任智.心上方正之義.割者.害也.方之太過.必害其政.聖人以方為體.以圓為用.方中用圓.圓中有方.所以因時順理.方而未嘗方.隨宜入妙.圓而未嘗圓.斷不肯執於方.害其至正之理.亦不肯過於方.失其無為之政.故文中言.方而不割.清而不貪.潔而不染.是以謂之廉.劌者.傷也.常人惟知食守其廉.不知用其廉而為政.聖人以得民為心.不以貪鄙為心.廉潔之本體.存之於心.廉潔之妙用.施之於政.體用兩全.不執一隅之廉.而失其中正之理.不守一己之廉.而廢其為政之事.以廉用其理.以理用其廉.天下國家.廉中之實理同然.修己治人.廉中之德用一致.有體有用.所以不傷其為政之事也.文中言廉而不劌.蓋是此義.以正處事.不失其真常之理.便是直字之義.肆者.急切太甚.令人難堪.為政者.固貴用直.以中正之道率人.以無私之為臨下.心無曲而乃能導民以善.事無曲而乃化民以正.然非過用直.而至於肆.任己意而不察民情之宜.憑己見而不審事機之便.無敢太過.無敢不及.得當然處正之宜.天下未有不直者.國政未有不治者也.文中言.直而不肆.蓋是此義.理無不明.事無不照.是以謂之光.不以光明自生炫耀之心.是以謂之不耀.聖人之心光明.所以人心之天德.事物之至理.種種皆明.但聖人之心光.比常人之光不同.常人之心光.炫耀於外.聖人惟能含於內.盡性情之正.明天理之全。天地之事物。無所不明。顯微之造化。無所不燭。光中罔象之元機。人不能知。光中不耀之神化。人不能見。養深積厚。去妄存誠。達本窮源。不立機智。心光妙用之大。雖然隱微。自知之光。未嘗不上符於天道。下參於地理。中合於人心也。故文中以光而不耀言之。蓋是此義。○此章經義。是言在上者。失於中道而為政。在下者。未有不失於中道者也。上下之中道既失。所以上不能為悶悶之政。下不能復性理之全。互相顛倒。互相錯亂。或正復為奇。或善復為妖。迷之日久。無所不至矣。是故太上叮嚀反復。一者救民之迷。復民之性。二者挽回天下。修無為之政。深有責望於天下後世者也。

長生章第五十九

恭聞長生久視之道.非深根固蒂.則不能安身立命.治國修身之本.非重積其德.則不能治人事天.治人事天者.不從其母.則國本不立.安身立命者.不從其母.則大道不就.既得其母.則子之道不求而自立矣.是故古之聖人.以道自足.以德自守.道之外.不敢挾私智以治人.德之外.不敢立二心以事天.此皆是盡於道.以道從母之體用.盡於德.以德從母之功力也.所以抱元守一.終日如愚.而無不克.正己感人.終朝早服.而重積德.從母之意念.未嘗一刻間斷.從母之心力.未嘗須臾少離.因積德功深.故能一天地之理.因嗇養日久.故能盡事物之變.以此觀之.造道入德.至於此等地位.身與道合.德與天同.世俗豈能知其窮極乎.○此章經旨.是示人立本窮源之義.

治人事天。莫若嗇。

正人心.明大義.使天下之人.各遂其生.復其性.便是治人之義.不愧於天.不逆其理.存心養性.便是事天之義.嗇者.儉也.心神收斂.一切逐物喪真之為.不敢妄動.便是嗇字之義.細想治人之道.徒以刑政法度.民懼其威.未懷其德.雖有功利及於天下.雖以智慮施於家國.天理未全.人心未正.欲治人.而反不能治於人矣.事天之道.不徒以禮樂祀典事之於天.果能至誠無妄.仰不愧.俯不怍.則禮樂祀典.無不感通矣.倘若虛設典禮.誠心不立.精神不能上達.聲氣不能感通.欲事天.而亦不能事天矣.是故古之聖人.未治於人.

先修於己.未盡天事.先盡人事.治人事天.莫若以嗇.人能心不外逐.則天理全備.天理既備.則心德純粹.我之心德.未嘗不是太極之全體也.我之本性.未嘗不是無極之大道也.精神自然遠大.德力自然無窮.天體雖高.精神自然上達.世人雖多.德力自能感通.未有修於己者.不能治於人者也.未有盡於人事.不能盡於天事者也.修道之人.果能出入行藏.不愧於天.視聽言動.不逆其理.此便是事天之要道.事天之事.於此而盡矣.果能克去己私.不怍於人.此便是治人之要道.治人之理.於此而得矣.文中言治人事天.莫若嗇.蓋謂此也.

夫唯嗇。是謂早服。早服謂之重積德。

上文治人事天.莫若嗇.嗇字之義.雖已明示.可知治人事天.深以嗇.切切然.所以接續上文.復又言曰.夫唯嗇.是謂早服.早服謂之重積德.預先行持而不輟.謂之早.身心佩服.須臾不離.謂之服.切思物欲未萌之先.天命之性.本自純全.本無欠少.若不存誠養志.力行進修之工.恐其念後接續.少有人欲之私.感物而妄動.則天德之明體.未有不汙壞者也.所以嗇養之功.即是早服之先機.積德之大本也.養之於此.乃是精神全備之初也.修之於此.正是物欲未萌之先也.人能從此處.預先下手.時時佩服.而養深積厚.刻刻潛心.而造道入德.則天地之全德.未嘗不與我渾融而無間者也.人心之至理.未嘗不與我具足而圓明者也.是故物欲未萌之先.雖宜嗇養.精神全備之初.雖當早服.但非一日之存養.便可治人.暫時之早服.即可事天.必須愈養愈深.愈積愈厚.損一分人事之妄.即全

一分道性之真.去十分物欲之私.必增十分天德之明.積之日久.天德日新.天理日固.身備萬物之造化.心含天地之精英.不待思勉.無往而非治人之大道.無往而非事天之至理也.**重積德則無不克。**不但重積其德.可以治人事天.又重積其德則無不克矣.克者.勝也.譬如養之既深.積之既厚.我之德.能勝一切事物.一切事物不能勝之於我.是以謂之無不克.人能素養之功.用之已久.進修之力.積之已深.太極之全體.融歸於無為無欲之先.無極之至理.致靜於不覩不聞之際.積而又積.譬如積黍稊而成太倉.積涓流而成大海.蘊之於心.心全天地之理.用之於事.事合萬事之宜.能方能圓.能小能大.有動有靜.有體有用.雖不有心.勝於天下.天下之人.遠者聞風而向化.近者親慕而服行.不求克而無所不克.不求勝而無所不勝.此皆是重積德之徵驗也.**無不克則莫知其極。**積德深厚之徵驗.不但無不克也.又莫知其極矣.心德流行之妙用.為而不為.不有耳目視聽之用.無為而為.不立崖岸見聞之迹.不知其始.不知其終.言語不可求.心思不可致.此便是莫知其極之義.天地無限量.我之心德.亦無限量.大道無窮盡.我之心德.亦無窮盡.可與陰陽同其出入.可與造物同其變化.此等妙處.雖用之終身.而無窮無極.但世人不能知也.故文中言.無不克.則莫知其極.**莫知其極可以有國。**此二句.亦是重伸上文.再彰心德響應之義.細想心德之妙用.既無所不克.用之不窮.而莫知其極.積德如此.惟知以德為心.德之外.未嘗有所容心.雖無所容心.而實足以感化於天下.如中天之日月.無處不明.無所不照.天下國家.無不歸於道德之化者.止之不能止.去之不能去.不求其有.未嘗不有矣.文中所謂.莫知其極.可以有國.蓋是此義.

有國之母。可以長久。是謂深根固蔕。長生久視之道。此四句.乃是總結道德嗇養之工力.治人事天之德用.終無弊敗之義.細想積德之聖人.天下國家.雖然不求其有.而未嘗不有.此非聖人以有國為心.而有之也.亦非世人因有國而歸之也.蓋以有國者.有之於有國之母.歸之者.亦歸之於有國之母.大道之實理.生成天地.養育萬物.萬物不能無道而自生.天地不能無道而自立.道為天地萬物之母.聖人重積其德.而深全其道.有國之母.國之長久.亦不能違其母之道也.文中所謂有國之母.可以長久.長久者.開萬世不朽之事業.成古今不易之功能.合天地而長存.歷古今而不變.但所以長久之妙義.人實不能知之一.故言.是謂深根固蔕.長生久視之道.一切事物之本始.謂之根.譬如樹之有根.瓜菓結實之處.謂之蔕.瓜菓之生.因有蔕.故能開花結實.而長生矣.樹木之生.因有根.故能枝葉茂盛.而長生矣.此是取喻有國之母.即如果木之有根蔕也.根蔕長久.其國未有不長久者也.國之長久.得其長生久視之道也.天地改易.長生者不改.劫運雖遷.久視者不遷.存於先天之先.運於後天之後.無有止息.無有間斷.皆因重積其德.故有長生久視之應驗也.文中言.是謂深根固蔕.長生久視之道.正謂此義.○細詳此章經義.雖言治人事天。有國長久。須知治國之道。與修身之道。其事雖異。其理未嘗不同也。人能以儉嗇立本。以積德為心。身中之私妄。無不克盡。身中之天德。無不早復。玄牝之門。即是身中天地之根。谷神不死。即是身中長生之母。守此玄牝。便是深根固蒂。鍊此谷神。便是事天治人。終日綿綿。便是重積其德。人我兩忘。便是莫知其極。果能如是。謹其內。不生六賊之魔。防其外。不入萬緣之化。身中之國土。未有不清靜。身中之國運。未有不攸久者。我之性天。豈非有國之君乎。煉就全身而不生不滅。修成道體而無極無窮。豈非長生久視之道乎。

治大國章第六十

恭聞天道之大.於穆不已.人心之初.真一不二.天之所以與我者.無一善之不備.人之所以受命者.亦無一善之不全.人能不溺.人欲之私.不作喪心之事.全於生理.歸於天道.可謂天地之肖子也.則事天之能事備矣.倘若不然.不能歸於正.或亂德亂義.或恣縱情欲.失本亡真.逆其理者.則是逆其天也.逆天之人.豈能合天地.通鬼神乎.是故聖人之心.不失受命之理.不違天命之道.天人自然一致.鬼神自然合德矣.○此章經旨.乃是太上顯示安天下之民.以靜立本.以道治天下之義.

治大國。若烹小鮮。萬乘之國.謂之大國.魚之小者.謂之小鮮.細詳國之小者.能順於理.安於分.以養民為心.以卑下自處.小國未有不治者.但大國則與小國不同.大國民強國富.勢極位尊.民之風俗.易於奢侈.國之刑政.易於貪婪.本不易於治也.雖云難治.若有道之聖君.治之則不難矣.觀大如小.視難若易.治大國若烹小鮮一般.小鮮之魚.烹之者.不可太過.不可不及.先後緩急得宜.則魚全而肉不潰.倘若火候不知.妄用攪動.魚肉必然潰亂.魚形不得其全矣.是故治大國者.不以異政亂民之心.不以巧智亂國之政.民之在國.猶魚之在釜一般.烹魚之法.與治國之道.其事雖異.其理未嘗不同也.治國者.果能如烹魚之法而治之.則民物之情自知.隨宜之理自見.文中言.治大國.

若烹小鮮.蓋謂此也.

以道莅天下。其鬼不神。

上句所謂.治大國.若烹小鮮者.非有奇術異政而然也.蓋因有道之聖君.以道莅於天下.莅者.臨也.臨事而治謂之莅.細想天地陰陽.莫非道也.鬼神幽顯.莫非道也.君臣父子.莫非道也.民情事物.莫非道也.果能各成其性之正.各得其道之理.存之於心.行之於事.合天下自然之道.修之於身.治之於國.得天下自然之理.陰陽鬼神.處其正而不違.天下國家.得其理而不亂.則天下之民.莫不盡性情之正.天下之事.莫不得事物之宜.天時人事.感聖人之道.莫不化而為道.鬼神吉凶.感聖人之道.莫不遵而行道.所以其鬼不神矣.不神者.因聖君以道莅天下.陰陽各得其正.故鬼氣之靈.不敢處於陽明之上.不神不義.謂此也.此正是有道之聖君.以道臨莅於天下.大道感應之機.應之於此.倘若不然.或不以大道臨莅於天下.陰陽從此而不和.邪正從此而相反.小人之道日盛.君子之道日衰.或君弱臣強.或臣行君事.必致鬼氣乖張.妖孽作亂.其鬼未有不神者矣.此是不能以道莅於天下之驗也.文中所謂.以道莅天下.其鬼不神之義明矣.

非其鬼不神。其神不傷民。

此二句.乃是伸明上句之義.上句所謂其鬼不神.非謂其鬼不能以鬼之道而神之者也.蓋因天神地祇.以福民為心.以保民為德.其神本不傷於民.神既不傷於民.豈有鬼之道敢傷於民乎.此所以鬼神各得其正.各得其理.故文中言.非其鬼不神.其神不傷民.細想鬼神者.二氣之良能也.鬼之道.屈而不伸者.得其陰氣之正.神之道.伸而

不屈者.得其陽氣之正.鬼之不神.正是得其鬼之理.神之不傷民.亦正是得其神之理.是故鬼之不神者.不神於道也.鬼之道既屈.自當不神矣.神之不傷民者.蓋以神之道既伸.自當不傷於民矣.各安其分.各從其事.各得其理.各守其道.皆因聖君以道莅於天下故也.倘若莅天下者.恣縱情欲.背道失德.大干天地之和氣.以致陰陽之反復.雖然鬼神不以傷民為心.鬼無不瀆.神無不憎.必然乘隙加害.彰其報應.其鬼未有不神者.其神未有不傷於民者.但鬼神加害.非鬼神之過.皆因不能以道莅於天下.故有鬼神之害矣.**非其神不傷民。聖人亦不傷民。**此二句.亦是伸明上句之義.上句所謂鬼之不神.因神之不傷民.神之不傷民.亦是因聖人之不傷民.所以神不傷於民.細想神之為神.乃是得天地陽氣之正者也.聖之為聖.亦是得天地之正理者也.神明以正氣.施化於天地.聖人以正理.設教於天下.天地之正氣.未嘗不存養於聖人之心.聖人之正理.未嘗不妙合於神明之德.所以養民愛物.聖人有無為治化之功.護國愛民.神明有陰陽不測之妙.神明之神氣.無處不有.聖人之正理.無所不化.聖人之道.既無所不化.則聖人之心.以不傷民為心者.深可見矣.既以不傷民為心.聖人之心.合鬼神之心.鬼神之德.合聖人之德.鬼神豈有傷民者乎.鬼神與聖人既不傷民.陰陽相得.理氣感通.天下國家.未有不治者矣.天下之民.未有不安者矣.文中所謂.非其神不傷民.聖人亦不傷民.蓋謂此也.**夫惟兩不相傷。故德交歸焉。**此二句.乃是總結上文之義.細想神之在天.以生物為德.聖之在位.以養民為心.神之所以為神者.善應而不測.聖之所以為聖者.善治而無為.神以不測應於天地.其德所以無窮.聖以無為治於天下.其德所以廣大.德之無窮者.正是神不傷民之顯應也.德之廣大者.正是聖人不傷民之功力也.神之顯應.聖之功力.兩不傷民.所以聖人之德.與神明之德不異.神明之德.與聖人之德同然.文中所謂交歸.因聖人之德.與神明之德.理氣合一.所以天地交歸.而天地合德.日月交歸.而日月合明.五行交歸.而五行順序.六氣交歸.而六氣相生.鬼神交歸.而鬼神各正.陰陽交歸.而陰陽流通.是故天地之陰陽.鬼神之吉凶.莫不各得其正.家國之理亂.民物之安危.莫不各得其正.德之交歸者.交歸於此也.此正是兩德交歸於一德.一德交歸於一道.到此天地.治大國若烹小鮮.信不誣矣.文中所謂兩不相傷.故德交歸焉.蓋是此義.○此章經義.細詳鬼神之所為.乘陰陽之氣而為之也.陰陽之氣.散則萬有.人不見其有.歛之一無.人不知其無.其變化往來.屈伸相感之妙.本不可得而知之.本不可得而見之.雖不可知.雖不可見.卻不知聖人之感通於鬼神者.存其心.無一毫有我之私.盡其性.無一物有為之妄.所以道合陰陽.德應鬼神.能一天地萬物之理.能一鬼神禍福之機.以道莅於天下.譬如春風和氣.充塞乎天地之間.萬物感應.莫不各得其理.莫不各正其性.此非聖人有心而然也.盡自己之性.未有不盡人物之性.盡人物之性.未有不窮天地之理者也.以是思人之有身.即如天下之有國.心為一身之

主.即如皇王為一國之主.身中之陰氣.屈而不伸.身中之陽氣.伸而不屈.即是身中鬼神之道.果能認得道為性之本.性是心之源.以大道立性命之根基.以神氣施陰陽之造化.進大防危.未嘗不是烹小鮮.而治大國也.調和鉛汞.未嘗不是莅大道.以正鬼神也.了悟此義.性命未有不交圓者.身中之天下國家.未有不治者矣.

為下章第六十一

恭聞道無尊卑.德有大小.道之尊也.不以國之小大而尊之.德之大也.不以位之尊卑而大之.有道者.法天地自然之理.體無為至治之化.心普萬物而無心.情順萬事而無情.小大相忘.人我不立.心德湛然.不存物欲之私.天理純備.不起好惡之見.處於上者.如天之覆.無所不容.處於下者.如地之載.無所不納.到此天地.虛心忘己之道.無往而不妙感.以靜為下之德.無往而不妙應.天下之國.雖不求兼蓄.未有不兼蓄者矣.不求入事.未有不入事者也.文中所謂.是此義也.○此章經旨.是示大國小國.皆當以卑下自處之義.大國小國.果能以卑下自處.大國無慢下之患.小國無傲上之憂.彼此懷德.天下無事.而有益矣.

大國者下流。天下之交。

嘗聞國有大小.位有尊卑.自古大國之君.以己之國.交於天下之國.虛心自下.曲己從人.不計其位之尊卑.相忘於國之大小.如水下流.去高就下.能以下流之德.交於小國也.以下流之德.交於一切小國.一切小國.亦未有不自下事於大國者也.交於小國.不過一人之就下.小國交於大國.乃是天下人之就下也.以一國之交.合天下之交.不期大而自大矣.以一人之就下.合天下人之就下.不期眾而自眾矣.譬如大海以卑下自處.所以能納百川之水.積小自然成大.善交天下.其妙義蓋如此也.故曰.大國者下流.

天下之交.**天下之交。牝常以靜勝牡。**此二句.是重伸上文之義.陰為牝.陽為牡.牝主靜.牡主動.陽氣動.陰氣靜.以陽交陰.而陰常勝者.陰靜也.以靜勝動.即以牝勝牡之義.大國之君.謙讓自牧.去高就下.既以謙讓下流.而交於小國.是以不勞而自益.不言而自勝.天下之小國.近悅遠來.四海賓服.如水流歸海.不求交而自交.文中所謂.天下之交.牝常以靜勝牡.義蓋如此.**以靜為下。故大國以下小國。則取小國。小國以下大國。則取大國。**以靜為下者.不但大國.雖小國亦是如此.是故大國下於小國者.撫之以恩榮.通之以德信.忘其大而蓄其小.此是大國以靜也.其所取者.取其同於道.同於德.無為於上.小國自然悅服.文中所謂故大國以下小國.則取小國.蓋謂此也.小國下於大國者.仰之以天威.奉之以土貢.尊其大而保其小.安其小而從其大.此是小國以靜也.其所取者.取其帝力之威.保國庇民.永享安常之福惠.海晏河清.永絕生民之塗炭.文中所謂.小國以下大國.則取大國.蓋謂此也.若使不能以靜為下.則小國必抗於大國.大國必凌於小國.或吞之於土.或爭之以利.或小大失信.或上下相乖.敗亡之道生之於此.禍辱之端起於此矣.此皆是不能以靜為下之害也.任重者可不慎乎.**故或下以取。或下而取。大國不過欲兼蓄人。小國不過欲入事人。**此四句.又是重伸上文之義.上文所謂大國以下小國.小國以下大國.細想大國如天．小國如地．天之尊．君之道也．地之卑．臣之道也．大國之君．其德如天．當以虛心忘己．如太虛之無所不包含．無所不養育．此是天之德也．自當下於小國．故曰．故或下以取．小國之君．其德如地．嘗以柔順自處．加坤元之無所不承天．無事不順應．此是地之德也．自當下於大國．故曰．或下而取．以此觀之．大國或遜下．以取之於小國．小國或卑下．而取之於大國．在大國之寄意．不過欲兼蓄於人．譬如小國大國．一體同觀．不起分別．忘其小大．皆以蓄養百姓為心．所以天下一家．小大一致．化溢四表．德被萬方．故曰．大國不過欲兼蓄人．在小國之寄意．不過欲入事人．譬如夙夜匪懈．以下奉上．朝夕乾惕．乃保一隅．入而事之於人．所以能庇其民．保其身．守其國．君臣共安於大國之兼蓄．故曰．小國不過欲入事人．大小之寄意．雖然不同．均是不逆其理．不徇己私．合天地之心．合君臣之意者也．

兩者各得其所欲。故大者宜為下。

此二句．是伸明一章之經旨．總結上文之大義．大國下於小國．則小國仰其天威．懷德懷恩．小國下於大國．則大國以天下同觀．虛心忘己．設使大國．不能謙讓自遜．矜高自大．小國雖有入事之心．終亦不能遂矣．設使小國．不以卑下自處．各懷異見．大國兼蓄之德．亦不能全矣．今兩國各得其所欲者．蓋因大國善合於小國之心．小國善承於大國之志．大小之欲．共合一心者．乃是忘其小大也．是故大國為小國之司命．小國為大國之輔翼．天下之大．萬國之多．皆以大國為重．天下既以大國為重．大國宜乎下矣．是故文中言兩者各得其所欲．故大者宜為下.○此章經義.不但大國當以虛心忘己.下流謙遜之德.兼蓄小國.小國當以卑下自安.服行尊主之德.入而事之於大國.詳觀修身之道.未嘗不與此同矣.身中性命真常之理.未嘗不是大國小國之義.身中陽施陰受之妙.未嘗不是牝牡之理.且如乾剛坤柔.性屬陽而命屬陰.尊者自當尊也.卑者自當卑也.陰靜陽動.動則舒而靜則翕.動者自當動也.靜者自當靜也.此是陰陽配合.各得其理.兩國相安之道.倘若不然.或陰陽失配.或水火不交.身中之神氣.必致乖張.身中之五行.必致錯亂.此即是大國不能兼蓄.小國不能入事.小大失正.未嘗不有家國傾危之害也.所以修行人.各當低心下意.絕其人我之私.去其無明之妄.內忘於己.外忘於物.尊大國兼蓄之德.以柔用道.體小國入事之心.以情歸性.其乾坤合體.牝牡自從.身中之陰陽.自然施化.身中之性命.自然交圓.以靜為下.真可謂大道總持之秘要也.

道奧章第六十二

恭聞有此道.便有此奧.道奧之妙.無形影之可求.無邊際之可見.言其大.大而無外.言其小.細入微塵.天地萬物之外.奧無不有.天地萬物之中.奧無不在.非陰非陽.一切陰陽.莫不本之於此.非動非靜.一切動靜.莫不藏之於此.以至理推之.未嘗不是二五之精.以大道言之.未嘗不是眾妙之門.以天地窮之.未嘗不是藏機之時.以修身詳之.未嘗不是產藥之源.修道之人.果能真得此奧.無為之性自圓.無形之神自妙.變化無窮.隱微莫測.靈通無礙.隨心運動.我之性即道.我之心即奧矣.為天下貴.不亦宜乎.○此章經旨.是借物明之義.道雖無形.道之奧無物不藏.道雖無位.道之貴無所不尊.人能得此道奧之妙.是謂敦本立極.止於至善之地.修之於身.用之於天下.無往而不善也.

道者萬物之奧。

奧者.深也.萬物深藏於大道之中.方有生成之妙.是以謂之奧.細詳無極而太極.貫乎陰陽.通乎動靜.無往而非圓機.無適而不順化.能生一切有無.能御一切形色.先天先地而素有.後天後地而不改.是謂造化萬物之本始.生成萬物之根柢也.生生化化.得其理者.即是得其奧.天地不藏此奧.則天地不能覆載.萬物不藏此奧.則萬物不能生成.統萬物而無間者奧也.貫古今而無遺者奧也.視之不見.聽之不聞者奧也.取之不得.捨之不失者奧也.但天下之人.日用而不知.日為而不見.若或知之見之.則又不足以為奧矣.文中

言.道者萬物之奧.蓋是此義.**善人之寶。不善人之所保。**明大道之理.得大道之奧.體用悉備者.善人也.不明大道之理.不悟大道之奧.體用未備者.不善人也.善人道與身合.而身即是道.性與奧合.而性即是奧.修之於身.用之於世.行於天下.如春風之和氣.無物不感.被於生民.如天雨之及時.無所不潤.無一事不賴道以為持行.無一時不本道以為運用.故曰.善人之寶.不善人.雖未得大道至理之奧.未臻道奧.至善之妙.亦知大道.是人身之至寶.只因生質不敏.見之不能真.不得不須持守之力.悟之不能透.不得不用固執之勞.倘一時少懈.即為一時之不保.倘一事有忽.即用一事之不保.保之又保.乃可以全其寶.故曰.不善人之所保.**美言可以市。尊行可以加人。**本道以出言.為天下至義之言.發明天理之當然.開示人心之宜然.善人之寶在道.所以善人之言必美.然此美言.不可徒善於己.當以公諸世市.如與人交易.而人無不悅服.人人欽此美言.則人人可近於道.皆美言之顯著也.故曰.美言可以市.本道以為行.為天下至尊之行.內而身心性命之無不盡.外而家國天下之無不治.善人之寶在道.所以善人之行必尊.然此尊行.可行於一己.即可持以與人.加如因其無而餽送.而人無不領受.人人遵此尊行.則人可進於道.皆尊行之錫予也.故曰.尊行可以加人.**人之不善。何棄之有。**此二句.是伸明上可以市人.可以加人之義.細想人生天地.其不善之人.雖然未得大道至理之奧.其本來之德性.未嘗不有.

固有之良知.未嘗不具.是故善人以大道之美言.市之於天下.以大道之尊行.加之於世人.聞其言者.莫不去妄存誠.自新其善.而改其不善者也.見其行者.莫不注意潛心.自悔不善.而力行其善者也.不善者.皆可變而為善.故文中言.人之不善.何棄之有.**故立天子。置三公。雖有拱璧。以先駟馬。不如坐進此道。**此五句.乃是引喻以道援天下之義.立天子.為天下之至尊.置三公.為五爵之至貴.非有別義.只為以道援於天下故也.所以天子之君天下者.君之以道.三公之治天下者.治之以道.且如以玉物圭璧.天子所拱.四馬共一乘.國家以駟為先.拱璧駟馬.雖然貴重.若不體之於道.以大道援於天下.雖有拱璧之貴.雖有駟馬之先.終不如坐進此大道之奧矣.坐進者.不用有為.不勞動作.順其自然.深入其中而無不透徹.天下之大本自立.天下之大用自行.天下之人心自正.天子三公.以道援天下之事畢矣.故曰.立天子.置三公.雖有拱璧.以先駟馬.不如坐進此道.**古之所以貴此道者。何不曰求以得。有罪以免耶。故為天下貴。**此四句.又是設問之辭.反伸道貴之義.孜上古之聖人.上以此道而命下.下以此道而奉上.所以繼天立極.代代相承.皆以此道貴之.既貴於古.即當思古之所以貴者.何以為天下貴.在天子即當求進於道.而日求以得.在三公亦當求進於道.而日求以得.日日求.日日得.所以修己者.無不修矣.所以治人者.無不治矣.倘不日日求.必日日悖乎道.不日日得.必日日失乎道.悖乎道.失乎道.安得無罪耶.安得免罪耶.若使能求得.有罪未有不免者也.以我之得.可與天下同得.而我為天下之尊.而莫之過也.以我之無罪.可導天下同其無罪.而我為天下之法.而莫之外也.天下不能過.天下不能外.非天下之至尊乎.故曰.古之所以貴此道者.何不日求以得.有罪以免耶.故為天下貴.人若會心於此.果能深入於奧.將見善人之寶在我.言可美.行可尊.拱璧四馬.不足為貴.所得者道.所免者罪.又何古之不可及.天下之不貴乎.

無難章第六十三

恭聞生死之事.性命之微.皆是至大至難之事也.若能向五行不到處.父母未生前.妙悟生死之源頭.即得見元始至尊.勘透本來之面目.可入於黍珠之內.非有工巧.未嘗費力.炁合元初.自然入妙矣.修道之人.圖難於其易.為大於其細.當於此處睜眼.無為無事.而事無難易.盡己盡人.而怨惡不萌.到此天地.無所往而非至誠之理.無所往而非中正之道.圖難於易.為大於細.無為不可成.無事不可就.又何有足以難我.聖人之不可法乎.○此章經旨.是示人立德務本.終無難事之義.

為無為。事無事。味無味。為無為者.聖人之為.為之於道.為之於理.常人之為.為之於名.為之於利.為之於名利者.乃是有欲之為也.無私之為.不用安排.無為而自然成就.未嘗勉力.無為而自然入妙.是故聖人之心體虛靜.聖人之德性渾極.不生逆料之心.不起將來之意.以無為而為.人不能知其為.人不能見其為.因不能知其為.所以廣大悉備.無為而無不為也.因不能見其為.所以自然合道.無不為而無所為也.文中所謂.為無為.蓋是此義.事無事者.聖人之事.與常人之事不同.聖人之事.其事遠大.其理幽深.常人之事.易見易聞.易得易失.遠大幽深者.公天下之事也.見聞得失者.私天下之事也.是故聖人之心迹.判然無所留礙.事之來也.因其來而應之.不起意必之念.

事之過也.因其過而忘之.不存固我之想.終日應事.而實無事也.若以有事應事.則私念起而事愈多.與常人之易見易聞.易得易失者何異乎.故文中言事無事.味無味者.聖人之味.與常人之味不同.聖人以道味為味.常人以世味為味.道味者.世人不味之味.世人無味之味.不味之味.其味之妙.人不能知.無味之味.其味之理.人不能得.所以有益而無害.若世俗之味.皆是情欲之味也.情欲之味.趨之者眾.好之者多.其味易失.其味易敗.所以有害而無益.是故聖人捨其世俗.所爭之世味.味其世俗無味之道味.雖然口不能咀嚼.心中之領會自深.身內之涵養自妙.所以味之而天理自明.味之而人倫自著.味之而盡己盡物.無所不融通.無所不一貫也.常人豈能味此.無味之味乎.文中言.味無味.蓋謂此矣.

大小多少。報怨以德。

上三句.所謂無為.無事.無味.皆是順其自然.不立己見.因感為應.不生有我.即令人之加於我者.或大或小.或多或少.為人心可怨者.然可怨在彼.而我何怨焉.若因其可怨而報之.必欲相稱.則大小之念無所不起.多少之見無往不生.由是而人之加於我者不已.我之欲報人者無盡.是人之失.而我亦失也.惟忘乎可怨.報之如無怨.可愛者.仍以愛施之.可親者.仍以親遇之.報之以德.在我之心.空空洞洞.無所留滯.在人亦可感化.而感歸於無事矣.故曰.大小多少.報怨以德.怨猶以德報.況有德於我者.報之更有加於所施之德.則我之報.無人不可樂.無人不可感矣.與天下相化而無事.與萬民同心而無為.故曰.大小多少.報怨以德.深為修道之

人.廣其有容人之量.化其藏宿之私也.**圖難於其易。為大於其細。天下難事。必作於易。天下大事。必作於細。是以聖人終不為其大。故能成其大。**此八句.是示人凡有為.凡有事.凡有味.皆不可自入於難.先求於大.天下之難事.欲圖於難.先圖於易.天下之大事.未為於大.先為於細.難事必先自容易之時.作之可也.大事必始從細小之時.為之可也.倘若不然.始作不易.終必難矣.始作於大.終必小矣.是以聖人從微至著.積小成大.遇事而優為.先機而後事.以謙退自守.以虛心自立.無為而為.不作為難之事.無事而事.不立為大之心.所以為無為.為而無不成.事無事.事而無不就.味無味.味而無不自得.到此天地.何患不能成其大乎.文中所謂.圖難於其易.為大於其細.天下難事.必作於易.天下大事.必作於細.是以聖人終不為大.故能成其大.蓋是此義.**夫輕諾必寡信。多易必多難。是以聖人猶難之。故終無難。**此四句.正是以自入於難.先求於大之病.深戒世人之義.細想言之出於口者.不可不謹.身之行於事者.不可不慎.言若不謹.其言必失.事若不慎.其事必廢.此所以大小多少之怨惡.自此而生.難易得失之是非.自此而起.譬如淺陋之人.言不慎誠.意無一定.只徒妄誇大口.妄自輕諾.以言語輕易許之於人.事至竟不能踐其言.言行不能相顧.所言終無著落.必然寡信矣.文中所謂.輕諾必寡信.事之將行.不思前後.不慮始終.

不知事之輕重.不審事之可否.以為無事不可任我作.無時不可隨我便.以多易之心.而輕忽淺躁.事之機會不知.往往可行者.皆成不可行.往往能行者.皆成不能行.多易必變而為多難.文中故言.多易必多難.是故聖人猶難之.不敢妄進.所以圖難於其易.先難後易.所以為大於其細.知易而守難.猶難之難.不難而似難也.似難乃可不難也.聖人且如此難之.所以至難者.終不足以難聖人.文中所謂.是以聖人猶難之.故終無難.蓋是此義.○此章經旨.蓋言有其形器者.必有小大之分.入乎籌算者.必有多少之數.以形器而分小大.以籌算而量多少.其恩怨未有不生於此者.惟獨大道之妙.非形非數.無怨無恩.聖人與大道同然.不有恩怨.譬如寶鏡高懸.物來則照.物去則空.明體不虧.真光不昧.隨機妙應.應之無情.無可無不可.無動亦無靜.此便是聖人為無為之妙處.不但此也.致虛守靜.反博歸約.雖紛紜萬變之事.交於目前.如觀掌果.如視手紋.莫不洞見其始終.莫不了知其本末矣.此便是聖人事無事之妙處.天地之至味.歛之於身心.而無不咀嚼.取之而不可竭.挹之而不可窮.服食於終身而不可去.惟默而識之.不能以言語形容.譬如啞人食蜜.惟獨啞人知之.人不能知也.此便是聖人.味無味之妙處.今日聞經之上士.果能了悟此三者之妙義.則萬事俱備.無事不圓通也.

輔物章第六十四

恭聞天下之萬事.其自然之理.一理以貫之.天下之萬物.其自然之性.一性以成之.事得自然之理.其事無不美.人全自然之性.其性無不善.自然之性.如太虛一般.無時不圓明.無時不清靜.不容造作.不受汙壞.少有一毫造作.則私欲即生.少有一毫汙壞.則天理即滅.天理既滅.則塵勞妄想.無所不有.私欲既生.則是非人我.無所不立.當此之時.法性中.自然清靜之境界.化為無底之業坑.滿腔內.盡是無明.動念處.莫非魔障.其自然之性.於此未有不遷於物欲而妄動者也.既以遷於物欲.性動心生.豈可謂自然之性乎.是故修道之人.欲求自然之性.當於私欲未萌之先.求其不覩不聞之妙.則自然之性見矣.其不覩不聞之妙.即是無欲無為之實際也.在心為性.在事為理.文中所謂復眾之所過.復者.返還也.還復固有之善性也.又輔也.輔萬物之自然.謂之復.固有之善性.此處若不復不輔.譬如源頭之水不清.派流之水.豈能清乎.是故修真之上士.事不妄為.機不妄動.非自然之實地.一步不行.非自然之實理.一言不發.終日行.而終日未嘗行也.所以行無轍迹.步步皆有實地.又終日言.而終日未嘗言也.所以言而不言.言言流行天理.世間之人.果能如此而行之.是謂得理全性之人.其易破易敗之患.何能有乎.○此章經旨.全重無為無執四字.聖人無為無執.故能輔萬物之自然.故無難易之情.故無敗失之患.倘若不然.一有所為.未有不敗者.一

有所執.未有不失者也.人能無為無執.與聖人同矣.

其安易持。甯靜無事之時.謂之安.持者.守也.人之一身.目欲視.耳欲聽.口欲言.身欲動.心欲思.安靜之時甚少.持安亦甚難.惟內念未發.外物未接.當此甯靜之時.澄心於一念不起.察機於一意之將發.不使潛滋暗長.甚易為力也.倘若不然.外物以牽.情欲已動.此時欲持.即如國家危亂之秋.賢人在野.佞臣在朝.人民不安.國事不甯.持之於上.不能持之於下.持之於左.不能持之於右.上下相違.左右背逆.豈不難持乎.故經言.其安易持.欲人圖之於早也.

其未兆易謀。事端之始.謂之兆.謀者.慮也.如事之未發.是非善惡之情未見.吉凶悔吝之機未萌.是謂無事之始.是謂未兆之先.喜怒哀樂.未發於外.動靜由我.此時謀之.不有轍迹.此時謀之.不有是非.所以易於謀也.倘若不然.事端已著.則得失之情難隱.可否之念多生.此時欲謀.不亦難乎.文中所謂.其未兆易謀.蓋是此義.

其脆易判。易持易謀.以物擬之.如脆者之易判也.判是斷也.物之堅硬者.鑿之難入.磨之不磷.如心已動.機已萌.欲止不能.欲遏不得.何如其安未兆之時.如物之脆者.其質湼泊.除之易去.而痕跡不留.擊之易爛.而根苗不生.修道之人.果能於此際.用慧劍斬斷.覺性自然光明.照破一切矣.故曰.其脆易判.

其微易散。易持易謀.再以物擬之.如微者之易散也.物之弘大者.運之甚難.滅之不易.如心已動.必不可反於不動.事已遂.必不能挽於不遂.何如其安未兆之時.如物之微者.其形淺小.去之而必泯其跡.化之而易亡其形.所謂遏人欲於將萌.復天理之本有也.故曰.其微易散.以上四句.易持易謀.易判易散.總是一理.人能以無欲無為.持養於機先.自然容易.若是積小成大.聚輕為重.則不易矣.

為之於未有。治之於未亂。

此二句.又是發明難易不一之旨.凡易持易謀者.皆是未有之時也.未有則其跡未著.其機未顯.於此時為之.不必遏人欲.而人欲不自生.不必全天理.而天理自然不缺.若待其有而為之.安者將變為危.兆者必顯於跡.雖為之不易為矣.故曰.為之於未有.易破易散者.皆是未亂之時也.未亂則邪不能勝正.外不能引內.於此時治之.不勞力而一心整齊.不費判而萬理咸備.若待其亂而治之.脆者或轉而為堅.微者或積而成大.雖治之.不易治矣.故曰.治之於未亂.要知未有未亂.為之治之.則用力少.而成功多.已有已亂.雖為雖治.則百倍其力而猶難效.所以諄諄示誡也.

合抱之木生於毫末。九層之臺起於累土。千里之行始於足下。為者敗之。執者失之。

此八句.又是引喻以明為之於未有.治之於未亂之義.合抱之木.雖衝於天漢.大若垂雲.九層之臺.雖高出重霄.接於星斗.千里之行.雖涉水登山.多經時日.然合抱之勢.非起於一日.其生生之機.始則生於毫末.九層之高.非成於一時.其巍大之勢.始則起於累土.千里之遠.非行於一蹷.其發腳之初.初則始於足下.生於毫末者.乃是大生於小

也.起於累土者.乃是高起於下也.始於足下者.乃是近至於遠也.此皆因微致著.積小成大.本無生有.使人可為可執者也.但木雖大.終有可伐之日.臺雖高.終有毀壞之時.行雖遠.終有不行之日.故有為者.終必敗.有執者.終必失.人能知此.則於未有未亂之時.而為之治之.又安有至於敗.至於失者.文中言.合抱之木.生於毫末.九層之臺.起於累土.千里之行.始於足下.為者敗之.執者失之.示人之義切矣.

是以聖人無為。故無敗。無執。故無失。民之從事。常幾於成而敗之。慎終如始。則無敗事。

上句所謂為者敗之.執者失之.皆因世人為之於有為.執之於有執.故有敗失之患.聖人不作於意.不生於心.因物付物.順其自然.物之得全於聖人者.咸若其性.咸遂其生.周應無窮.隨宜處妙.惟其無為.故無敗矣.隨事處事.合乎當然.事之得成於聖人者.上下安其分.尊卑得其情.不立藩籬.不有轍跡.惟其無執.故無失矣.世俗之人.從之於事.常幾於成而敗之者.何也.隨事應事.皆有可成之理.或起於有為.視為己私.或緣於有執.認為有我.將近於成.而反不能成者.往往然也.蓋因天下之民.不知始終俱慎而不可忽.始即過於慎.終或不慎.終之不慎.所以敗也.果能終慎如始.戒慎於前.恐懼於後.一念不苟.本末相顧.始則無為.終亦無為.始則無執.終亦無執.安有至於敗.而不成者乎.故曰.慎終如始.則無敗事.蓋是此義.

是以聖人欲不欲。不貴難得之貨。學不學。復眾人

之所過。以輔萬物之自然。而不敢為。此六句.示聖人無為之妙.以戒世人之義欲者.一切功名之顯達.富貴之榮耀.目之視.耳之聽.口之味.皆謂之欲.聖人見素抱樸.致虛守靜.凡所欲者.皆是道味之欲.一切人世間之可欲.皆不以為欲.以人世間之不知欲.不能欲者而欲之.是反世人之不欲而欲.故曰.是以聖人欲不欲.難得之貨.正世人所欲.以為貴重.而求必得者.不知難得之貨.或求之遐方異域.取之崇山溟海.為害於人.而供己之欲.聖人視之.不以為奇.故不以為貴.況且今日之貴.他日必招敗失.貴亦焉得長貴.故曰.不貴難得之貨.學者效法也.世人之學.不過修文習武.干祿求名.廣之於耳目.施之於才能.聖人參天地之微機.達陰陽之造化.進退之玄機.世罕知聞.有無之祕竅.人希能悟.凡人世之中所學者.聖人皆不之學.以人世間之不知學.不能學者而學之.是反世人之不學而學.故曰.學不學.眾人之所過者.皆是過用聰明.過施機智.所以性迷情執.外緣妄動.無所不至.失本離真.情欲所牽.無所不為.聖人不恃聰明.復之於純樸.聖人全無機智.復之於本素.使天下知過之不可.無不反而去其過.故曰.復眾人之所過.過即不自然.自然必不過.以萬物自然之理.輔之於天下眾人之心.以萬物自然之德.復還於天下眾人之性.使眾人之心.無欲無為.過者復歸於無過.同入自然之理.使眾人之性.不執不迷.失者仍還於無失.共稟自然之德.所以聖人不敢有為.有為則非自然.不自然.則必不能輔萬物.反害萬物之性矣.故曰.是以聖人.欲不欲.不貴難得之貨.學不學.復眾人之所過.以輔萬物之自然.而不敢為.義蓋如此.○此章經義.終以輔萬物之自然.言之者.理之自然謂之性.性之自然謂之天.天之自然謂之道.道之自然謂之太極.天地萬物.莫不各得此理.輔之者.使不過此理.原非可以有為.故聖以不為而為.凡學不學.欲不欲.無執無為.持其安.謀未兆.皆是不敢為.以自然輔天下也.聖人修己治人之道.於此而盡矣.

玄德章第六十五

恭聞天道行而萬物順.聖德修而萬民化.大順者.順之以理.非其理則不順.大化者.化之以理.非其理則不化.得其理者.可與天地合德.可與日月合明.可與四時合序.可與鬼神合吉凶.圓滿十方.周徧法界.故有此等之妙義.修道之人.當以聖賢為楷式.當以天地為楷式.當以大道為楷式.天地聖賢.同然一理.同然一道也.知聖賢之心.便知天地之心.知天地之心.便知道之所以為道.須臾不可離.亘古不可易.用之於天下.天下無窮.用之於終身.終身不盡.其德不求玄.而自玄矣.其順不求大.而自大矣.以智治國者.何足論哉.今日文中所講者.正是此義.○此章經旨.引古喻今.直指玄德深遠之楷式.厚望於將來之義.治國之人.果能行於大道之楷式.則天下之民.未有不返樸還淳者也.

古之善為道者。非以明民。將以愚之。

細想道在天地.天地不知.所以能長且久也.道在萬物.萬物不知.所以生化無窮.古今長存也.天地萬物.尚且不知.豈可使下民知乎.是故以有為之為為之.於國政.未有不盡法盡智.雖然善於為政.其有為之迹轍.終不能隱.在上者.以察察之明.治之於民.在下者.必然以缺缺之明.防之於上.上下有心.上下相防.欲以明民.反為不明之政矣.此皆是以明治民之害耳.若古之聖人.不教民以聰明.不使民以智巧.將以愚鈍教之於民.必以無為用之於治.使民返樸還淳.復其固有之良知.去

妄歸真.安其本然之天性.君臣父子.相忘於無事之天.天下國家.共入於無為之化.善為道者如此.故文中言.古之善為道者.非以明民.將以愚之.蓋是此義.人生天之所命.本有不昧之明.不有智慮心思之妄.不有耳目見聞之用.明體寂然.不受穿鑿.只因穿鑿太甚.喪其固有之明.所以天德之明.遷為智慮.發為知識.不知此智慮知識.能知有為有執之事.不能知無為無執之事.能明可見可聞之理.不能明不見不聞之理.所以治國修身.用此明者.反溺於不明之害也.愚非蠢然不靈.譬如守真誠.安本分.不妄為於智巧.不自作其聰明.君臣父子.相忘於不識不知之由.家國天下.共處於無憂無慮之世.行險之事.不敢妄作.僥倖之為.不敢妄為.此便是愚也.若能以愚用道.道無不行.以愚健德.德無不立.治之於國.國無不治.修之於身.身無不修.古之聖人.以愚治民者.愚之於此也.

民之難治。以其智多。上古之時.民如赤子.世有淳風.慈孝同然.家國無事.後世日以有為施之於民.日以機巧用之於國.以為下民.皆可任我馳騁.任我作為.無不易治也.孰知反成難治.蓋因在位者.心上之天真日蕩.有為之智巧日彰.作聰明者.一家至於一國.務才能者.一國至於天下.或肆情縱欲.喪盡純樸之性.或嗔上瞞下.妄作矯偽之為.民心日詐.風俗日薄.君民不務於真誠.上下並行於詭譎.此所以難治也.文中言.民之難治.以其智多.蓋謂此也.

故以智治國。國之賊。不以智治國。國之福。知此兩者。亦楷式。大智以至誠為體.以無妄為用.不逆於理.不背於道.焉能有害於國政乎.經中所謂以智治國.國之賊.此是妄作聰明之邪智.矯偽不實之私智也.用之於紀綱.紀綱必亂.用之於倫理.倫理必乖.用之於家國天下.譬如披麻救火.反遭其殃.毒湯止渴.反受其害.所以為國之賊.是故太上.深以用智治國.誡之曰.以智治國.國之賊.既知智巧之用.為國家之賊.治國者.宜乎無事無為而已.不必用智也.使民安其居.樂其俗.甘其食.美其衣.不出私智.擾之於民.不用機巧.亂之於政.天下共樂於太平.朝野相忘於無事.非國之福乎.文中言.不以智治國.國之福.蓋是此義.人惟不知此兩者.所以為害於國者不知.為福於國者亦不知.若能知此兩者.則必去其為賊於國.而法其為福於國.凡用機智.以致擾民者.吾鑒其已往之失.而不敢復施於民.凡不用機智.以安民者.吾鑒其已然之善.而不敢不用於民.是福民者.吾之楷式也.賊民者.亦吾之楷式也.楷之為言法.式之為言則也.知此兩者.必法則此兩者也.故曰.知此兩者.亦楷式.**常知楷式是謂玄德。玄德深矣遠矣。與物反矣然後乃至大順。**用智與不用智.兩者之楷式.不但治國治天下者當知.一切大小之事.一切可否之宜.能常知此兩者.而楷式之.頭頭入妙.事事天然.念茲在茲.須臾不離.即是至誠無妄.太極之實理.即是無為自然真常之大道.所以為玄德也.無名相之可指.無端倪之可見.所以為玄也.凡德之淺者.耳可得聞.目可得見.不可得聞.不可得見.所以為深.凡德之小者.手可以指.口可以言.不可得指．不可得言．所以為遠．故太上以深遠見玄德之實．即以深遠贊玄德之妙．物以華為美．玄德必歛華就實．物以用智為能．玄德必去智若愚．物以徇利為快．玄德不生利欲之妄．可謂與物相反矣．雖然與物相反．與道則大順．道本自然．玄德合於自然之體．道本無為．玄德同乎無為之用．民之心德．自然純粹．國之政事．自然清平．天下總是一心．一心均成一德．乃至大順者．非玄德之深遠．何能至也．文中言．常知楷式．是謂玄德．玄德深矣遠矣．與物反矣．然後迺至大順．其妙理．蓋如此也．

江海章第六十六

恭聞自高以上人者.不可以長天下.自是以絀人者.不可以成天下.一人知雖大.何如合天下之知更大.一人之能即善.何如共天下之能更善.不自恃其知.是不與天下爭知也.不自有其能.是不與天下爭能也.是故不上人.而人亦莫能上.不先人.而人亦莫能先.雖自處於下.為天下樂歸之下.自安於後.為天下不敢先之後也.要皆無為而為.無爭而事.乃能有如是之廣大.如是之自然尊崇也.看經者自詳之.○此章經旨.是發明聖人虛心忘己之義.故以江海取喻也.

江海所以能為百谷王者○以其善下之○故能為百谷王○

天下之事.不曲則不全.不枉則不直.不窪則不盈.不弊則不新.是以聖人之為聖.不伐善.不施勞.不自尊.不自大.不私之於己.不取勝於人.能以謙卑就下自處.不以貢高我慢為心.譬如江海.能為百谷之王者.因江海之地形.善以卑下自安.眾谷之川流.無不歸之者.以其有容納之量.故聚眾流.而成江海.為百谷之王也.此非有所激之引之而然也.皆因眾流百谷之水.各得去高就下之道.自然而成朝宗之勢.故曰.江海所以能為百谷王者.以其善下之.故能為百谷王.蓋是此義.

是以聖人欲上民○必以言下之○欲先民○必以身後之○

此四句.正是明聖人.虛心忘己.如江海善下之義.聖人之道隆德備.自有不得不上民者.然聖人之欲上民也.必以其言下之.人之所不知.不敢視

為己之所知.己之所知.不敢視為民之所不知.言愈下而心愈虛而辭愈謙.假令聖人不下民以為言.則所言者.人亦安能攀躋.安能則效.安得如江海之納百谷也.聖人之參天贊地.自有不得不先民者.然聖人之欲先民也.必以其身後之.己之所能.不敢視為民之所未能.民之所未能.不敢視為己之所已能.身愈後.而視人皆己師.心愈降而視己皆不足.假令聖人自高其身以先民.則所行者.人亦安能步趨.安能效法.亦安能如江海之為百谷王也.是以聖人欲上民.必以其言下之.欲先民.必以其身後之.蓋謂此義.

是以聖人處上而民不重。處前而民不害。

此二句.又是上下相忘.不知有貴賤先後之義.聖人首出庶物.德冠群倫.是處上也.然聖人之處上.而民不重.畏其威而不敢犯.遵其令而不敢違.皆民之重之也.聖人處上.下民共安於無事.止見其可親.而忘乎其臨我.皞皞乎如家人父子.所以詠樂只而歌父母.非民不重之驗乎.聖人創制顯庸.為表為率.是處前也.然聖人之處前.而民不害.立一政而有妨民之生.出一令而不利民之事.皆民之以為害也.聖人處前.下民共化於無為.止見其利我.不見其苦我.熙熙然如一家一身.所以樂同樂.而憂同憂者.非民不害之徵乎.所以聖人處民之上.上下相忘.處民之前.前後相忘.民不重.民不害者.不知有貴賤.不知有前後也.文中言聖人處上而民不重.處前而民不害.蓋是此義.

是以天下樂推而不厭。以其不爭。故天下莫能與之爭。

此三句．又是以不爭．明上文之義．天下之百姓．雖然不可盡量．主之者．惟在一人而已．倘若言不遜下．則謙讓之風不行．身不處後．則修己之德不大．是故聖人．口代天言．身代天事．上應天意．下合民情．天意既合．民情既順．天下之心．與聖人之心．萬心一心也．天下之身．與聖人之身．萬身一身也．恩溥如天．德厚如地．天下之民．仰之如和風甘雨．慕之如瑞日祥雲．澤被草野．聲聞中外．是以樂推而不厭也．文中言．天下樂推而不厭．蓋是此義．聖人之德化．到此等地位．可與湯武同功．可與舜堯並德．非虛心忘己．焉能如是哉．以此觀之．樂推而不厭．非聖人有心使民樂推也．非聖人有心使民不厭也．能成天下之大．不自有其大．能成衆人之私．不自有其私．不自是以為是．不自知以為知．凡所以言必下．身必後．如江海之善下者．皆是與民不爭之妙也．以不爭之道．為無為之為．不爭以之道．事無事之事．天下之民．感聖人無為之為．其有為之私心．如堅冰遇日．無人不化．沐聖人無事之事．其有事之爭端．如頑金見火．應時而銷．家國天下．同是此心．家國天下．同是此性．謙讓之風已行．爭奪之風自息．雖欲爭之．則亦莫能與之爭也．文中言．是以天下樂推而不厭．以其不爭．故天下莫能與之爭．蓋是此義．世間人所爭者．皆是有為之事．或利或名．或榮或辱．或先或後．或有或無．終朝以利欲侵蝕．日日以無明遮障．日久日迷．愈趨愈下．若非聖人無為之德化．終不能正其初心．終不能復其本性矣．

三寶章第六十七

恭聞聖人之道.不可以大.不可言小.道之本體.始生於一.至簡至約.故不可言大.道之妙用.散之萬有.無盡無窮.故不可言小.是故小而非小.人不能見其小.大而非大.人不能知其大.小而非小者.小能具大也.譬如黍米玄珠之中.開明三境.化生諸天之謂也.大而非大者.大能入小也.譬如月中有山海之影.鏡裏見天地之形者.此也.此等妙義小大難窮.至理之實.有無莫測體用之妙.文中所謂不肖者.正謂此也.天下之人.雖不以肖言之.卻不知大道.惟以不肖而肖之.斷不以肖而肖之也.若以肖而肖之.無者不能形有.實者不能形虛.有無不能相入.小大各執一端.天地萬物.其聚散絪縕.變化生成之妙.終不立矣.是故不肖中真實肖處.人不能知不能見.所以太上從不肖中.指出三寶之妙義.修道之人.果能以不肖之慈仁.愛其身.此身必不死壞.果能以不肖之儉約.去其大者.人事之塵勞.自然清靜.果能以不肖之謙退處於後.則道德自然全備矣.今日文中所講者.正是此義.〇此章經旨.以三寶救世.將欲天下後世.保此三寶.不入於死地之義.

天下皆謂我道大似不肖。

天下皆謂我.猶言天下皆說我.道是極大的.而我之若遺若鄙.若屈若拙.似不肖于道也.道本無邊際.本不可以言語形容.似不肖.皆是天下之人.妄自形容.強為猜度.故太上述其言而曰.天下皆謂我道大.似不肖.

夫唯大。

故似不肖。道若不大.有邊際之可求.有方所之可指.則肖之亦易矣.夫惟上極于天.下蟠于地.天下莫能載.無有載道者.天下莫能破.無有破道者.無可比擬.無可譬喻.故似不肖也.使太上若不伸明其不肖之旨.大道之體用.反不明於天下萬世矣.故曰.夫唯大.故似不肖.蓋是此義.**若肖久矣。其細也夫。**此二句.又是伸明不肖之義.肖之為言像也.發一言.即像乎道以為言.則人人可于言上見其肖也.立一行.即像乎道以為行.則人人可于行上見其肖也.則大道亦不難.耳可以聽.目可以視.口可以言.比擬之而得其似.若肖久矣.無邊無際者.可視為有邊有際矣.無方無所者.可視為有方有所矣.又焉能充塞六虛.徧滿法界.成于一物.而不能成于萬物.全于一事.而不能全于萬事.其細也夫.亦無怪乎天下之人.以不肖言之者也.文中所謂.若肖久矣.其細也夫.蓋謂此也.**我有三寶。持而保之。一曰慈。二曰儉。三曰不敢為天下先。**此四句.又是以不肖之妙用.發明上句.其細也夫之旨意.惟不肖.故人莫測其肖.而其肖者.己獨知之.縕于中.而至尊至貴.守于己.而須臾不離.故曰.吾有三寶.持而保之.非慈無以度世.故一曰慈.非儉無以立身.故二曰儉.非不敢為天下先.無以居上而臨下.故三曰不敢為天下先.太上之慈.視天下如一家.視萬民如一身.一人未立.而必推立之之心.以求其立.一人未達.必廣達之之願.以望其達.天下共入于陶成之內.萬物咸遂其生成之澤.是慈之量也.太上之儉.以無為而節.天下之有為.以無欲而化.天下之有欲.作于細而不作於大.故能成其大.本於賤而不本於貴.故能保其貴.天下歸於儉.則奢侈之風不行.性情歸於儉.則六賊之亂不生.故儉者主收斂節止之義.不敢為天下先者.不但先人後己.有謙讓之義.天下之事.有先必有後.有後必有先.先者自然先之.後者自然後之.但不可為之於先己.倘若為之於先.則視己為高.視人為卑.事事要勝于人.處處要強于己.爭先而妄進.必多至顛躓而不可救.故太上言三寶之宜保也.

夫慈故能勇。儉故能廣。不敢為天下先。故能成器長。

此四句.又是太上發明上句.保持三寶之妙義.勇非世俗輕生喪命.死而不顧之勇也.大道之勇.從慈愍中發將出來.以勇言之.慈愍之勇.勇於無為.而不敢勇於有為也.勇於無形.不敢勇於有形也.有形之兵甲.能破有形之勇.不能破無形之勇.有為之智慮.能敵有為之勇.不能敵無為之勇.所以無所不救.無所不度.可謂大勇矣.文中所謂夫慈故能勇.蓋是此義.廣非務外求多.而過為虛聲也.大道之廣.從儉朴中行將出去.以儉致廣.有本立而道自生之意.故以廣言之.儉中之廣.譬如以天下之目.為己之目.無所不視.以天下之耳.為己之耳.無所不聽.以天下之口.為己之口.無所不言.以天下之心.為己之心.無所不正.文中所謂儉故能廣.蓋是此義.器是成天下之務.立天下之名.凡人世中.日用之不可離.資借而不可闕.長是造于無形.創于人先.可為天下後世之準法也.藏我之智.而用人之智.則天下之智.皆我之智.斂己之能.

而法人之能．則天下之能．皆己之能．不敢先人如此．所以成一務．而人人所共悅．而即為人人不能外．建一名．而人人所共欽．即為人人不能移．不能外．不能移．非能成器長乎．以不敢先為長．非己先人．能為長也．文中言．不敢為天下先．故能成器長．蓋謂此也．

今捨其慈且勇。捨其儉且廣。捨其後且先。死矣。此四句．乃是因今昔之不同．深以取死之道戒之之義．捨其慈且勇．即是不慈之勇者．不慈之勇．謂之強梁之勇也．捨其儉且廣．即是不儉之廣也．不儉之廣．謂之虛大之廣也．捨其後且先．即是爭先之先．爭先之先謂之自高之先也．此三者．與三寶相反．與大道相背．如此而修身齊家．治國平天下．皆是輕生取死之道．非聖人之所為也．是故太上以死戒之．故曰．今捨其慈且勇．捨其儉且廣．捨其後且先．死矣．其妙義．蓋謂此也．

夫慈以戰則勝。以守則固。天將救之。以慈衛之。此四句．又是總結聖人之慈．能與天合一．以慈救之之義．細詳天地以五行運御．以乾坤生育．造化之機．成就萬物之妙．皆是天地之仁心也．觀天地之仁心．未嘗不是一慈而已．聖人以五常統治人倫．發明繼善成性之理．皆聖人之心德也．觀聖人之心德．亦未嘗不是一慈而已．以是知聖人之慈．與天地之慈．本同一理．是以聖人之慈．上可以感之於天．下可以動之於地．中可以應之於人．不怒而威．不戰而勝．不爭而先．不為而成．此皆是無所不慈之徵驗也．戰者．聖人不得已而應之也．聖人本不以戰勝為心也．人之戰者．戰之以兵.守者.守之以兵.惟聖人之戰.戰之以慈.聖人之守.守之以慈.不求勝而自勝.人之兵終不能勝之矣.終不能勝者.因慈勇之兵.能以德勝人.不以兵勝人故也.文中言.夫慈以戰則勝.以守則固.蓋是此義.句中所謂.天將救之.以慈衛之.救者.拯救也.衛者.護衛也.戰守皆為不得已之用.天以好生為心.故往往欲不戰以救之.聖人與天一心.故能輔天之好生.往往以慈衛之.夫戰守以勝人為善者.猶且天欲救.聖衛慈.可見大道貴無為.貴謙退.惟保持三寶者能肖.若舍慈而勇.舍儉而廣.爭先為長.是自入死地而大不合乎道.安能克肖乎道也.

不爭章第六十八

恭聞天道不爭.而萬物自化.聖人不爭.而萬民自順.是知因物付物.隨物處物者.皆是無為而為感.物自無為而以為應也.所以能自弱者.乃所以成其強.能懲忿者.乃所以全其勇.能自晦者.乃所以善其用.能自下者.乃所以服于眾.推是道也.用之用兵對敵.則敵無不克.而國無不保也.用之修己治人.則身無不修.而人無不治也.建諸天地.而天地不悖.質諸聖人.而聖人不疑.不爭之妙.無窮無盡.所以為此章之妙義也.〇此章經旨.就用兵之道.以明人之處世.不可輕露淺躁.自取敗亡.當以深沉自斂.韜光以自全也.

善為士者不武。善之為言.最會也.士.將士也.武者.威勇也.為士者.身任閫外之重.三軍之所視效.若先以威勇顯露于外.則人人皆可以窺我之淺深.此不善為士者也.善為士者.斂其威而使人不見其威.藏其勇而使人不知其勇.被服若儒雅.而胸中自有運用.不以武用武.乃為真能武.故曰.善為士者不武.

善戰者不怒。不但善為士者不武.又善戰者不怒.兩軍對敵.不審察於步伐止齊.而輕出于怒.必有輕用其鋒.而致敗者.此不善戰也.善戰者.不以力屈人.而能以德屈人.待成列而後戰.何嘗用怒.而人自不能勝.不用自怒而能用眾人之怒.則不怒而怒.怒無不克矣.文中言.善戰者不怒.是此義也.

善勝敵者不與。不但善戰者不怒.又善勝敵者不與.

與猶示也.凡我之所謀.敵皆知之.凡我之所作.敵皆見之.淺而不密.疎而不謹.必不能勝敵也.善勝敵者.運籌于帷幄之中.決勝于千里之外.間不能入.偵不能覘.動于無形.發于無聲.若不勝而實必勝.敵終不知其勝也.文中言.善勝敵者不與.蓋如此也.

善用人者為之下。不但善勝敵者不與.又善用人者為之下.用人而我先有上人之心.自高其智.則有智者.不肯效于我.自多其能.則有能者.不肯進于我.是為不善用人也.善用人者.不自有其智.以智下人.則人之智.皆我之智也.不自多其能.以能下人.則人之能.皆我之能也.使人人効智.人人進能.又何事不可就.何謀不可成.奚用我上人乎.文中言.善用人者為之下.其妙義.蓋如此也.

是謂不爭之德。此一句.乃是伸明上四句之義.上文所謂不武.不怒.不與.為之下.皆是不爭之德也.善為士者.不自有其武.是不以武爭也.不爭則涵養必深.善戰者.不以怒加人.是不以怒爭也.不爭則進退有法.善勝勝敵者.不輕以與人.是不爭于與也.則韜略必精.善用人者.能先自下.是不以上爭也.不爭則取善必廣.謂之曰.德美不爭也.以見無往而不善.無事而不宜也.故總明之曰.是謂不爭之德.

是謂用人之力。不爭之德.不但具四德之妙義.又云是謂用人之力.看此經旨.又深入一步.亦是重明上四句之義.細想天下之用人者.惟知以尊大自高.不知以虛心自下.所以自高者.不得其人.自大者.不得其力.雖欲求用人.而多不為我用矣.惟不爭之德.不自武.必能用人之武.不自怒.必能用人之怒.不與人.必能使人與我.不上人.必能使人樂効於我.用人之力.則我不勞.而事無不就.用人之力.則人力皆為我力.而用之不窮.文中言是謂用人之力.蓋是此義.

是謂配天。古之極。

不爭之德.不但能用人之力.又進而可以配天.古之極.天以無為.生成萬物.雕刻眾形.聖人以無為養萬民.各安性情之正.無為即無爭.天之所以為天.古聖人之全其至極之理.而為古之極者.皆是無爭也.人能造到無爭地位.則我之不爭.與天之無為而成化者何異.與古聖之造其極.而無為為治者何殊.配天配古之極.不爭之德.可謂至尊至貴.天下莫能及矣.修道之人.能會此義.深有味于不爭.豈徒用兵宜然.修之身.用之世.無往而不當.以不爭自克.無事而不當.以不爭應人也.故此章借用兵以示誡.可見人不可以輕露淺躁.自取敗亡也.

用兵章第六十九

詳夫兵也者.不祥之器也.但看用之者何如耳.用之有道.宜後而不爭先.宜退而不爭進.我無凌人之意.我無好殺之心.乃可以致勝而全民命.得吾寶而不輕失也.倘若不然.徒逞不平之氣以加人.奮血氣之勇以輕人.鮮有不傷害生靈.而禍至國家者也.推而類之.修身齊家.治國平天下.其理皆有同然.人能有會于此.則知反為道之動.弱為道之用.無往而不得其宜也.○此章經旨.見世人進退得失.茫然不悟.多致喪命傾生.故以用兵之法.愍救世人.借喻而言之也.

用兵有言。吾不敢為主而為客。不敢進寸而退尺。

用兵之道.古人有言.吾不敢為主而為客.不敢進寸而退尺.兵之先舉者為主.兵之後應者為客.智勇當先者謂之進.謙遜自處者謂之退.兵者凶器.必不得已而用之.非得已而可妄用者.得已而妄用.是欲先人而以兵為主.既興兵端.殺傷之慘.必干天地之和.不敢為主.則我自安於無為.因人之兵.而應之以兵.殺以止殺.非以殺為樂.而傷好生之仁.戰為危事.必難進以致慎.易退以靜觀.非可輕于進者.若使易于進.是不知輕用其鋒者.多致喪師失勢.反致敗亡.不敢進寸.而寧退尺.是不忍以武勇殘人.以緩殺全人.進雖難.而何害于進.退雖易.而實有保全于民命.而合天地之心者.天道好生而惡殺.輕敵妄戰.趨利殘民.是謂逆天.所以聖君用道德之勇.出仁義之師.上順天命.而除殘去暴.下應人心.而討罪安民.以靜待動.不敢為主而

為客也.以慈用兵.不敢進寸而退尺也.古人之言所以為後人之誡也.

是謂行無行。自此以後共四句.皆是伸明上文之旨.顯言聖人之用兵.不有形迹之深意.凡有所進趨者.謂之行.聖人之行.與世俗之行不同.世俗之行.行於有行.不能行於無行.行於可見可聞.不能行於不見不聞.聖人之行.行於無聲.行於不覩.不得見其轍迹.不能知其端倪.似乎無所行.實未嘗無行.乃是無行為行.不以有行為行.不違於天.不悖於理.不拘於物.不逆於人.此所以行偏天下.無所不敵.無所不勝.無所不行也.是謂行無行.

攘無臂。不但行無行.又且攘無臂.以力取於人者.謂之攘.人之取物以手.而力在臂.若不有臂.則手不能取.兩兵相敵.孰不欲為主而爭先.是用有臂以為攘.其傷實多.較勝負于頃刻.似亦不得不攘.然寧處後而不先.寧易退而不進.雖攘而實非有心以為攘.若無臂者然.故曰.攘無臂.

仍無敵。不但攘無臂.又且仍無敵.仍者.就也.即是就而欲戰之義.引人以就我.因就以敵之也.用我以就人.借就以敵之也.是皆設計以屈人.非君子之用兵也.雖兩兵相近.亦不得不仍.然寧處于後而不先.寧難進而易退.雖有時而敵.實非有心以為敵.一若雖仍而不欲敵.故曰.仍無敵.

執無兵。不但仍無敵.又且執無兵.兵者.刀鎗劍戟之屬也.兵以用戰.人執者.用以敵我.我執者.亦以敵人.凶器在手.殺機必作.執之為害大矣.雖兩國相敵.亦不得不執.然寧為客而不為主.寧退尺而不進寸.雖有時而用執.實非有心以為執.一若空執而無兵.故曰.執無兵.大抵聖人之執者道德.道德自足以化天下.即足以威天下.執兵者.不過恃殺傷而已.殺傷愈多.人心愈離.所以言執無兵.亦示誡之意也.**禍莫大於輕敵。**上文不敢為主而為客.不敢進寸而退尺.正是深以輕敵自戒之義.輕敵.譬如不知天時地利.未審虛實強弱.舉兵妄動.皆輕敵也.輕敵則我不能制敵.敵且有以制我.由是喪師取敗者有之矣.覆國亡身者有之矣.都率三軍.而致喪師取敗.覆國亡身.禍有大于此乎.皆輕敵之所致也.故曰.禍莫大於輕敵.**輕敵則幾喪吾寶。**此句又是太上直指輕敵之害.深為用兵者誡也.幾者.近也.幾喪者.切近于喪也.天地以生物為寶.聖人以全物為寶.輕敵而至于喪師取敗.覆國亡身.則殺傷必多.我之當寶者俱喪矣.大抵用兵者.皆因敵國外患.四方不庭.以我之兵.除其為人之害.所以為寶也.輕敵而反至如此.非自喪乎.**故抗兵相加。哀者勝矣。**抗兵者.逆抗之兵也.不達于禮.不合于義.或起于貪.或生于怒.或緣于氣.相加者.彼以此來攻我.我亦以此攻彼也.是皆不知哀傷民命.而徒逞其不平之氣而已.于此而能知民命當保.不輕于用戰.寧為客而不輕于先.寧退尺而不輕于進.彼抗逆而來者.必不能持久.其勢易衰.其氣易竭.勝之在我.亦理之必然也.故曰.抗兵相加.哀者勝矣.○此章深明用兵之道.宜後宜退.能以不輕敵取勝.凡學道之要.亦是如此.能卑以自牧.能讓以處人.無往而不致慎.又安有道不成于我者乎.

懷玉章第七十

恭聞聖人之性同於天．所以內外無間．聖人之心同於道．所以動靜如一．動靜如一者．得其心之本源也．內外無間者．存其性之本體也．性之本體．即是無私之至理．無私之至理．世人以私害正者．焉能知乎．心之本源．即是無心之大道．無心之大道．世人生心作意者．豈能行乎．文中謂天下莫能知．莫能行者．正是此義．○太上見天下之人心失正．以見聞之偏．溺於人欲之私．不能知聖人之知．行聖人之行．深有感發於此而言之也．

吾言甚易知。甚易行。太上之言．言言見道．句句得理．蘊之於心．出之於口．一事一行．無適而非此理．一動一靜．無往而非此道．人人可知．非有奇異．使人難知．人人可行．非有奇異．使人難行．所言者即人心中固有之理．所以易知易行．故曰．吾言甚易知．甚易行也．

天下莫能知。莫能行。言本易知．乃莫能知．是豈人之智．盡不足乎．甚平者．反求之于奇．甚直者．反求之于曲．當然之言．多忽而莫之察也．此所以莫能知也．言本易行．乃莫能行．是豈人之力．皆不逮乎．至顯者．反步趨于甚隱．至明者．反尋求于甚闇．當為之事．多略而莫之為也．此所以莫能行也．故聞其言而如不聞．非道之遠人．人自遠之耳．見其行而如不見．非道德之難人．人自難之耳．故曰．天下莫能知．莫能行．

言有宗。事有君。有本始．有根柢之言．謂之有宗．立萬事之主．為萬法之尊．謂之君．太上之言．言無瑕疵．通天地之至理.達古今大道.簡易平實.有本有物.言之所以有宗也.太上之事.事無執跡.考諸上古而不悖.質諸當今而不疑.坦然直行.為法為則.事之所以有君也.文中所謂.言有宗.事有君.義蓋如此.

夫唯無知。是以不我知。

此二句.是追述無知之情由.歸結無知之病根.深有望于天下後世之義.無知之病.只因以耳目之見聞.失其性.以智慮之邪曲.喪其心.所知者.皆是人欲之知.豈可謂之知.是無知也.我本非不可知.不能知.而竟莫我知者.唯無知.所以不我知也.文中所謂.夫唯無知.是以不我知.蓋是此義.

知我者希。則我貴矣。

此二句足明上句義.上句不我知.是我之可知者.人不可知也.則知我者.不易得其人矣.我本與人同乎一道.同乎一德.我何嘗予人以難知.乃知我者希少.若我獨有異于人.獨有高于人.天下莫能攀躋.莫能追逐.我之甚易知者.竟為天下莫能知.我之甚易行者.竟為天下莫能行.若使天下共能知.共能行.在我者.亦安足貴乎.故曰.知我者希.則我貴矣.

是以聖人被褐懷玉。

被褐.尚絅于外也.懷玉.錦繡于內也.太上之道.雖然至尊.太上之德.雖然至貴.在太上之心.不以道自尊.不以德自貴.所以借喻於古之聖人.被褐懷玉.總是形容聖人.全於內.忘於外.重其本.輕其末.道德無名.光而不耀之義.聖人與人同其飲食.同其寢處.甚無以異于人.如被褐之樸素.並無華美之可觀.道德蘊于中.仁義含于內.皎然自潔.磨之不可磷.涅之不可淄.精瑩透徹.氤蓄無窮.豈天下所可知.所能知.是聖人雖不衒于外.而其外自

不可揜.雖獨得于中.而其中真莫可測也.學道之人.果能會此妙義.不逐于外.以被褐自闇.積美于內.以懷玉自養.則我安得不貴乎.知我安得不希乎.我雖以有宗之言.有君之事.望天下之人.同知同行.天下自不能知.自不能行.我之矜人之不明.救人之真切.亦即太上諄諄意耳.

不病章第七十一

恭聞大道無物不在.至理無事不過.人之知識.本難偏及.即令偏及矣.猶不可自恃.常以不知自處.乃能不蹈于知不知之病.柰何人多恥于不知.遂以不知為知.不惟己之真知已喪.其所知者.與所不知者.皆不可信.亦思聖人是何如處知.乃自取其病乎.今日講者.正是此義.○此章經旨.因世人好強不知以為知.指出病根.重辭復語.教誡諄諄.

知不知上。普照圓明.無不通透.謂之知.既知矣.乃言不知何也.不露聰明.不事機智.渾渾然.知蘊于內.而不衒于外.無一不知.而卻一無知.此真為上知.也.故曰.知不知上.

不知知病。義理本未昭著.識見本未週遍.是不知也.不知矣而強謂之知何也.欲以賢智先人.欲以高明自許.訑訑自是之狀.以為己無不知.而卻昧於當知者.而實不知.病在自愚也.故曰.不知知病.

夫唯病病.是以不病。此二句是從強知之病中.申明不病之妙義.知強不知以為知.是病也.即當力去其知不知.是能病己之病.能病病.則我之所知者.無不真.我之所不知者.不自欺.又安有自蹈於知不知之病乎.故曰.夫唯病病.是以不病.

聖人不病。以其病病。此二句.又是重伸不病之義.強不知以為知者.病也.不強不知以為知.是不病也.聖人惟能不病.惟不病.乃能以其病病.不自恃知.所以能取天下之知.而盡為我之知.惟見義理無窮.光明未徹.猶恐我之知.不能盡獲天下之知.安有知不知之病.假令自恃其知.自強其知.是自病也.又安能以其病病乎.修道之人.果能以我之真知.超乎世俗之上.不強不知以為知.自然不病.自然能以其病病.自然不蹈於知不知之病矣.

畏威章第七十二

恭聞自古天道人心一而已.天道貴虛.人心貴謙.天道不虛.則無以容萬物.人心不虛.則無以克己而制行.會此竅者.無所往而不善.不會此竅.居之不廣.生之必厭.恃其知.求其見.偏於愛.矜於貴.以無忌憚之心.必招神明禍淫之報.人能視聖人以為法.又安有大威之至乎.經中所言.蓋是此義.○此章經旨.以畏威導天下後世.使人知畏威.則凡立心制行.無往而不善.故以聖人示則焉.

民不畏威則大威至。

福善禍淫.捷於影響.天之大威也.能畏天之大威.則舉念不敢違於理.應事不敢悖於義.畏天之威.即以飭己之身也.民即人也.人不畏威.私欲橫於內.背逆施於外.傷生害物.無所不至.不知自作仍自受.感應之機.疾如風火.報應之速.如影隨形.文中所謂.民不畏威.則大威至者.蓋謂此矣.

無狹其所居。

不但天威宜畏.其所居亦不可狹也.狹者窄也.窄狹其所居.立心或狃於一偏.而不見義理之全體.處事或膠於見小.而不察因時之大用.凡知近而不知遠.見己而不見人.溺於安而不察於危.皆是狹其居也.能無狹其所居.必然內體寬.而無理不過.外用圓.而無事不宜.故經言.無狹其所居.

無厭其所生。

不但不狹其所居.又當無厭其所生.厭者.棄也.厭棄所生.性為生我之理.昧於性者.是厭其所生之理也.命為生我之源.喪於命者.是厭其所生之源也.凡立身不謹.制

行不慎.輕言不訒.皆是厭其所生.能無厭所生.則內不以私欲害其心.外不因作為僨其事.生生之理不違.生生之機自不息.故經言.無厭其所生.

夫唯不厭。是以不厭。

夫唯是承上轉下以足前句之義.上不厭.是自己能處於不棄.下不厭.是乃能得至於不棄.假令人之處心制行.不循於理.不合於義.是自己安於自棄.安有不至喪身敗行.而天人所棄者乎.故經言.夫唯不厭.是以不厭.

是以聖人自知不自見。

畏威.無狹.無厭.三者皆自知自愛之義也.常人多忽而不明.是以聖人自知不自見.內照圓明.無遠不致.知之無不至.知之無不真.皆自知也.自知者.蘊於中而不以知顯於外.藏於己而不以知衒於人.雖潛德之光.亦有時而不容掩.然必自然之見.非自見也.故經言.自知不自見.

自愛不自貴。

聖人不惟不自見.又自愛不自貴.盡性至命.皆所以佑其身.審機察勢.皆所以防其身.愛之無不週.愛之無不切.皆自愛也.自愛者.視身為重.而愈以謙退自處.保命為切.而愈以下人為心.雖道德高厚.亦有時而不容貶損.乃是自然之貴.非自貴也.故經言.自愛不自貴.

故去彼取此。

彼指自見自貴也.此指自知自愛也.彼不可使有.故宜去之.此不可不有.故宜取之.能去彼.則不以聰明衒於外.不以矜高傲於人.能取此.則無微不格.皆是一心之明.百體咸寧.皆是己身之重.知為真知.愛為真愛.非自見之知.非自貴之愛也.聖人惟然.故去彼取此.經言以此句結之.人能有悟於此.知自愛自知.生自不厭.居自不狹.畏天威而不致

大威之至.一理可貫矣.

天網章第七十三

恭聞天道者.聖人之體也.聖人者.天道之用也.天以無為而施化.萬物莫不效順於天.聖人以無心而敷治.萬機莫不各遂於聖人.是知聖人之無心.與天道之無為.皆非有求勝於物.而物之不勝.自應.自來.善謀者.何常有勇於敢.人奈何以剛猛自逞.自投於殺.而不趨於活.不知無為者.乃能勝物.有為者.終不能勝物也.○此章經旨.因世人多好爭勝.故以聖人天道.明其無為.以救天下後世之義.

勇於敢則殺。勇於不敢則活。此兩者。或利或害。天下所惡。孰知其故。是以聖人猶難之。

果敢當先.謂之勇.有忠義之勇.有德善之勇.有血氣之勇.有強梁之勇.有戰勝之勇.更有知其死.而不懼之勇.總之君子用之則善.小人用之則不善.善與不善惟在敢與不敢之間耳.知此理.則死活之機判矣.文中所謂勇於敢則殺.譬如剛強猛烈.只知向前.全無小心忌憚.不知過剛必折.禍機即伏于中.害生喪身者.往往然也.勇於不敢則活.譬如虛心達理.識時知機.凡吾身之可為者.猶必審義理之宜.即吾身之當為.亦察時勢之便.任大投艱.即寓于小心敬慎之中.究之事無不成.人無不濟.身無不保.活之之機.實操于我.何必以勇敢自入于殺哉.兩者.指敢與不敢言之.能保全身命者.謂之利.不能保全身命者.謂之害.勇于不敢.以敬慎保身命.利也.勇于敢.以剛

猛喪身命.害也.天下同一心也.其可惡者.人人所同也.而昧于殺與活之機者.竟盲然不覺.孰能察其故哉.即上而至于聖人.聰明才力.高過人于萬萬.若可以徑情直行而無害矣.乃必遲回審顧.臨事必懼.方能事事善始善終.不敢視以易也.況常人乎.故曰.此兩者.或利或害.天下所惡.孰知其故.是以聖人猶難之.蓋謂此也.

天之道。不爭而善勝。不言而自應。不召而自來。繟然而善謀。天網恢恢。踈而不失。

此七句.以天之道明上文之義.凡人之勇于敢者.皆是以有為欲爭勝.求應求來.為謀者.不知有為者.必不能如所願.惟天之道無為.乃能無往而不遂.天不與物爭.物無不順天而化.隨天而運.莫有能逆乎天者.是不爭而善勝也.天不與物言.物無不順時而生.感時而變.莫有能違乎天者.是不言而自應也.天不召于物.陰陽鬼神.不聞驅遣.羽毛鱗介.各効生成.是不召而自來也.天道繟緩而平易.彫琢萬物.各肖其形.各成其象.品類繁多.無有全此而缺彼者.是繟然而善謀也.是皆無為之妙也.天道雖無為.而善者福之.不善者禍之.又理勢之必然.是為天網也.天網亦是無為而為.非物物而加之.非人人而致之.恢恢然寬大.若可以逃.而不知善者之得福.惡者之得禍.有絲毫不爽者.人視之若殊.其不失卻有必然者.亦皆是因物付物.非有作為也.彼勇于敢者.不過逞其私欲.恃其剛強.欲以求勝于天下.不知為天道所不容.而自入殺機.自阻活路.自投天網.若能悟此.以無為為體.以自然為用.法聖人之難.

上合天道.又何事不可作.何事不可成乎.

司殺章第七十四

恭聞聖人御世.以大道立民法.以大德格民心.民法立而民知所則.民心格而民自不為非.是以天下於變.刑措不用.後世道衰德薄.教化以明.民之為惡.勢使之也.至于不畏死.惡之至矣.惡既至.而以死懼之.愈殺而為惡者愈多.故此章有愍愚人之無知.深為為民上者.詳悉其義.使知執一偏者終不可以為治.為天下後世之慮.至深遠矣.○此章經旨.直指在上之人.不可以死懼民之義.

民常不畏死。奈何以死懼之。

民不一類也.有生而善良之民.有生而兇頑之民.兇頑者.犯分越理.無所不至.自入死地.常不畏死.雖國有典刑.稱罪是服.不畏死者.終非以死可懼也.為民上者.當有以處之.柰何徒以死懼之.終無救于死也.故經言.民常不畏死.奈何以死懼之.

若使人常畏死。而為奇者。吾得執而殺之。孰敢。

此四句.是接上文.而反伸明其義.不畏死.兇頑者之常情.若使竟知死之可畏.而不敢犯分越理.無所不至.而有逆天理而不顧.犯王法而不悛.不循常理而為奇者.則以國法治之.五刑加之.執而殺之.吾得伸吾之法矣.則畏死者.孰敢為惡.以惡干王法.自入死地.是不畏死者.皆可畏死矣.故經言.若使人常畏死.而為奇者.吾得執而殺之.孰敢.

常有司殺者殺。

要知不畏死者.雖殺之.終不能使其畏而不為惡.則殺之亦何益也.我不

必以殺.不畏死者.亦豈能不死乎.天誅必加.鬼戮必至.不攖于明刑.必遭于幽責.常有司殺者.用殺于冥冥之中.當殺者.豈能逃其殺乎.故經言.常有司殺者殺.

夫代司殺者。是謂代大匠劉。夫代大匠劉者。希有不傷其手矣。大匠是精于劉者.其劉也.必無傷矣.我必欲用刑以懲罪.用殺以止惡.是代司殺者.而為殺矣.譬如我不精于劉.而欲代大匠劉矣.劉有劉之竅.大匠知之.我不知.而欲代之.希有不自傷其手矣.○此章經旨.是言治惡人.當以立教化.明天理.格其非心.乃有變而不為惡者.若徒用殺.不知不畏死者.死既不畏矣.又何刑法之可加乎.故齊之以刑.不如齊之以禮.為民上者.宜知從事矣.

貴生章第七十五

恭聞人君為治.有自然之大法.君子養身.有自然之大道.不重一己之嗜慾.不任一己之機智.此治民之大法也.大法立而民必無飢.必無難治者矣.不縱外物以為生.篤厚內養以為生.此養身之大道也.大道明而生不必貴.生自無不厚矣.為民上者.能會此義.則治國無難.修道者.能會此義.則養生無難.此二者事雖異而理則同.故此章合而發之.○此章經旨.以在上者.為治之不善.以興起求生太厚.自入死地之義.

民之飢。以其上食稅之多。是以飢。

耕田而食.鑿井而飲.因民之所利而利之.民安有至於饑者.民之饑.有自來也.上古之時.取民有制.國用有節.下之供於上.上之食稅於下.各安其常.上下俱無匱也.後世之為君.恣耳目之欲.縱科派之條.厚徵重斂.止知快己之為.不知食稅之多.而民不堪命矣.民之饑.皆上之所致也.故經言.民之饑.以其上食稅之多.是以饑.

民之難治。以其上之有為。是以難治。

德以化之.禮以齊之.以人治人.民安有至於難治者.民之難治.有自來也.上古之時.導民有法.立民有方.下之應於上.上之示則於下.各盡其宜.上下如一體也.後世之為君者.用機智以愚民.多法令以繩民.朝三暮四.止知逞己之才.不知有為愈盛.而民愈偷矣.民之難治.亦皆上之所致也.故經言.民之難治.以其上之有為.是以難治.

民之輕死。以其求生

之厚。是以輕死。生以行天理.死以終天理.無愧於生.乃可以死.柰何至於輕死.只因輕死者.甚不欲死也.不欲死.所以凡可以求生者.何所不為.聚金玉以富其生.高爵祿以貴其生.美聲色以快其生.以至飲食宮室衣服.無一不求其備.皆以厚生也.不知求生愈厚.喪其所以生者愈多.逆理愈甚.而壽命愈短.厚生者.所以必至輕死也.故經言.民之輕死.以其求生之厚.是以輕死.

夫唯無以生為者。是賢於貴生。此二句.是總結上文.而致可嚀之義.求生者.反至於死.厚生者.反至輕生.則知生之不必貴也.夫唯無以生為者.不以厚生之物遷其志.不以厚生之物累其心.虛靜恬淡.寂寞無為.是不貴生也.然至尊之天爵.無日不厚我之生.至富之天祿.無時不厚我之生.我為義理所養.不為物欲所養.則不貴生.而賢於貴生矣.所以修道之人.樂不可極.欲不可縱.果能不以有為之奉養.敗殘我之道身.不以過限之聲色.削奪我之性命.抱一純真.谷神自然不死.性命自然長久.以此觀之.凡食稅多以饑民.任有為以治民者.皆可以不必矣.

柔弱章第七十六

恭聞天地以柔和生萬物.以嚴肅殺萬物.柔和者.生氣也.不惟萬物得.是氣者能生.即萬物之能自存.是氣者.亦無不長久.嚴肅者.死氣也.不惟萬物得.是氣者必死.即萬物之自造.是氣者.亦無不夭折.會此義者.知萬物之理同.則知所以修身者.宜先調性情.和氣質.使我身常處於生之徒.不入於死之徒.始不負此章經意也.○此章總是即人物草木同然之理.示人以柔用道之義.

人之生也柔弱。柔弱者.春夏之氣也.人得之則生.性情和平.行事寬恕.不自是於己.不爭強於人.以大公之心.養天地之和.培植其所生之氣.而其氣自然長久.故曰.人之生也柔弱.**其死也堅強。**堅強者.秋冬之氣也.人得之則死.性情乖張.行事剛愎.好自是於己.爭強勝於人.以暴戾之氣.傷天地之和.滅絕其所生之氣.而其氣自然夭折.故曰.其死也堅強.**萬物草木之生也柔脆。其死也枯槁。**不但人之為然也.萬物皆然.草木皆然.萬物之質不一.草木之形雖殊.然非柔脆不生.氣至而滋息.故柔脆.柔脆者.生氣也.凡物之初生.必柔弱.必脆嫩.枯槁者必死.氣反而遊散.故枯槁.枯槁者.死氣也.凡物之衰老者.必枯竭.必乾槁.萬物草木之生死皆然.則人之柔弱必生.堅強必死.益信然矣.**故堅強者死之徒。柔弱者生之徒。**由人與萬物.與草木看來.其理皆同.其氣皆同.生之死之.無不同矣.故凡堅而不柔.強而不弱者.必至過剛易折.其氣易散.皆是死之徒也.徒猶類也.皆死之類也.凡柔而能和.弱而不猛者.必能持久不壞.其氣不散.皆是生之徒也.人能悟生之徒.即當自致其柔弱.又何致以堅強.自蹈於死之徒乎.**是以兵強則不勝。**又不但人物草木貴柔弱.即驗之用兵之道.用兵是最宜堅強者.然兵強必不勝.運籌帷幄.必察虛實.必度人我.若徒恃其強.而輕用其鋒.未有不欲制人而反為人制者.其不勝也.勢所必至.堅強為死之徒.不益信乎.**木強則共。**又不但驗之用兵不可強.如木強亦然.木之強者則共.共者.拱也.兩手攀而即折之意.木當未強.枝幹柔輭.必耐攀折.既已強矣.枝葉乾槁.必易攀易折.木強則共.亦勢所必然.驗於木.堅強為死之徒.不愈信乎.**堅強居下。柔弱居上。**下者.墜也.墜而愈下.入於死之徒也.堅強者.過剛易折.生氣已盡.故墜於下.而居下者.自然之理也.上者.升也.升而在上.入於生之徒也.柔弱者.軟嫩滋息.生氣方旺.故升於上.而居上者.亦自然之理也.是故驗之木.驗之用兵.驗之萬物.驗之人之生.則生之徒.死之徒.無一不然.人奈何恃剛以入死.不用柔以求生乎.

天道章第七十七

恭聞天地之間.莫不有餘.莫不不足.能使有餘者不餘.不足者不終於不足.則人之功能也.任其有餘而不知損.聽其不足而不知益.甚至損不足而奉有餘.人道之所以不平也.故此章先以張弓明天道之平.終以聖人能肖天道之平.使人知非至平.不可以言道.非至平.不可以修道也.○此章經意.因世人之心多不平.故以天道人示之.

天之道。其猶張弓乎。道貴乎平.平莫平於張弓.或過高.不可以張弓.或過下.不可以張弓.天之因物付物.稱量為施.栽培傾覆.因物為用.無此足而彼歉.無或厚而或薄.其猶張弓之不可高.不可下.故曰.天之道.其猶張弓乎.

高者抑之。下者舉之。此即明張弓之義.以喻天道之意.張弓者.有時而或高.高不可不抑.將前拳往下落.是為高者抑之.有時而或下.下不可不舉.將前拳往上起.是為下者舉之.

有餘者損之。不足者與之。高為有餘.有餘則不可以命中.損有餘.乃能與的相對.而不過於高.下為不足.不足亦不可以命中.與不足.乃能與的相當.而不過於下.張弓之道.即天之道.天之道.其猶張弓之道.即是即小以見大之義也.

天之道。損有餘而補不足。有餘是不平也.不足亦是不平也.任其有餘而不損.則有餘者愈見餘.舉凡過乎陽.過乎陰.過乎寒.過乎燠.一極備者.皆有餘也.聽其不足而不補.則不足者愈顯其不足.舉凡陽不應時.陰不順令.雨不能潤.暘不能暴.一極無者.皆

不足也.必損有餘.不使有餘者太過.補不足.不
使不足者不及.乃能得其平也.此為天之道也.**人之道則不然。損不足**
以奉有餘。天以無私.故無往不欲得其平.人心多私.故無往而能得其
平.天道之損有餘.正以補不足.人之道.卻與天道相反.凡不
足者.以為可以任我之所欺.反欲損之.有餘者.則曲意隨順.錦上添花.
奉之惟恐不誠.損不足以奉有餘.人道之不平.皆人心之私為之也.若
肯法天道之平.則必知損之宜損者何如.
補之宜補者何如.焉有損不足.奉有餘乎.**孰能以有餘奉天下。唯有道**
者。是以聖人為而不恃。功成而不處。不欲見賢。一身之外.凡無關於身
者.皆有餘也.有餘者.亦
何必吝於己.不以公諸人乎.奉天下亦孰不能.而孰能.惟有道者.識透
天下之身皆我之一身.則有餘者.何不可奉天下乎.是以聖人能知之.
聖人能行之.凡有為也.皆我性分中事.凡有功於人者.即是盡己之事.
故曰.為而不恃也.功之成也.必自處其功.則視功為己私.不知以我之
有餘.補天下之不足.即天地生物成物.天地何嘗居功.成功而不處.聖
人之功所以大也.凡以智先人以能自衒者.皆欲見賢也.欲見賢.則其
賢必小.欲見賢.則其賢必淺.亦思賢之在我.蘊於中而應於事.為我終
身之寶.奚用自見乎.不欲見賢.則賢為不可測之賢.賢為用之不窮之
賢.故曰.不欲見賢.○此章之意.觀聖人之不恃.不處.不見.皆是損有餘
之意也.為之至於成功.皆是補不足之意也.所以克肖乎天道之損有

餘而補不足.得其平也.亦猶天道.猶張弓.高者能抑.下者能舉.無往而不平也.天之道.即聖人之道.聖人之道即天之道.修道者.其知之乎.

水德章第七十八

恭聞人心天道.本自平坦.本無柔剛.本無強弱.惟人心自生私欲.乃有較柔剛.論強弱者.由是剛必欲勝柔.強必欲勝弱.不知凡剛強者.皆不可以取勝.惟柔弱者乃能勝也.驗之於水.有以知其理.觀之聖言.以伸其義.人柰何不肖水德.不法聖言乎.○此章經旨.以世人止知剛尅柔.強凌弱.不能相忘於無為自然之道.故取喻於水.發明其義.

天下柔弱。莫過乎水。而攻堅強者。莫之能勝。其無以易之。

天一生水.其質最微.其次生火.其質始著.其次生木.其質始成.其次生金.其質始堅.其次生土.其質始大.四行皆堅強於水.惟水質最微.最強弱.是天下柔弱.莫過於水.水以柔弱為質.若不能攻堅強.不知攻堅強者.莫之能勝.以火之烈.遇水則滅.以木之強.遇水則浮.以金之重.遇水則沉.以土之厚.遇水則輭.以至凡物之堅強.潤之無不透.泡之無不開.即石磁銅鐵之器.俱能穿過.是攻堅強者.莫有勝於水者.假令欲易之.火木金土.俱不能攻水.水之柔弱能攻.雖欲易之.其無以易之.是知水之至柔.乃藏天下之至剛.至弱.卻為天下之至強.則凡恃其剛強者.必不能剛強.必柔弱者.乃能剛強也.

故柔勝剛。弱勝強。天下莫不知。天下莫能行。

柔勝剛.弱勝強.其理固然.驗之於水.益信其必然.天下之人.若無不知者.人無不知.則宜乎以柔自克.而不處於剛.以弱自牧.而不恃於強.柰何宜柔者.一為物觸.則變而為剛矣.宜弱

者．一為事激．則變而為強矣．孰是能行於柔弱者．故曰．天下莫不知．天下莫能行．**故聖人云。受國之垢。是謂社稷主。受國不祥。是謂天下王。正言若反。**此五句．借聖人之言．以明上文之義．國之垢．如外奸內宄寇賊攘奪．以至不尊王法．不忠不孝之事．皆國之垢也．雖下民自作之惡．不曰民之不德．則曰實予之辜．不歸罪於民．而必引責於己者．受國之垢也．受國之垢．乃能守其社稷．而為社稷主．故曰．是謂社稷主．國之不祥．如過乎旱．過乎澇．瘟蝗夭折．以至饑饉流離．草木為妖．禽魚為孽之事．皆國之不祥也．雖或氣數所致．或人心使然．不曰氣數民心．必曰予一人之不善．不歸罪於氣數民心．而無不引責於己者．受國之不祥也．受國之不祥．乃能為天下之所往．王者．天下之所往也．天下之所往．是以謂之王．故曰．是謂天下王．聖人之言如此．乃真正言也．社稷主．天下王．宜乎至尊至貴．乃曰．受國之垢．受國之不祥．是正言若反也．惟正言若反．乃知聖人之言．大有利於天下後世．而愈知柔之勝剛．弱之勝強．而奚用以剛強自處乎．故此章．首以水取喻．終以聖言卒其意．皆所以教誡於人也．

左契章第七十九

恭聞以我求合於人者.人之道也.我不求合.而物自來合者.天之道也.以我合人.雖大費氣力.大費作為.終難必其合.故以和大怨為喻.物自來合者.我自盡其在己.我自修其在己.不求合而自無不合.故明天道與善示之.知此者.則知聖人之執左契.安於無為.處於自然之妙也.○此章經旨.精神全在末二句.道在無為.以見聖人眼明手快之妙用也.

和大怨。必有餘怨。安可以為善。借和大怨.以喻有為之難.人有大怨.兩家相鬭.必有一傷.我從中和之.豈非善事.然兩家之怨勢雖息.兩家之怨心.未必盡釋.必有餘怨也.既有餘怨.安得為善乎.此以見強合之難.有為而合之難也.故曰.和大怨.必有餘怨.安可以為善.

是以聖人執左契。而不責於人。故有德司契。無德司徹。既知強合之難.有為而合之難.是以聖人執左契而不責於人.契有左右之分.俗語謂之合同.左半張主財者收之.右半張借財者收之.還財之時.兩張相對.以驗信也.然始借財之時.人之有求於主財者.自持左契以授.非主財者之有所要求也.及至還時.自然持右契.以求合於我之左契.是為不求合而自合也.聖人之無為而民自化.與主財者之執左契.有同義.故曰.聖人執左契而不責於人.由聖人而推其義.愈知人自貴有德耳.德修於己.即聖之執左契也.我不必有責於人.而人自來合.所謂司契也.故言有德司契.司者.主也.有德即主合也.無德者.我不能修也.不能修德則無以感格於人.非有為不能合人.故言司徹.徹與轍同.車輪所壓之兩道溝也.造車者在家打車要合外轍.是以我之有為.求合於彼也.無德者.不能無無為而使民化.必有為而乃合.人如車輪之求合外轍.以此物求合於彼物也.故曰無德司徹.

天道無親。常與善人。以我求合於人.即如司徹之無德.不求合而自合.既如司契之有德.此二者.又驗之於天.而知天之道.盡是無為也.天不能無故加人以福.人不能無因求福於天.是天道無親也.有德之善人.常獲福於天.俾爾戩穀.降爾遐福.保之佑之.常與善人.歷歷可驗.曰無親.似乎難合.曰常與.又極易合.是我善而天自然來親.我豈若和大怨者.以有為之力.強合於人者之終難合也.聖人識透此消息.故執左者.惟求之在己而已.安用以我合人.大費氣力.大費作為乎.

不徙章第八十

細看此章.皆是設言之意.非真有之事也.老君當周末之時.列國分爭.人心擾攘.滔滔然日流於下.而不可反.故設言一太古之氣象.想像一無為之至治.以寄其傷今思古之意.蓋身實隱而不見.西至函谷關.因關令尹喜.求強為著書.五千言至此.極力描寫一極樂世界.以為若此.則可以託身而遠世俗之塵囂.不如此.則不得不隱而去之耳.○此章經旨.重在不遠徙.故各安於自然.各享其無事.太古之風.可想像於今日.不可復見於今日也.

小國寡民。使有什伯之器。而不用。

國小民寡.易於安靜.而不囂亂也.器至有什伯.什即十.伯即百.言器之多也.器多至於什伯.宜乎用之者.爭勝鬬奇.日入於奢.然以國小民寡.設使有之.能以不用.而各安於儉樸.共處於清靜.故曰.小國寡民.使有什伯之器.而不用.

使民重死而不遠徙。雖有舟車。無所乘之。雖有甲兵。無所陳之。

民既各安於儉樸.共處於清靜.想像其民必重死.凡人視身外之物為重者.必輕生以求之.遠涉山川而不為勞.多歷年所而不為倦.不安其居而遠徙者有矣.若民知重死而不遠徙.雖有舟可水行.車可陸行.不遠徙之民.無須乘舟乘車也.甲以護身.兵以敵人.凡遇寇盜.與人相爭.須陳甲兵.不遠徙之民.出入相友.老幼相恤.身無須甲護.人無用兵敵.故曰.雖有甲兵.無所陳之.

使民復結繩而用之。

甘其食。美其服。安其居。樂其俗。鄰國相望。雞犬之音相聞。民至老死。不相往來。結繩者.上古之時.文字未有.書契未造.結繩為政.而民自化.可謂樸素之至矣.後世文漸開.民心亦漸入於薄.故想像其使民復還結繩之樸.而用之以樂無為.而安自然.將必耕而食.鑿而飲.不見異物.自不遠徙以求異物之味.則甘其食矣.裘以禦寒.葛以禦暑.不睹錦繡.自不遠徙以華囂之飾.則美其服矣.鑿戶牖以為室.可安身而已.不聞鳥革翬飛.自不遠徙以求宮室之美.則安其居矣.父老敦龐.子弟醇謹.相安無事.自不遠徙以趨世俗之好.則樂其俗矣.我國在此.鄰國在彼.可相望也.言至近也.是非無可徙之地也.雞鳴狗吠.至其聲相聞.人之多也.非無可徙而相聚之民也.然而民之各安於無事.共處於清靜.至老至死.不相往來者.不以遠徙為樂也.此所謂無懷之世.葛天之民.熙熙皞皞.處斯世者.孰肯遠徙以適異國.老君之不得已而設為此言者.一是傷今以思古.一是想像夢遊其間.以隱示出關之意耳.

不積章第八十一

此章為道德經終篇.分三段看.上六句為一段.自聖人至愈多民二段.天之道至末為三段.大意不欲以言顯.又不得不以言明道.而自任者也.當出關將隱之時.眾言爭勝者.如楊朱.墨翟.禽滑里.宋鈃.尹文.彭蒙田駢.慎到.惠施.恒團.公孫龍.黃繚之徒.各一其說紛紛不已.然未必信.未必善.未必知.故五千言之終.明聖人.明天道以自況.又見道不在多言.言必有益於道.乃為言之不可闕者也.○此章經旨示人知立言非難.言能明道為難.以見不可恃其智.逞其辭.無益於世也.

信言不美。美言不信。善者不辯。辯者不善。知者不博。博者不知。

言之有物.言之有徵者.信言也.信言則句句著實.句句直樸.不為粉飾好聽.自然不美.若美言.則必巧好悅人.或稱譽比擬以為工.而究其實.則虛誕無憑.故曰.信言不美.美言不信.言可以發明天理.言可以道達人事者.善言也.善言則必與人心合.不徒以言爭勝於人.不為巧辭奇說.自然不辯.若辯者.禦人取足於口.席上之機鋒甚捷.人雖不得不屈.而是者能變為非.邪者能變為正.故曰.善者不辯.辯者不善.心神領會.明覺四達.真知也.知之真者.不必廣搜遠覽.而此中之消息.原在不見不聞之地.知者自然不博.若務博者.以不知為恥.則無所不求知.或誇多鬬靡.而性命之真知.實不能徹.故曰.知者不博.博者不知.凡若此者.皆世人之通病.故發此言以救之.

聖人不積。既以為人。已愈

有。既以與人己愈多。凡人之好言.好辯.好博者.皆欲其己之有積也.積是欲藏於己.而可為勝人之具.又欲為獨得之奇.恐人取之.或至竭而不續.不知道理原是公共之物.亦是用之不窮之物.己與人無須分別.聖人知其然.所以不積者.不欲己立.而人不立也.不欲己達.而人不達也.以己之所有.以為人.人得我之有.而人亦進於有.有與有相證.則有與有必相長.人之有得於我.我之有愈進.故曰.既以為人.己愈有.以己之多.以與人.人得我之多.而人亦進於多.多與多相勉.則多與多必愈進.人之多取於我.我之多.因人之多而愈多.故曰.既以與人.己愈多.人之不解此義者.皆以為己之有.己之多.藏之惟恐不密.不知為人與人.不惟無損於己.且有益於己.奈何不法聖人乎.

天之道。利而不害。聖人之道。為而不爭。聖人之不積.上文已詳其義.其事固然.其理又可驗之天之道.天以無為化生萬物.無日不生.生之者不窮.無時不化.化之者無盡.可謂利矣.有利必有害.利於物.必傷於己.萬物無非天之所利.而天之高明.終古如是.天之運行.晝夜不忒.利者在天而何害於天.非天之不積乎.天不積.故利而不害.聖人之道.亦天道也.聖人以無心而正萬民.於變者.感聖人之警誡.時雍者.樂聖人之裁成.可謂為矣.有為必有爭.為在我.爭必在物.萬事無非聖人之所為.而熙熙者向化.皞皞者格心.為在聖人.而何有於爭.因物付物.順其自然.惟無爭.愈知聖人之為.愈見聖人之不積也.然則欲積於己.不以公諸人者.雖放其言.巧其辯.多其知。終不合於天。背於聖。究無益於人。亦無益於己。經文已終。深著此義者。見人打破箇私字。則知人己一體。得則俱得。打不破箇私字。則人我必分。失亦俱失。深為萬世致警也。

太上老君說常清靜經

老君曰。大道無形。生育天地。大道無情。運行日月。大道無名。長養萬物。吾不知其名。強名曰道。夫道者。有清有濁。有動有靜。天清地濁。天動地靜。男清女濁。男動女靜。降本流末。而生萬物。清者濁之源。動者靜之基。人能常清靜。天地悉皆歸。夫人神好清。而心擾之。人心好靜。而慾牽之。常能遣其慾。而心自靜。澄其心。而神自清。自然六慾不生。三毒消滅。所以不能者。為心未澄。慾未遣也。能遣之者。內觀其心。心無其心。外觀其形。形無其形。遠觀其物。物無其物。三者既悟。唯見於空。觀空亦空。空無所空。所空既無。無無亦無。無無既無。湛然常寂。寂無所寂。慾豈能生。慾既不生。即是真靜。真常應物。真常得性。常應常靜。常清靜矣。如此清靜。

漸入真道。既入真道。名為得道。雖名得道。實無所得。為化眾生。名為得道。能悟之者。可傳聖道。

老君曰。上士無爭。下士好爭。上德不德。下德執德。執著之者。不明道德。眾生所以不得真道者。為有妄心。既有妄心。即驚其神。既驚其神。即著萬物。既著萬物。即生貪求。既生貪求。即是煩惱。煩惱妄想。憂苦身心。便遭濁辱。流浪生死。常沉苦海。永失真道。真常之道。悟者自得。得悟道者。常清靜矣。

莊子集解　◎王先謙／注

《莊子集解》由清代經學家、訓詁學家王先謙，博覽群書，並擇采諸家注本進行考訂，取眾家之長，間融己意，輯《莊子》為八卷而完成，注解詳盡精闢，文字簡明練達。透過王注，除了讓讀者更親近莊子洸洋自肆的文字、沉浸於逍遙自在的哲思外，更可從中得到深層而豐沛的體悟。

孫子集註　◎魏武帝等／註

《孫子》是中國兵學之祖，直到現代，其思想精神仍被廣泛使用於政經、管理，及待人處世各方面。本書依清嘉慶孫星衍校刊岱南閣叢書《孫子十家注》重新校對，並吸收近代學者校刊的成果，將原本的壞字、訛字加以改正，並就各本不同處，酌加「編按」說明，是開始研讀《孫子》的最佳選擇。

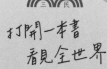

國家圖書館出版品預行編目資料

道德經講義／清 宋常星註解.－－二版九刷.－－臺北市：東大，2024
面； 公分.－－（古籍重刊）

ISBN 978-957-19-2825-8（平裝）
道德經—註釋

121.311 95005760

古籍重刊

道德經講義

註　　解	清 宋常星
創 辦 人	劉振強
發 行 人	劉仲傑
出 版 者	東大圖書股份有限公司(成立於1974年)

三民網路書店
https://www.sanmin.com.tw

地　　址	臺北市復興北路386號　(復北門市)　(02)2500-6600 臺北市重慶南路一段61號(重南門市)　(02)2361-7511
出版日期	初版一刷 1970年6月 初版八刷 2002年6月 二版一刷 2006年4月 二版九刷 2024年3月
書籍編號	E030340
I S B N	978-957-19-2825-8